青春修炼手册

吴文君 /著/

Youth
Training Manual

电子工业出版社·
Publishing House of Electronics Industry
北京·BEIJING

未经许可，不得以任何方式复制或抄袭本书之部分或全部内容。

版权所有，侵权必究。

图书在版编目（CIP）数据

青春修炼手册 / 吴文君著. -- 北京 ： 电子工业出
版社，2025. 4. -- ISBN 978-7-121-49878-7

Ⅰ．G479

中国国家版本馆 CIP 数据核字第 2025XV9436 号

责任编辑：李楚妍　　文字编辑：杜　皎
印　　刷：三河市鑫金马印装有限公司
装　　订：三河市鑫金马印装有限公司
出版发行：电子工业出版社
　　　　　北京市海淀区万寿路 173 信箱　　邮编：100036
开　　本：720×1 000　1/16　印张：21.5　字数：306.2 千字
版　　次：2025 年 4 月第 1 版
印　　次：2025 年 6 月第 2 次印刷
定　　价：88.00 元

凡所购买电子工业出版社图书有缺损问题，请向购买书店调换。若书店售缺，
请与本社发行部联系，联系及邮购电话：（010）88254888，88258888。

质量投诉请发邮件至 zlts@phei.com.cn，盗版侵权举报请发邮件至 dbqq@phei.
com.cn。

本书咨询联系方式：（010）88254210，influence@phei.com.cn，微信号：
yingxianglibook。

序 言

写给青春期的你

我深爱着的青少年伙伴，你好！我们终于在《青春修炼手册》中见面了。

为什么你会打开这本书呢？你可能是因为爸爸妈妈的介绍，将信将疑地给他们面子，翻看浏览；可能是因为朋友的推荐，来探寻这本书的魅力所在；可能是带着懵懂与迷茫而来，试图在这里找到答案；还可能是你早就熟悉了我的声音，一直期待能和我在文字中相遇……

无论你因何来到这里，都请你带上心中的好奇与期待，跟我一起打开《青春修炼手册》，一探究竟。在这里，你会发现一个想认真了解你的故事的倾听者、能读懂你心声的守护者、能带你走出烦恼的引导者，那就是我。

你可能会问我是谁。我或许比你的爸爸妈妈都要年长，看似离你很遥远，但在心理上，我从未曾远离"青春期"。几十年前，我与你一样，是一个有着烦恼的青少年。当时，我特别渴望在自己烦恼和迷惘的时刻，有人能倾听我的心声，理解我的苦痛，带我走出忧伤。

那时的渴望一直推动着我，使我最终成为一名学校的心理咨询师。自 1991 年起，我陪伴全国各地成千上万的青少年，为他们做了上万次咨询。有些案例被收入了我在 2003 年出版的第一本书《成长的故事》中。然后，有很多青少年写信给我，诉说他们在成长中的困惑，我通过书信为他们答疑解惑。2006 年，我将书信咨询内容结集，出版了我的第二本书《心灵的对话》。30 年来，我未曾中断青少年咨询工作，走进一个又一个青少年的内心世界，陪伴不同年代的青少年长大。

在跟青少年的接触中，我发现了很多青少年内心的孤独与无助，体会到他们渴望心灵的陪伴和引领的急切。于是，从 2012 年开始，我设立"青少年生命动力营"，担任主讲，讲课内容涵盖"唤醒内在智慧""演讲与公众表达力训练""职业生涯规划与人生设计"三大主题。10 多年来，我通过课程影响了成千上万的青少年，陪伴他们走过了青春期，走上了实现梦想的人生路。

受益的青少年走出课堂，分享他们被呵护成长的喜怒哀乐，同时向我发出呼唤："老师，我们能遇到您太幸运了！但是，我身边的那些同龄伙伴，他们也需要您的陪伴和引领，他们无缘于一年仅一次、人数受限的训练营，谁来帮他们？"

我无法逃避孩子们渴望的、急迫的眼神。我问自己应该怎么做，才能不辜负这些孩子，帮助到更多艰难挣扎的青少年。

感谢互联网，让我找到了可以跨越时空连接更多生命的机会。我义不容辞地承担起了自己的职责：在亲道 App 开设音频课程"青春修炼手册"，通过解读青春困惑、提供冥想帮助、方法技巧训练、答疑解惑等内容，给正处于困惑中的青少年一个被理解和支持的空间，让孩子们在孤独无助时能关起门来接受我的呵护和引领，能在眼泪流下时，得到"被看到""被懂得""被允许"的温暖陪伴。在内心充满纠结而灰暗的时光中，我让孩子们感受到光的温暖，在聆听中找到所需的答案。

这门课程上线后，我不断收到青少年听众向我分享的成长故事：

某高中休学一年半的男孩，在妈妈的朋友圈里一次次收听这门课程，他封闭的内心打开了，弯曲的腰背挺直了。当高三毕业，他拿到苏州一所高校的录取通知书时，他的妈妈只有感恩和感动，她知道是这门课程陪伴休学在家的儿子，给了他最有力的引领。

某个女孩在初中毕业前，她的爸爸突然去世，留下了她和正在上小学的弟弟。她的妈妈为了寻找精神支柱，兼职做了这门课程的推广大使，希望能帮助更多受困于青春期的孩子和父母。在她们家里，这门课程是从早到晚的背景音，她就在课程的陪伴中走出了悲伤，变得有力量，确定了自己未来的职业发展方向。她开始负责任地面对每一天的生活。她的惊人蜕变让老师和同学们惊叹，她甚至在不知不觉间成了同学们的知心导师，还站在讲台上，向家有青春期孩子的父母分享孩子们内心的渴望。

……

这门课程的魅力如此之大，引来电子工业出版社的编辑约稿，也有很多父母催我完成文本内容，有很多孩子渴望我写一本属于他们的青春守护手册。于是，我又开始了为青少年写书的旅程。网络课程讲的只是基本脉络，30 多年来，我与一代代青少年相伴的案例和故事才是丰满的骨肉，还有我内心永远不会消失的青春情怀。尽管我已经被有些孩子尊称为奶奶，但我明白，自己的内心仍然是不老的白发少年，有着青春的梦想和对未来的期待。所以，我最有资格写这本书，因为我最懂青春，最懂你。

这本书面对的不仅是 12 岁到 21 岁的青少年，对已经远离青春期许久的大朋友，或进入"第二青春期"、渴望探索世界与自我的成年朋友来说，同样会有帮助。跟随书中的文字，你可以重走青春路，重温曾经的青葱岁月，弥补曾经的遗憾，重塑自己被忽略和压抑的青春期。在"唤醒青少年导师"课程中，我每次带领成年人回溯自己的青春期，全然体验被理解、被陪伴的青春期时，参与课程的成年人都会感叹说："当年，若有人这样指导我，我的人生就会真正有力量，就会全然翻转！"是的，已成为过去的青春，正在经历的青春，都需要全然体验，全然被懂得和被看见。

所以，无论是正值青春的小伙伴，还是青春已逝的大朋友，这本书都适合你，你在这里会遇见和爱上未知的自己。

正年轻的小伙伴们，我知道，我与你们有很多不同，我们成长在不同的年代。网络时代日新月异，你们掌握信息的速度和能力，远远超过我。在潮流时尚的浪头上，你们是扑面而来的前浪；我可以为你们贡献的，就是我独特的资源和优势——那些在各种变化中不变的生命积淀和经验智慧，在常被新生代嘲笑的"老"事物中，有永不过时的让青春永驻的能量。在物质更新换代的过程中，生命的智慧历久弥新。所以，我可以自信地说："我愿意用我'老'的资源，陪伴你们青春的生命，跟你们一起走向全新的未来。"

在这本书中，我会带领你认识青春期，学会与自己、父母和同伴相处的方法，找到自己的人生使命。读了这本书，你会更加了解自己，了解世界。在书中，我为你准备了很多处理问题、解决生活困惑的法宝，各种锦囊妙计会一直陪伴你。

这本书的第一稿是从音频课程转成文字的，是由我年轻的"90后"朋友綦钰桐帮我完成的。一转眼，这已经是七年前的事了。三天前，她启程前往突尼斯，在中国驻突尼斯大使馆履职，圆了她做外交官的梦想。

这本书第二稿的修订和整理，是由"80后"亲子导师/青少年导师王莹帮我完成的。她是两个孩子的妈妈，内心最渴望陪伴青少年，她是最懂青少年的导师，有丰富的青少年咨询案例。她贡献了第三章、第四章的部分咨询案例。第六章的内容由她独立完成，我做了最后的修订。通过王莹的补充，本书解答了青少年面临的若干困惑，让我们更接近青春。

这本书第三稿的修订和整理，是我自己在讲课和咨询之外的零星时间见缝插针完成的。这个过程有点长，但我始终坚持抽出空闲时间，把书稿重新整理完成。直到今天，2024年的教师节，在这个值得庆贺的日子里，我终于完成了这本书的全部内容，可以把书稿捧给编辑，期待与你相见了。

最受青少年欢迎和热爱的"小太阳"老师，帮助我完成了书中插图的制作，她以最快的速度，解了我的燃眉之急，为这本书增色不少。

哈哈，你现在可以感觉得到这本书里汇集的巨大的爱的能量。

你准备好了吗？

现在，让我们共同开启"修炼青春"的旅程吧！

吴文君

2024年9月10日于苏州

目 录

第一章

你好，青春

你的困扰我最懂

"为什么越长大，烦恼越多？"

"为什么没有人理解我？为什么你们都那么讨厌我？"

"我真的很渴望爱，为什么你那么冷漠？"

为什么……为什么……

亲爱的小伙伴，带着你的所有疑惑，欢迎你展开这本书。

告别无忧无虑的童年，经过不懂事的少年时期，本来一直盼着快点长大的你，突然发现自己的生活充满烦恼，却无力解决。当你求助于家长时，他们不仅不能理解你的心情和想法，还一味地责怪你、数落你越大越不懂事。你渐渐感受到了自己生理和心态的变化，发现自己与从前不同，你开始觉得自己有力量，你觉得自己开始有思想……

恭喜你，你已经迈入了青春的大门。

随着年龄的增长，你的心事越来越重。你开始注意别人对自己的评价，你开始在乎自己的形象。你经常有这样的感觉："这个世界上没有谁可以理解我，即使在人群中，我也感觉很孤独。当我跟别人倾诉时，听到的也不是自己想要的答案。""我实在太无聊了，干什么都没劲，只有玩手机、玩游戏的时候才能感受到一点刺激。""我觉得大人们都好假啊！他们喋喋不休地讲道理，却说一套做一套。我经常控制不住自己的情绪，但发完火后看到父母抹眼泪，又感到内疚和自责。周而复始，我觉得自己太讨厌了，我不喜欢这样的自己。""我讨厌自己长大，我不想长大！人为什么要长大？"

是的，这些都是青春期的烦恼。青春期的你会经常感觉自卑，容易与人对立。你会发现，从小一直仰视的父母变得俗不可耐，变得落后无能，你忍不住对父母挑剔和发火，甚至瞧不起他们。你的同学也总是让你感觉不爽，他们要么幼稚可笑，要么装模作样，让人无法靠近。最让你痛苦的是面对学习时的无力感。这种"无力"并不是因为你没有学习能力，而是因为你找不到学习的理由和动力。你提不起精神学习，全身细胞都透露着不情愿。在学校学习，真的是度日如年。好不容易熬过了小学六年，还要再从初一熬到高三毕业，这滋味得有多难受？即使老师和家长不唠叨，你自己都讨厌自己，内心不喜欢这样的自己。各种否定和骂自己的声音在脑袋里盘旋，你自然看别人就会心烦……

你最不明白的是人为什么要学习。父母给你的答案里只有恐惧和担忧："不学习将来怎么能有好工作？怎么能有好前途呢？怎么能有好日子过呢？"你觉得这些理由没有一点说服力，甚至有点强词夺理。自己从小到大吃饱穿暖，没受过什么委屈，没学习也活得不错，干吗还要学习呢？坐在教室里听老师讲讨厌的题目，做永远做不完的试卷，到底有什么意义？社会上那么多硕士、博士不是照样找不到工作吗？学习哪里有好前途？父母只会说瞎话骗你，你真的不服。所以，你想不通学习的意义，就在内心纠结中消耗自己的力气，活得非常被动、非常无趣。

前两年，我跟一个参加高考的学生聊天。我好奇地问他："你用了多少精力面对学习？"他说："我整个初中和高中只用了三分力气。""为什么不多花点力气呢？""因为不值得，没有必要，学好了又能怎样呢？"

是的，他的回答可能就代表了你。很多孩子都这样，不是没有学习能力，只是不想学，只是没有找到一个让自己信服的学习理由。他们找不到学习理由，自然没有动力，自然长期处于懈怠的状态。这就像一辆汽车，虽然油箱装满、方向盘也很精准，但就是没有开锁的车钥匙，汽车只能停止不前。你长期处于这样的状态，甚至开始怀疑人生，找不到活着的理由，感觉没劲，对未来充满迷茫。或许，你曾经有过很多愿望和梦想，但每次都被身边的大人无情地摧残："快别做梦了，好好读书吧！""就你那样儿，还想啥啥啥！"梦想的火花和念头就这样一个接一个被掐灭。失去学习动力，没有梦想和未来的你，连活着都没有动力了，怎么办呢？

我知道，在你看似充满青春活力的身体里，有着无以言表的痛苦和纠结，无人可说，无处可逃，只能把注意力转移到可以暂时忘却烦恼的地方。玩游戏、追星、与异性交往等，就成为你暂时逃离痛苦的忘忧港。当然，这些港里并不能真的让你忘忧，每次走出来，你都会面临更多的麻烦和困扰。自责、内疚和大人的指责会变成更沉重的心理包袱压在你心里，暂时逃离成为"饮鸩止渴"的毒药。

青春期与异性的关系同样是一个非常大的课题。暗恋某位异性同学、老师或某个偶像，都是很令人感到煎熬的过程。有人在小学五六年级就开始写字条，尝试靠近并接触异性，引发各种矛盾和烦恼，还要特别小心，提防被老师和家长发现，被阻止和说教。不接触异性，也会有烦恼，有人怀疑自己是同性恋，因为自己对异性没感觉，然后你就得寻找各种证据，以确定自己的性取向。

总之，青春期的男生和女生内心都有说不清的"怀春"烦恼，不敢告诉大人，只能在同伴中获得支持，相互取暖。未成年的同伴毕竟经历和阅历有限，能提供的帮助也是有限的。你渴望得到指导，又求教无门，难啊！

青春期的你视野更宽广，开始关心时事，看到现实生活中很多不如意的事，就断言世界不公平；讨厌虚假，追求真实；有很多愿望，却力不从心；计划很多，却难以坚持完成；既希望得到关注，又害怕承担压力；既想拥有独立的自主权，又不愿意承担责任和后果；既觉得自己已经长大了，需要得到尊重，又习惯被照顾和安排……这令人烦恼的青春期，是与纠结和烦恼相伴的特殊阶段。所有这些都藏在自己心里，没办法告诉别人。因为即使说了，别人也不会相信，也不懂，没有人理解和指导自己。你经常晚上躲在被子里流泪，或用头撞墙，独自一个人默默承受。

我看过一个初中生的房间，墙上贴满黑色背景的海报。他说："我经常在生气之后，一个人用头撞墙。我怕发出声音让父母知道，所以一个人咬着牙让泪水流下来，咬着自己的拳头，把所有的痛苦都压在心里。这时，我多么渴望有一个人能懂自己，哪怕听我说说话也好啊！"

我握住他颤抖的手，直视着他的眼睛，告诉他："你的这些痛苦我都懂，我曾经陪伴过许多像你一样的孩子。我知道你们桀骜不驯的言行背后，是一颗敏感的心，是一颗茫然无措的心，是一颗渴望被理解的心。无论曾经发生过什么，我都确信你是好孩子，你是一个好学生！你们都处在烦恼期，会有生理和心理的冲撞，想突破成长与自信不足的矛盾，所有这些都不是你的错，你只是需要有人能懂你，陪你走过这段艰难的时期。请放心，我愿意带领你。"

是的，我也告诉翻开此页的你，我懂你的困扰和需要，我愿意陪伴你走过艰难的青春期。

在这本书里，我会为你梳理青春期全过程，解释从初中到高中、大学，从 12 岁到 21 岁不同年龄段生理成长和心理成长的需要；我会跟你分享这个世界更宽广、更多彩的样子，带你领略不同的生命；还会跟你分享如何跟成年人有效沟通，让他们不再做束缚你的牢笼；也会分享若干保护自己、设置安全界限的方法。如果你痛了，我会用冥想陪伴你；如果你迷惑了，我会做知心鸟，为你答疑解惑……

我陪你一起了解青春，守护青春。

让我们现在就启程吧！

Let's go!

紧急下降的初中——最明显的三大变化

这里所说的初中，特指从 12 岁到 15 岁这个阶段。不同地区学制不同，你可能不是从 12 岁到 15 岁上初中，但从心理的角度来看，从 12 岁到 15 岁是一个特定的阶段。处于这个阶段的人有一些共同的特点。这是一个紧急下降的阶段，就像自由落体一样，在降落的过程中充满危险，同时充满刺激。快速降落时，很多事情都会发生巨大的变化，这些变化会让人猝不及防，同时激荡着每个当事人的好奇心——下一步会怎样？降落到最后会遇到什么？最坏的可能性是什么？还有更刺激的未知吗？

心理学称这个阶段为暴风骤雨期，也称第二次心理断乳期。我们来到这个世界，出生就意味着和妈妈的身体分离。1 岁左右经历生理上的断乳，初中时开始心理上的断乳，这意味着在心理上与父母逐渐分离，开始走向独立，这是独立人的开始。为了配合这项巨大的任务，你的身体、心理和精神都发生了巨大的变化，以适应一个独立社会人的需要。

1. 第一个变化

初中阶段，你会经历飞速的生理变化，包括快速增长的身高、体重，变化了的肌肉骨骼，以及第二性征的出现。男生会长胡子、腋毛，出现遗精现象；女生会经历乳房发育、月经来潮，等等。不谙世事的天使向下降落，体内大量快速分泌的激素引发了生理的迅速转变，你好像一夜之间突然长高了，衣服变小了，声音变得粗哑而陌生了。曾经那么高大的世界突然变得矮小而无趣，你开始俯视许多曾经仰视的人和事……生理如此迅猛地发展，心理却不能同步，甚至滞后。一个人不能完全适应这些变化，心理上的压力自然就会出现了。

例如，个子高的同学因自己与其他同学身高差距太大，不自觉地弯腰驼背；坐在前排的小个子同学则会感到自卑；很多初中同学用各种方式逃避自己不适应身体变化的感觉，走路时耸肩佝背、蜷缩身体，手藏在袖子里，用长长的头发挡住脸颊，把眼睛藏在阴影里；脸上疯狂冒痘的同学则恨不得刮掉自己的脸皮；有的同学因为身体汗味变重而遭嫌弃，每天洗澡四五次；有的同学为掩盖自己的自卑，穿各种名牌衣服和鞋子，把头发打理成"潮牌"，让自己有更高的回头率，给自己加分……曾经有一个男生向我咨询："同桌的女生嫌弃我有汗臭味，每次都把桌子拉得很远。我感觉无地自容，有时真想找地缝钻进去。"生理上翻天覆地的改变，就是这么猝不及防、不可控地把你变成了生理上的"大人"，曾经招人爱怜和喜欢的婴儿肥、娃娃脸就这样被棱角分明或 S 形曲线冲击得一去不复返。

2. 第二个变化

伴随生理变化的，是心理上的变化。理性思维能力的快速发展，会给内心带来更多的冲突。本来听话懂事的你，内心开始有了很多对立情绪。有人说，初中生最大的特点是习惯性地说不，拒绝跟外界互动，不管遇到什么，第一反应都是不。

很多父母不能适应，非常沮丧，不能接受一向贴心的孩子突然变得不近人情，甚至逆反。有经验的老师公认初中生最难应对，既不如小学生听话，又不如高中生懂事和自律，像未被驯服和调教的小马驹，最容易发生冲突，到处惹祸。在这种环境下的你会更加苦恼，感觉不到被理解和尊重，这让你的愤怒如喷涌的火山一触即发。

实际上，不只是父母和老师不了解你，你也不了解正在变化的自己。你学会拒绝，这正是你长大的标志。每个人在两三岁时，都曾经历过生命中第一次说不的时期。那时，你开始用"我"来告诉父母，"我吃""我玩""我不要"。只是，那时的你只是出于本能反应。初中时的拒绝，则是你的力量和理性成熟的表现。当你再次说不时，你是在宣告"我在寻找我是谁"，你在用这样的方式寻找"我"到底是谁。对外界的拒绝，是对自我的一种保护，是向外界证明"我长大了"，不想再被当成小孩，想要有与成年人同样的权利。

当你慢慢长大，发现自己远离孩童时期的天真时，你感到混乱和恐惧，害怕丢失原来的自己，害怕迷失自己。你想要有一个确定的"我"，想确认这个变得不再天真的"我"，到底还是不是一个"好孩子"。所有情绪上的巨大冲突，都源于你对自己"到底是谁"产生的困惑。

有一个 14 岁的男生写信给父母：

"我已经 14 岁了，不再是你们眼中的小屁孩了。你们不要总是讲我小时候那些丢脸的故事。你们这是不尊重我，你们没有把我当成一个独立的人来对待。"

他非常愤怒，洋洋洒洒地写了几千字来表达自己的心声。父母看后非常惊讶，他们这时才意识到孩子真的长大了，真的要改变对待他的态度和与他沟通的方法了。父母这时才真的明白孩子上初中后各种叛逆和"不听话"的原因。父母之前一直批评他"越大越不懂事，越大越没礼貌"，读了他的信，才明白原来孩子在用说不的方式，告诉父母和成年人，要改变与孩子互动的方式，要读懂孩子拒绝的言行背后的真正动机。这是孩子在向世界宣告的一种方式："请把我当成一个独立的生命，我长大了，请尊重我！"

3. 第三个变化

除了以上的生理变化和心理变化，你与外界的关系也发生了变化。上初中以后，你与父母、老师和成年人的连接开始变少了。不知不觉间，你主动放下了曾经紧紧牵着他们的手，开始把注意力更多地放在同龄人身上，跟更多同龄伙伴产生连接，觉得跟同龄人在一起才有话可说。你跟他们在一起更自在，而跟大人在一起很无聊，大人在你眼里变得世俗、愚笨，或跟不上时代潮流，或唠叨守旧，仍然用各种过时的思想控制着你，你避之唯恐不及。你的视野朝向更宽广的空间，你开始在同龄伙伴中寻找归属感，建立自己的独特地位。与同龄人交往产生的各种矛盾和情绪起伏，对你来说，也是全新的考验。

这么多挑战和身、心、灵层面的转变，带给你动荡，让你自顾不暇，更无暇顾及别人的情绪了。"火药桶""定时炸弹"，还有其他各种各样的"绰号"都属于这个阶段的你。

请不要过分责怪自己，每个人在这个年龄阶段都是这样的。不管周围的人多么不理解你，不管你内心多么讨厌自己，我都懂你，一直在把你介绍给更多的成年人。通过"重塑青春期"课程，通过一对一咨询，也通过这本书，我把自己所懂的传达给你，以及更多的成年人。

不管今天之前，你的生活中发生过什么事情，我都非常欣赏你，你都要肯定正在长大的自己。所有的成长和改变都是要冒风险的，所有的成长和独立都是需要勇气的。从天真的天使降落到地上，在这一过程中，你遇到的一切都是正常的，都是值得赞叹的。你以势不可当的力量，裹挟着青春的朝气和使命而来，不管遇到什么，都是值得骄傲的。

我想代表所有爱你、懂你的人，迎接你、恭喜你。我们真的很开心，你已经长大了！

成长小贴士

初中生的三大变化

1. 生理变化：身高、体重、体型、第二性征、激素。

2. 心理变化：从依赖到独立，从听话到拒绝。

3. 人际关系变化：从纵向关系变为横向关系。

降落后的着陆——高中阶段的三大变化

经历过初中阶段的暴风骤雨后，你已步入高中阶段的着陆期。高中三年，从 16 岁到 18 岁，生活的方方面面又会发生与自由降落期截然不同的三大变化。

1. 第一个变化

第一个变化是生理成长上的变化。在高中时期，你的身体发育速度会逐渐放缓，身高、体重、样貌等基本趋于稳定。在经历初中阶段跌宕起伏，如过山车般猝不及防的变化，渡过最艰难的关卡之后，你迎来了稳定和成熟的阶段。也许有些人还会再长高、长胖一些，但变化的速度和比例已经大大下降——你已经拥有准成年人的身材，身体基本定型了。

2. 第二个变化

第二个变化是情绪。在这个时期，你的情绪将趋于平稳，抽象逻辑思维占主导，大脑前额叶迅速发展。因此，高中阶段的你相比初中阶段更加温和。随着年龄的增长和思维的拓宽，你的注意力不再局限于情绪与学习压力，开始关注自身之外更宽广的世界。例如，你会关注历史、评论时事；试图从过去的事件中寻找规律，审视当下的社会。也就是说，你的视野变得更加开阔，更能以社会一分子的身份生活和思考了。

此外，进入高中后，你开始思考更多现象背后的原因。例如：为什么我会来到这个家庭？为什么我有这样的父母？在生活中，你会观察父母之间如何互动，然后可能产生各种疑问，根据自己的主观感受做出各种评判。例如：他们两个在一起幸福吗？他们应该这样相处吗？人为什么要结婚成家？人都是自私的！世界真的不公平！学校老师都是……

你在现实生活中发现很多问题，并且开始独立思考，这是非常可喜可贺的变化。但是，仅依据自己的观察得出的初步结论，往往是片面且武断的。例如，"天下没有美满的爱情""我的父母在一起不幸福，他们既然不相爱，就应该分开"，等等。这样的想法在初中时是不会出现的。因为那时候你害怕他们分开，担心他们分开后自己就没有家，没有人再爱自己了。到了高中，你觉得自己长大了，开始有自己的观点，有力量照顾自己了，不再惧怕父母之间关系的改变，更加关注幸福指数，探索更多关系的可能性。在这个时期，你的注意力逐渐从自己本身扩展到身边更多的其他人。你凡事不再只想"我"，开始考虑"我们""他人"。

3. 第三个变化

第三个变化是开始思索人生的意义和自己生命的价值。你会在心里无数次自问："人是什么，我从何处来，我要到哪里去？""我们为何活着，要如何生活？"你不再只是关注学业，为考试焦虑，开始思考人生这个重大话题。

诚然，政治课本和老师会告诉你树立什么样的世界观、价值观，使用什么样的方法论，但你可能感觉不够，需要自己去探索，找到自己的答案。因此，高中时期的你会跟很多同学一样，开始喜欢哲学、历史，以及有关心灵成长的书籍。所谓的"佛系""禅系"，都是你试图从书中汲取营养、找到答案的过程。

另外，你还面临异性关系的问题。你不会轻易跟异性同学发生激烈的冲突，也不会轻易做出亲密的举动。这个时期的情感可能更倾向于深深的暗恋，或小心隐秘地呵护与异性的情感。你可能主动追求某人，想证明自己可以保护别人、爱别人，并期望与其长久保持这种关系。这些心思都展示出你更加敏感、沉稳、细腻的特点，你的情感更加贴近成年人。

伴随内在的各种变化，陪伴所有高中生的是不可避免的高考。每个孩子从出生开始，身边人就不断提醒"高考"这件事情，叮嘱他"要考个好大学，考上大学才有好工作，有了好工作才能过好生活"。这个无限循环的画外音以各种方式一次次敲打和提醒着你，逐渐镌刻在你的心中。高考似乎理所当然地成为人生的目标和方向，成为推动你上学、读书、追求知识的唯一动力。

但是，很多孩子会本能地挑战这个约定俗成的目标和标准，进入小学之后会不断地发问："为什么要读书？为什么要考大学？"无论成年人以怎样的道理和理由进行解释，都只是以说教的方式强行将自己的观点灌输到孩子的头脑中。到了高中阶段，你有了独立思考能力之后，便不会再屈服于这种强行灌输，而会产生更深的疑惑，想探究这究竟是不是自己真正要走的路，以及自己到底想要什么、什么才是最适合自己的。

近年来，有些有主见的高中生开始有了自己明确的选择和规划，他们不再将高考视为自己必经的道路。有人喜欢动手操作，可能去技术院校学习，做汽车修理技师；有人喜欢跟花花草草打交道，想成为园艺工人；有人热爱小动物，想成为职业动物饲养员。这样的选择都不太顺利，因为要挑战父母对自己的期待，要打破自己被主流社会认可的标准。当你真正感受到自己的内在需求，并坚定自己的目标时，你会渐渐从高考大军中脱离，逐渐被边缘化，而这要冒很大的风险。

你必须对自己有真正的了解，必须有勇气慢慢走进自己真正向往的事情，而不管别人如何评价。所以，有些学生不想参加高考，或不会为高考做认真的准备，因为对他们而言，高考不是最重要的。

我曾经接待过这样一个家庭：父母分别是主治医师和大学教授，儿子从幼儿园到高中，一直听从父母的安排。但在高考前两个月，他突然非常郑重地向父母宣布，说他不想参加高考，而要去考一所职业技校，学习汽车修理。然后，他不顾父母的反对和愤怒，义无反顾地选择了这条道路，为自己安排好后续的学习生活。一两年后，大家才发现这条路真的非常适合他，因为他爱汽车而且动手能力极强。他的老师说很少见到一个年轻人像他一样，能这么快掌握技巧，短期内就达到专业的程度。

前几年，某地新闻报道了一位当地的高考状元，在父母和老师的安排下考入北京大学生命学院。他非常辛苦地学习一年后，实在无法忍受，强烈要求转学到北京的一所技师学院，要去学习数控机床操作。他在这个专业上如鱼得水，很快就成为学校和行业的高手。不管多少人觉得他从北京大学到技术学院多么可惜，只有他内心明白这个选择多么正确，而且多么适合自己。

所以，高中阶段的课题除了寻找生命的意义，更重要的就是规划自己今后的路。在整个生命旅程中，高中是为未来成人做准备和打基础的阶段。在生理上，一个人的身体已经趋于成熟；在心理上，更加明白如何与人相处；同时探索社会、感知世界、追寻生命的意义，为自己的未来摸索方向，肩负更多的责任，有更多需要面对和处理的事情。

因此，你在高中阶段面临很大的压力，需要不断充实自己，努力吸收信息，并且不断地摸索和尝试，寻找适合自己的道路和人生走向。宝贵的高中三年，是一个人世界观、人生观逐步形成的阶段，也是向成年人迈进的准备阶段。虽然还有父母的羽翼庇护，但你早已不甘于被安排的人生，你在全力成长，为即将步入真正的成年期，不遗余力地做着各方面的准备。与从小到大被设计安排的人生相比，你渴望按自己的意愿单飞，像一只锻炼翅膀的鸟儿，渴望在天空自由飞翔。

一个高一女生苦于学校生活的无聊，申请休学，去寻找自己最喜欢、最擅长的事情。父母支持她去找专业老师学摄影、学艺术。半年之后，她说摄影和艺术只是她的业余爱好，不是她真正想要赖以生存的专业方向。于是，她又去学化学。两个月之后，她说不想自己一个人学化学了。高三上学期，她主动要求回学校参加高考。一个月后，她又要求出国学习，说自己终于知道自己喜欢并擅长的专业方向了，那就是去学生物，在生物实验室里做研究工作。她到了国际学校学习，如虎添翼，一发而不可收，不仅用一年多时间学满了所有学分，还以优异的英语成绩获得了剑桥大学的录取通知书。在不平凡的高中生活里，她尽己所能进行了一次次探索和寻找，直到发现自己的"生命"工作，激发了所有内在动力，创造了人生奇迹。在拿到录取通知书之后，她并没有放飞自己去休闲，而是找老师提前学习大学课程。她无比欣喜地冲着自己热爱的专业方向高速前进，这个世界上又多了一个主动追寻梦想的勇士。

如果这个女孩让你羡慕，你真正要做的，就是像她一样为自己负责，去寻找能激发自己无限热爱的专业方向，去做自己喜欢做、擅长做，又可以为他人服务的"生命"工作！

成长小贴士

高中阶段的三大变化

1．在生理上趋向成熟。

2．在心理上情绪趋向平稳。

3．在精神上探索生命的意义和自己的价值，梦想是最强的内动力。

成年阶段的三大变化

求助者：我被别人说是小孩，我做了那么多事情，就是为了证明自己不是小孩，证明自己有负责任的能力。我这么努力，没想到换来了这么一句话，我很痛苦，也很着急。

我：真正能负责任的人、长大的人，是不需要证明的。想证明的人还没有真的长大。

求助者：我不证明，别人怎么看得见呢？

我：小草不需要证明，大树也不需要证明，小草和大树是自己本来的样子。

求助者：那我应该怎么办呢？怎么才能摆脱这种状态呢？

我：先接受这种状态。不要急着摆脱，爱这个想长大的自己。

高中生活终于结束了，你一脚跨进了成年人队伍——从 18 岁到 21 岁的成年早期。所谓成年，有法律界定：18 岁之后有了选举权和被选举权，可以考取驾照，等等。但在心理和实际生活中，你和大部分年轻人一样，即使到了 21 岁，仍然没有完全独立，相当于在大学生活阶段，需要父母提供经济支持。所以，你仍然处于心理学概念上的"青春期"阶段。无论高中毕业后进入大学，还是走入技校、专科学校，或打工、自主创业等，在这个成年早期阶段，你还有继续成长的任务。

当下社会学生的主流趋势仍然是在高中毕业后继续读书，然后就业。一个严峻的现实问题是：你在生理和法律上已经成为成年人，但在心理上是否开始准备照顾自己，已经有能力照顾自己呢？在进入大学前，你一直是被呵护和保护的，父母通常会告诉你："你只需好好学习，什么都不用管！"父母和老师大包大揽地照顾你、保护你，你不需要有任何顾虑，关注好自己的学业就可以了。当你进入大学时，父母认为已经完成任务，准备放手，让你为自己负责；而你也一直期盼着，并且终于可以脱离父母的控制，可以自己说了算。你急切地渴望挣脱束缚，自由奔跑。

等到真的进入大学生活，你才会明白，进入大学并不意味着考试和挑战的结束，与社会接轨刚刚开始，在大学里还有更多类型的考试与挑战等着你。选哪位老师的哪门课程？怎么跟室友相处？参加哪种社团活动？有人欺负你怎么办？怎么跟不喜欢的人合作……在这个时期，很多美好的神话——破灭，你要重新适应这个全新的环境，并且要活下去。这些问题太具有挑战性了。

1. 第一个变化

第一个破灭的神话就是"考上大学，一切都好了，人生从此无忧，可以尽情地玩耍"。这曾经是很多人从小到大被成年人教导，摆脱学习痛苦的"迷幻剂"。每当你困惑为什么学习，或感觉学习又苦又累时，父母和老师就会哄劝你：只要考上大学，就会无忧无虑、没有压力。所以，你"再坚持一下，就胜利了"。高考成为你的生命获得解放的唯一途径。

现实是，高考结束，生活才刚刚开始。你需要学习面对全新的生活，与新伙伴生活在同一宿舍；在新的生活圈中重新确定自己的位置；在众人中重新磨合自己的特长和优势，让自己脱颖而出；仅凭过去的学习习惯和"只读圣贤书"的状态，很难在新环境中生存下去；原来自己的能力根本不够用，面对全新的环境和考验，自己一脸茫然。

2. 第二个变化

第二个破灭的神话是"我自由了，可以随心所欲了"。大学对一个人的自我管理能力有很高的要求，包括理财、使用电子产品、与人交往，以及生活自理能力，等等。所有这些都需要你有自我规划和自律能力。以前，这些琐事都不需要你操心，因为父母和老师都会帮忙做好，而现在你必须学会如何使用一个月的生活费，如何安排一天的时间。在宽松的大学环境里，没有人严格要求和监管你，你如脱缰的野马一样。你是享受表面的"爽"，还是循规蹈矩地学习？你是沉迷于追剧、玩游戏、谈恋爱，还是努力学习，避免被期末考试后如期而至的高挂的红灯照见自我的"迷失"和"堕落"？

过去多年"被照顾"给你带来极强的惯性，在面对新的挑战和变化时，你需要有足够的力量进行自我调整，需要有一位专家指导和引领。我曾经接待过上海交通大学一个大四学生的咨询，他十几门功课挂科，马上面临被开除的危险。我也曾经接待过一个西安交通大学的学生，他也是面对一串"红灯"，承受着即将退学的压力。这些都是大学生不适应大学生活产生的怪象，反映的是很多准成年人心理幼稚、成熟度严重滞后。

　　有些人不适应大学生活的表现是：每天看似泡在学校图书馆里，废寝忘食，但实际上并不喜欢读书，也不享受学习过程，待在图书馆里，是因为不知道用什么方式打发时间。在学习、考试之外，他们不参加任何社交活动，既不锻炼身体，又不创业。他们只是在重复高考前的生活——死读书，读死书，在大学里继续高中生活，按部就班地学习，为各种考试做准备。一成不变的生活方式让这些只会刷题和考试的"书呆子"，不会也不敢去参与课堂之外的活动，因为他们不知道怎么跟其他人打交道，不知道怎么处理冲突，更不知道怎么处理学习与社会实践的关系。如此种种，与大学步调不一致，也严重滞后于个人自立成长的节奏。

　　所以，如果从大学才开始主动进行自我管理，就真的非常难了；假如你在初中、高中已经有了自我管理能力，那么你进入大学后会适应得更快，能快速进入成年人状态，为自己做规划。很多同学抱怨父母习惯控制和照顾自己，让自己变成被铁链子拴惯了的大象，只会亦步亦趋，觉得自己被"养废了"。这样的自嘲帮不了自己，也很难让父母即刻转变，于事无补。

　　让父母放手的方法只有一个，就是让他们看到孩子可以很好地规划自己的生活。只有当插不了手时，他们才会真正信任自己的孩子，从此放手。用一句话概括，那就是"你要做出来证明给他们看"。

3. 第三个变化

　　假如你还在为父母的控制而苦恼，假如你还在用叛逆跟父母争取自由和权利，请先检查一下照顾自我的能力。所有松绑都取决于自己的能力，所有信任都来源于自我的证明。这是成年阶段的第三个变化——你要主动打破第三个神话，"世界围着我转，一切按我的要求实现"。

成年人，不是由年龄决定的，而是由心理成熟度决定的，由一个人勇于承担责任来证明，由一个人具备成熟稳定的生活能力来决定，由一个人自信、自爱、自尊的生命状态来决定。判断一个人是否成年和真正成熟，有三个标准：一是有感恩心，而不是时时抱怨；二是有自我承担责任的意识和能力，而不是假手于人；三是没有委屈，可以自己照顾自己。

我有一位老同事的儿子已经 36 岁了，从小就是学霸的他，一直不满被老师出身的妈妈管束，但同时也习惯了被妈妈精细照顾。他总用无法考入喜欢的专业来对抗妈妈和爸爸。同济大学的土木工程是他不喜欢的专业，他说自己喜欢建筑，却并没有主动在大学转专业，大学毕业考研时又错填了专业，还是与建筑无关。他硬着头皮读完研究生课程，又去国外申请了一个项目。回国后，他一直嚷着学建筑，却迟迟没有行动。他一个人租住在远离父母的城市里，由父母提供生活费。情绪低落时，他就给父母打电话，控诉父母当年对他的严格控制。已年近 70 岁的父母对他非常内疚，陷在深深的自责中不能自拔。一家三口就在这样的挣扎中，拥抱着不可改变的过去，一起坠落到深渊里，看不到希望。

这样的案例在生活中比比皆是。我对他说，不要责怪别人把你当孩子，你想长大，得按成年人的标准做。你可以时刻检视自己的言行，有哪些行为像小孩一样不成熟，有哪些责任你没有担当。假如你渴望得到别人的尊重，那就先让自己成为值得被尊重的成年人，在行动中真正做出来，证明给自己和别人看。高中阶段往后的人生，你要真正肩负起生命的责任，自己的人生自己做主，为成年后的独立生活开始做准备了。

青春期成长的三大动力

每个人来到世界上，就像坠落人间的天使，进入青春期之后，开始逐渐适应社会，成长为一个实实在在的人。有人抱怨说自己既不想来到这个世界，又不希望长大。每当听到这样孩子气的话，我都会跟对方开玩笑说："如果你真的不想来，不想做人，体验人生，那你是不可能来到地球的，因为成为人的机会非常难得，只有做人，才能体验主动选择的人生。是你向老天爷主动请求，才争取到了这个做人的机会。"我知道，所有嘴上说不想长大的孩子，内心都非常渴望成长，因为只有做人，才能获得丰富多彩的成长体验。每个孩子小的时候都希望快快长大，因为长大了就可以自己说了算，就可以不受别人控制，可以随心所欲。

每个生命来到这个世界且经历青春期成长，在内心深处都有"三大动力"。

1. 第一个动力

第一个动力就是想知道"我是谁"。你可能感到困惑："我知道我是谁啊，我是某某某。"某某某只是你的名字，并不是真正的"我是谁"。小时候，父母给你起了这个名字，让它成为你一生的代号。然而，这个名字并不代表你的全部。"我是谁"究竟意味着什么呢？这个问题意味着，我希望知道我生命的真相和本质是什么，生命到底是一个怎样的存在；我想知道在我的名字之外，我与其他生物到底有什么不同；我想知道我与其他人有什么区别。我们想要标新立异，有自己的独特之处，如不停地变换发型，跟别人区别开来。同时，我们又不想跟别人不同，我们害怕被他人孤立，害怕被群体抛弃，渴望和追逐被认同的安全感与归属感。这到底是为什么？

我的一个学生，曾经在一个暑假期间频繁变换了五种发型。他染过白发、红发，剪过阴阳头，还把头发做出 ABCD 字母的样子。每当他做完一个发型时，都会有很多人说不好看，这样不行，那样不好，身边全是否定的声音。所以，过不了多久，他就会换一个发型。当他来到我面前时，一个 18 岁的青年顶着一头白发。我惊讶道："哇，太酷了！"他问："老师，是真的很酷吗？我想要真实的评价和肯定！"我说："这个发型是你想要的吗？你到底是想要显得很特别、很酷，还是想找到一个更适合自己的发型？"他想了想："实际上我是想找到一个跟自己最搭配的发型，所以不停地尝试。通过不断改变发型，我想知道我是谁，想知道在众人之中，我的位置和身份是什么。同时，我也想展示自己的特别之处，希望在同龄人中是最醒目的，可以被别人一眼看到。这样我就容易被关注，有很高的回头率，我就会觉得很爽。"

青少年很想被别人关注，所以不停地变换发型和服饰。他们在阔腿裤、小腿裤、哈伦裤、灯笼裤、破洞裤之间摇摆不定，所有这些探索都是在尝试找到"我是谁"，证明"我是谁"。同时，他们也在思考，应该以什么身份出现在别人眼前。例如：做个好学生，还是差学生？我是勤奋的、积极的，还是懒惰的、消极的？这些标签就像面具一样，他们不停地更换"面具"，想知道哪个才是最适合自己的。这就是青春的寻找和思考。

我的女儿在初二时曾经写过一段文字："假如我不是好学生会怎样？假如我不读书会有怎样的生活？假如我被很多人厌恶，我会如何生活？"这些都是她问自己的问题。在很多问号的后面，她写下这样的话："问过自己，想来想去，我决定还是做一个好学生吧。这个好像更适合我，最容易。"这是她当时为自己做出的一个决定和选择。她决定做一个好学生，然后去体验自己想要的生活。

这就是青春期成长的第一个动力，探索"我是谁"。所以，在青春期，人要去参与各种活动，做各种尝试，就好像把不同的面具都戴在脸上试一试，才能知道哪个是自己最喜欢的，然后在各种体验中不断寻找"我是谁"的答案。寻找这个答案的过程就是每个人长大的过程，也是自我价值观形成的过程。

2. 第二个动力

青少年对世界充满好奇，除了想知道自己是谁，还想了解这个世界到底是什么样子。他们想知道世界是什么、父母是什么、老师是什么、学校是什么，然后在更高的层面思考社会是什么，甚至好奇宇宙空间是什么。他们带着这份好奇，一方面在学校里学习物理、化学、生物、政治、历史等关于外在世界的知识，另一方面用自己的眼睛去观察，用自己的身体去触碰，用自己的感觉不断梳理和总结自己的经验，慢慢形成对这个世界的认识。例如，世界有时候是公平的，有时候是不公平的；有时候是光明的，有时候是混沌的。他们在体验中不断证明和了解世界究竟是什么，这就是世界观形成的过程。

在这个世界中应该如何活着呢？为了找到答案，要寻找自己与世界的连接点。这就是成长过程中的第二个动力——探索世界是什么，探索自己与世界的关系。

3. 第三个动力

第三个动力就是探索自己为什么来到这个世界，有什么目的和意义。通俗一点说就是：我来到这个世界要做什么，纯粹为了享受吗，好像不是；是为了探险吗，好像也不是；那是为了读书、考大学、找工作吗，更不是；那是为了碰到一个心仪的伴侣组建家庭吗，还不是；那是为了各种吃穿住行，像长辈们说的活着就好吗，仍然不是。这些都太落伍了，都不是能触动内心的那个答案。

那么，是为了探寻自己的价值、实现梦想吗？我猜你会拼命点头说："是的，是的，我就是为了实现我的梦想，体现我独特的价值而来的。我想通过实现梦想为世界留下点什么，让这个世界因我的存在而不同，让这个世界因我而更加精彩。"

当你自己说到这里时，我猜你会被自己感动。是的，原来在你的内心深处藏着的美丽的种子，渴望被发现。那并不是大人强加给你的责任，也不是你硬扣在自己头上的皇冠，而是每个生命与生俱来的渴望和追求，这被心理学家马斯洛称为"自我实现的高峰体验"，被哲学家命名为"精神使命"。我在亲道学问体系中，把它称为对梦想与生命的探寻。这是在满足生存（活下去）、生活（活得好）两个层面的需要之后，在生命层面（价值和意义）的追求。

很多人穷其一生都没有来到这个层面，因为生活压力让他们自顾不暇。但是，20 世纪 90 年代以后的青少年享受父辈提供的富足物质生活，有优越的经济条件，好像含着金钥匙出生，比父母更有资格、更有可能处于探求生命意义和价值的层面。那就是：我的天赋是什么？我如何用我独特的能力和价值为这个世界做贡献？

这个深层次的动力和需要藏在你的内心深处，父母不懂，我知道，我懂。当我替你表达出来时，你那绷紧的双肩骤然松了下来。是的，你终于被看到、被听到了。

这是青春的你，在青春期历经各种艰辛，势不可当地突破与前行的三大动力。

你带着勇气，穿越这个特殊时期。你迫切渴望得到引领，想知道自己是谁，世界是什么，自己为什么来到这个世界。在这个不断探寻的过程中，各种各样的矛盾激发思考和改变。在思考和改变的过程中，你慢慢地长大了。幼稚的孩童穿越懵懂，变成成年人，肩负重任，带着明确的目标，自信地大步前行，这就是你充满朝气的青春。

青春期的三大心理营养

一个山区少年，父亲早逝，留下精神不好的母亲。12岁的他刚上初一，就已经要承担生活的重任了。他每天要给妈妈喂饭，要砍柴，干农活，只能抽一点时间完成作业，可他的成绩一直是班级里最好的那个。后来，他到镇里的高中上学，背着妈妈去学校，搭了一个简易的棚子容纳自己和妈妈。这个背着妈妈去读书的孩子，一直乐呵呵地忙着生活和学习，看不出他的抱怨和艰难。后来，他又背着妈妈去上大学，一边打工，一边读书。忙碌疲惫，处于生活重压之下的他，表现出了惊人的旺盛生命力。人们感叹他了不起，他却笑笑说："我有最好的妈妈，我很幸运有这么多人关心我。我很开心，可以读书。我有很多梦想，我会实现的。"

这是让许多人称赞不已的青少年的励志榜样，他代表的就是富足的心理营养的巨大力量。

青春期的成长有三大动力推动，那么，是哪些营养为发动机提供不竭动力呢？这就像一架飞机需要燃油供给，一辆汽车需要电力或汽油支持，一只小动物需要空气、食物和水。青春期的强大生命力的营养从哪里来呢？

青春期的孩子们从一朵向阳花变成了一个从天而降的动力天使。他们带着巨大的冲击力降落，在整个青春期乃至一生中，都需要诸多营养和能量的滋养。也许，你马上想到的是一日三餐，从食物中获得的丰富营养。是的，食物能满足的，是身体所需的营养。除此之外，更重要的是心理的营养，像发动机获得高品质的燃料才能运行一样，青春期少年需要足够的心理营养，才能跨越坎坷和荆棘遍布的无人区。

最重要的，是下面三种心理营养。

1. 第一种营养

第一种营养是每个人赖以生存的父母及原生家庭提供的环境。每个人都是通过父母来到这个世界的，每个人的生命都经由父母创造和见证。父母是孩子生命中最重要的两个人，每个孩子与父母都有不可更改、不可割裂的血缘关系，是唯一和永恒的关系。孩子不仅接受了父母给予的生理遗传基因，还有无形的精神传承，如家风、家训、家族史、家族故事……孩子通过父母，与父母身后的爷爷奶奶、外公外婆，甚至更古老的祖先相连。所以，每个孩子都不是一个人孤单活在世上的，每个孩子背后都有非常庞大的家族系统。家族系统将生命和爱代代传承，就好像生命大树的树根一样，为生命大树的每片叶子和花蕾输送着源源不断的养分。

大树的树干、枝条、树叶和花果裸露在土地之上，是看得见的茂盛。而真正支撑大树的是深埋在土地之下的树根。树根不断延伸，几十里外都有探出去的根须，几十米深处都有扎下去的根系，穿越岩石厚土，穿越百年时光。虽然人们并没有意识到它们的存在，但深藏于厚土的它们全然开放所有的管道，只管扎根，只管不断地吸收泥土中的营养，只管把水分和营养源源不断地输送给大树，让大树经历春去秋来、开花结果，生生不息。每个人的生命就像一棵独特的树，树根的营养就是父母和原生家庭连接的祖先和传承。每个孩子都是家族生命之树上的一片叶子、一个果实，逐渐成长为一根枝条，再长出新的叶片，结出新的果实，就像一个孩子未来会建立一个新的家庭，跟一个自己爱的人结婚生子。

相对原生家庭来说，这个新家庭被称为核心家庭，是将要诞生的孩子的原生家庭。每个人都有自己的原生家庭，原生家庭为最初来到这个世界的孩子提供安全感和信任感；给孩子赖以生存的物质条件；让孩子明白什么是男人和女人；让孩子体验什么是家、夫妻和亲子关系。父母和原生家庭是孩子的第一任老师，孩子的生命启蒙都来自父母。当孩子慢慢长大时，往前走的所有动力就是如襁褓一样提供最原始、最本原生命营养的原生家庭。

2. 第二种营养

除此之外，孩子不断感受的这个世界，用开阔的天地，用水、阳光和空气，为孩子提供生存所需的一切。这些都是孩子成长需要的第二大营养，是大自然给予的生命营养。

这种营养往往容易被忽略。因为它太普遍，存在于每个人的周围，并不需要你主动做什么，也不需要你付出任何代价去交换，就会源源不断地提供给你。随处可见的阳光雨露、丰富的食材，大自然无偿且源源不断地供给，让每个生命赖以生存，它像无名英雄，默默支持，不露痕迹、不求回报，它是生命中第二大源源不断的营养所在。

3. 第三种营养

第三种营养就是在一路前行中，不断体会和经历的一切——生命的财富和资源。例如，从幼儿园、小学到现在，在学校学到的知识和所经历的一切，也许被人欺负过，或许被人喜欢过；也许拿过奖励，也可能挨过批评。所有"好"的经历直接变成新学习的经验，所有"不好"的经历，也会转换成将来避坑的教训。这些也是节约能量的资源，是另一种成长的营养。人生没有白走的路，每一步都算数。

假如你曾经转学过很多次、搬家过很多次、被朋友抛弃、被老师误解、被父母训斥，曾经让你不喜欢的一切让你体验了这个世界的千奇百怪。世界不只是一种样子，还有很多种样子。人也不是只有一种样子，会有很多种样子。今天，所有这些都变成了你成长的营养。你发现自己的经验和能力在丰富的世界中不断积累，你有了应对各种状况的能力和经验。你继续往前走时，就会拥有过来人独有的潇洒："我都经历过，我知道是怎么回事，我才不怕呢！"所有这些都已经变成了你的财富。因此，在我这个心理老师的眼里，没有任何事是坏事，所有事都是好事，所有事都是资源。人生经历的每步，只要愿意转化，都可以变成自己的资源、营养和财富。生活是最好的老师，经历是最大的财富，就是对这种营养最好的诠释。

孟子有句名言："天将降大任于是人也，必先苦其心智，劳其筋骨，饿其体肤……"每个人经历的一切，都是源源不断输送给年轻的生命的心理营养：父母在身后的支持，家的温暖呵护；太阳、土地和大自然的赠予和照顾；成长路上的所有经历……当看到这一切时，你会发现自己好像变成一个被无限的爱包裹和充满能量的宝贝天使。你是富足的、丰盛的，你拥有源源不断的动力，只要开心地走在青春的路上就好了。

哪怕父母没有那么完美、周围的环境没有那么如意，甚至有时会让你觉得迷茫，想放弃不走了，但你还是会发现自己在不断地前行，因为这些营养一直在滋养和推动着你。你的内在动力一直想弄明白

"我是谁"，想搞清楚世界到底是怎么回事。实现梦想的动力无限巨大，有了三大营养源源不断地供给，你真的势不可当地要长大，势不可当地走在崎岖不平，同时又很刺激的成长路上。

青春的路上有你，真的了不起！

世界真相的三个秘密

张帅的家庭条件很好，他是初二四班最显眼、最容易被发现的同学。他有着瘦高的身材，坐在同学中很突出。关键是他的发型非常独特，虽然按学校要求剪的短发，老师也挑不出什么毛病，但明眼人一看就明白，这短发是发型师用心打理过的，是那种低调的奢华，有种特别的味道。每次放寒假或暑假，他都马上去染发，蓄长发。白色、绿色、粉红色的挑染，他都试过。他喜欢那种走在街上回头率百分之百的感觉。他最喜欢回答别人关于发型的问题。最让他难过的是每次开学前一天，被逼剪掉长发，染回黑发。他耷拉着脑袋坐在教室里，不情愿地开始学习。父母不明白他为什么会这么痴迷于鼓捣头发。父母和老师各种说教、指责、施压都没办法改变和影响他。他们不知道，张帅渴望被认可、被肯定的需要都建立在他的发型上了。成绩处于中下游的他，所有的自信和被关注都来源于他的头发。与其说他痴迷于自己的头发，不如说他痴迷于因发型而被关注的自己。

每次跟青少年讲解世界真相时，大家都很激动，很多同学说在他们这么年轻时，能了解关于世界的真相，真是一件非常幸福的事，人生从此可以少走很多弯路。这些真相可以让孩子们站在高处了解自己是谁、世界是什么、别人跟自己是什么关系，是真正的心理学意义上的真相。

1. 第一个真相

前面讲到过，每个人来到这个世界，最大的动力是要了解自己是谁、世界是什么，实现梦想和自己的价值。那么，我到底是谁呢？我不是张三或李四一个名字可以代替的，也不是性别、长相或学习好坏这些外在标准可以证明的。过去，你不断用各种方式寻找自己、证明自己，一定要做点什么来发现自己，让别人看到自己的独特，有时特别渴望别人告诉自己到底是谁。为了得到别人的肯定，你会不自觉地讨好别人，希望从别人嘴里听到对自己的评价和认可，知道自己是一个怎样的人。

关于"我是谁"的真相到底是什么呢？那就是——"你什么都不是，你又什么都是。你是一切可能性，你本自具足"。这段话是什么意思呢？它是说：作为一个新生命来到这个世界，每个人都有无限的可能。在慢慢长大的过程中，每个人都有可能成为任何人，有任何身份，因为每个人的本质就是什么都有、什么都可能创造。每个人拥有一切资源，也有通过无限资源创造一切的可能性。同时，每个人身体里还潜藏着所有的智慧、能力和资源，像一个巨大的宝库，是眼睛没有看到、头脑还不知道的。被称为潜意识的巨大能量，需要通过不断尝试和体验，才能慢慢被发现、运用和创造。这是一个一边成长一边创造一边体验的过程，直到自己领悟到"原来我什么都是！原来我什么都行！原来我什么都有！"。

你现在了解这个真相，你明白，你不需要讨好任何人，不需要别人告诉你，你是因为多么好、多么有价值才有资格活下来；不是因为你这次多考了五分，所以你比那位同学好；也不是因为某次你没做好，将来就没有机会，要完蛋了；更不是因为你成绩不好，就什么都不是，将来就废了……外界给你的暗示和引导一直盘旋在你的脑中，让你处在焦虑和不安之中。我想告诉你：这些都不是真相，绝对不是！

你一定要马上把这些话种在你的心里，你只需知道："我什么都有，我具备让自己成为任何可能性的资源。我只是走在成长的路上，我现在选择的每条路和每个机会只是让我尝试发现自己到底有什么，证明给自己看到底行不行，到底是怎样了不起！所以，这些体验不能代表真正的我。我不会认同任何人对我的否定和评价，我不接受任何人给我贴的标签。什么低分收割机，什么高分低能，让这一切滚远，我才不会被它们控制和限制，我只是在尝试和经历一切可能的生活！"

在我开设的青少年成长动力营课程中，每位同学都要站在一米多高的讲台上，发表一分钟即兴演讲。那些曾经胆怯得不敢与人对视的孩子，带着勇气实现一次次突破后，会喜悦地按着怦怦跳的心脏说："哇，原来我也可以！我从小就内向，从来不敢当众说话，现在我也可以面对几百人公开演讲了。我真的可以做到！"那一刻就是突破自我限制的幸福，就是拓展了"我"，刷新了自我认知的兴奋和喜悦。

在我开设的"玩与创造"课程中，当老师用一只手做模特，教会同学们快速一笔画出手时，大家都惊呆了："原来我还会画画啊！我从来没学过这样画画。既然我可以一笔画出手掌、鞋子，那我也可以画出任何我想画的东西，原来我是绘画天才！"他们除了画画，还现场调配香水、做各种各样的手工、快速写作……这些体验不仅锻炼了他们的能力，更重要的是引发了非常震撼的自我发现："原来我有这么多不同的面，原来我有这么多可能性！"这些体验让同学们相信了这句话——"我什么都是，我什么都可以，我本自具足"。

我把这句话送给你，在每天的生活和学习里，无论遇到什么、体验到什么，都要去主动探索和感悟生命的真相。

2. 第二个真相

第二个真相是，你跟别人是怎样的关系。你也许认为，在学校里自己跟其他同学是竞争的关系。考试排名，每个人都想超过他人，争得第一。只有打败别人，自己才能得到机会。这好像是事实，你从小到大习惯了竞争，习惯了比赛，习惯了想让自己赢在起跑线上。虽然很难，但你一直带着焦虑和压力在坚持。你的同学也和你一样在痛苦地坚持。

我想告诉你，你过去被告知和坚持的，不是生命的真相。生命的第二个真相是，你跟他人不是竞争关系，而是彼此独立、合作共荣的关系。

你与他人，就像大自然中一棵又一棵的树，品种不同，开花结果的日期也不同，每棵树都是独一无二、相互独立的，共同装点着世界。既然各自都是独一无二的，所以没有必要互相比较，也没有必要竞争，更没有必要对抗和打败对方。我们只需把自己的优势和潜力激发出来，做最好的自己就可以了。

所以，你不用把别人当成竞争对手，也不用把别人当成敌人，这个世界本来就没有敌人，只有各不相同的人。你不用再把关注点放在别人身上，只需把注意力放在自己身上（此刻我喜欢什么，我想做什么，我怎样才可以做出来？），然后脚踏实地去体验和经历。不管别人说什么，你都越来越自信；不管别人怎么样，你在班级里、人群中都有自己鲜明的特点。你跟他人可以在需要时互补，你可以欣赏和赞叹他们，也会被他们欣赏和赞叹。当然，你们可以互相学习，取长补短。当你牢记第二个真相（世界上没有敌人和对手，只有合作共赢的伙伴；只有可以给你照镜子的人）时，这个真相会让你感觉安全，你更愿意跟别人沟通和连接，你会拥有更多互相欣赏的友善的朋友。四海之内皆兄弟，这种感觉真的很好，你那竖起屏障的心突然放松了下来，是不是？

3. 第三个真相

第三个真相是，自己心中有怎样的想法，就会创造出怎样的现实世界。一个人心里想的是什么，创造出来的就是什么。世界像一块很大的田地，你的想法和念头就像播下去的种子，种下怎样的种子，就会收获怎样的果实。楠木的种子会长出楠木，西瓜的种子会长出西瓜。你对别人友好，就会有更多人对你友好；你对别人有信心，就会发现别人对你更有信心。所以，外面的世界的源头是在内心，是由内心的念头和想法创造出来的。你想要怎样的世界，就去释放怎样的念头吧！这就像想吃西瓜就去种西瓜，到收获时自然可以吃到西瓜。

怎么样，你明白了吗？这个世界跟每个人都是息息相关的，每个人的世界都是由自己创造出来的。你的世界不是由父母决定的，也不是由老师决定的，更不是由考试制度和同学决定的，而是由你自己决定的。这个发现是不是有点颠覆你过去的认知？

慢慢体会一下，仅这一个真相就会把你过去的很多烦恼一扫而光。例如，过去你认为都是别人不好，现在发现原来是你"觉得自己不好"。对自己不满的念头种在心里，长出了否定的果实，投射到周围人身上，你就像戴着一副有色眼镜，看到的每个人都有这样那样的问题。你觉得父母很烦、同学很烦，老师也很烦，所以你觉得难以忍受。过去想的是改变他们，但从来没有成功过，现在你知道你是在烦自己。你把对他人的抱怨收回到自己身上，看到内心不好的自己，拥抱和呵护这个自己，种下爱的种子，接受还做不好的自己。这时，你会突然从烦躁中安静下来，一切都变得美好了。

我曾经接待过一个高中生。他在学业上遇到麻烦，跟同伴相处也遇到问题。他非常愤怒地拍着大腿问："为什么？凭什么大家都对我这样？我不服啊！"他觉得别人伤害了他。我感受到了他内心的愤怒，就问他："你觉得自己好吗？你有多少时候在心里一直骂自己、诅咒自己？你有多少时候一直觉得自己不够好，发现看到的人都不是好人？"

那位同学接着问："是不是在你眼里我什么都不是？"我说："恰恰相反！我的时间很宝贵，绝对不会浪费在一个没用的人身上！我看到的你是一个认真负责的人，因为你感到痛苦，因为你觉得这样的生活不是你想要的，你想换一种活法。我看到你真实的情绪表达，这是你痛苦的原因。我看到的真相是：今天的痛苦不是别人造成的，是你自己造成的。是你觉得自己太糟糕，觉得自己不够好。"

那位同学一下子安静下来，陷入了深思。我继续说："我发现你是一个值得帮助的人，所以我才帮助你。你内在是很有价值的，但你觉得自己没用，你创造出了很多自己没用的表象；只有觉得自己有用，你才会换一种活法。"

当我很坚定地对他表示肯定时，他突然坐直了身体，整个人显得挺拔而有力量。然后，他突然转头问我："那你说我应该怎么办？"

我们接下来就讨论应该怎么办，他想要怎样的世界。他说："我想要一个公平的、有爱的、可以互相支持的世界。"我说："好，那么从现在开始对自己公平一点，对自己友爱一点，对自己多一些支持吧！把这些种子都种到自己的心里，你就会收获一个这样的世界。"

总结三个关于生命的真相：世界是由自己的内心创造出来的。只有相信自己是本自具足的，带着尊重和独立跟别人互动、互相照镜子，才能主动创造出自己渴望的世界。

各位同学，到现在为止，你们已经走上了符合世界真相的成长之路，值得用一生慢慢体会和证实世界本来的样子，恭喜你！

我和内心的三层世界

这个世界到底是怎样的，每个人是怎样活在这个世界上的？以上问题实际上是你非常重要的求索动力，你想探索世界原本的样貌。

每个人的心里都有三层不同的世界，不了解这三层世界，往往会产生内心冲突和矛盾，这也是很多青少年时常觉得郁闷和痛苦的原因。那么，是哪三层世界呢？

1. 第一层世界

第一层世界是现实世界，就是现在你每天生活的世界，这一层世界里有你身边的父母、同学、老师，小区里的邻居和朋友，以及新闻媒体的各种宣传和报道等。这样的环境就是每个人生存的现实世界，你对这个世界满意吗？

你也许会说不满意，你有很多理由，会疑惑为什么世界是这样的。明明小时候的世界是美好的，为什么长大了看到的世界有那么多问题呢？为什么大人都把分数看得比命重？为什么同学之间互相防备？为什么一定要学习、考试？为什么大人可以说一套做一套？为什么还要有战争？是的，这些现实会让你感到痛苦，难以接受，你会对现实世界感到非常不满。为什么呢？因为每个人心里还有另外一层世界，那就是理想世界。

2. 第二层世界

理想世界在哪里呢？它存在于每个人的头脑里。看着童话书长大的孩子，心中创造出的乌托邦式的理想国，那是每个人都希望的一个完美世界。在那个世界里，有最完美、最善解人意的父母，他们无所不能，像你肚子里的蛔虫一样，随时随地知道你需要什么，给予你全方位的帮助和支持，给予你无条件的爱与包容。你在父母的身边，感觉到无限的安全和放松。同时，你希望自己的老师也符合自己的理想，既漂亮又幽默，既善解人意又有权威，对所有学生都很公平，像父母一样，充满爱与包容，是知识最广、品德最好的老师。你还希望有理想的同学、理想的学校、理想的社区、理想的地球……细数一下，每个人内心都有一大堆关于理想世界的标准，时刻都在像尺子一样，衡量着外在的现实世界。

遗憾的是，现实世界处处伤感地表现出相反的一面：父母总有这样那样的缺点，他们逐渐失去了威信和尊严，也不再给予你每时每刻无微不至的温柔呵护。算了吧，创伤都是他们给的。老师只会偏心成绩好的同学，表里不一。同学和伙伴大部分不友善，更加无趣。世界充斥着战争和灾难……

现实与理想不符，有人会感到失望，甚至绝望。为什么世界是这样的呢？童话故事里写的都是骗人的吗？有人会迷失，或变得异常愤怒，以桀骜不驯、任性，或以各种不可理喻的方式表达自己的对抗；也有人绝望消沉，封闭自我，用另一种极端方式报复不如意的社会和世界。

2024 年 1 月 10 日，复旦大学法学院的一名学生写下退学申请。在洋洋洒洒的文字里，他抨击学校的硬件建设、教学体制、校园风气，还有父母逼迫自己学习的各种表现。他的退学申请有思想、有文采，看得出他的痛苦并非一两日所积，并非一两句话可劝。现实的一切距离他内心的理想标准太远了，所以他选择自动退学，离开许多人仰望的复旦大学。我从他的退学申请中感受得到他内在的愤怒如火炽盛，不知他后来生活得怎样，是否找到了一个满意的理想的空间，可以发挥他的才华，展现他的思想。这个渴望被听到的年轻人，宁愿维护内心完美的理想世界，也不愿向现实世界妥协。在他身上，除了令人可嘉的勇气，更多的是让人心痛的冲突。有多少青少年的内心也如他一样挣扎和痛苦？

我带过很多期青少年成长动力营的孩子，来自全国各地的孩子们坐在苏州的课堂上，第一天大部分是一副神情暗淡的样子。他们好像累得连眼皮都懒得抬起来，面如土色，穿衣松松垮垮，整个人看起来没有一点精神，像"一堆肉"。他们把所有的注意力都放在手机上，通过玩手机打发时光。原本应该充满活力的青少年怎么是这个样子？我知道，他们变成这样，是因为经历了许多的失望，是因为内心的理想世界跟现实世界反差太大，使他们慢慢从失望变成绝望。他们慢慢地收缩，越来越封闭和被动，跟外界疏离，放弃与外界互动。

我懂得这一切，所以除了心疼，还会创造很多活动，用各种方式带领他们从冰封的状态慢慢走出来，推动他们从内心迸发出力量。

3. 第三层世界

我用第三层世界的力量，设计课程内容来召唤和带领孩子们走出封闭状态。第三层世界不在外面，它在每个人的内心。第三层世界是本质世界，是一个本来就存在的生命本性的世界。这个本质世界既不是完美的童话，也不是黑暗的、不公平的现实；既不是一切都很完美，也不是一切都有残缺。这个本质世界是万事万物存在的道与规律，是和太极图一样阴阳平衡的完整，包含黑白，以及黑中的白、白中的黑。它是存在的一切，是是，也是不。它包括所有的好和不好，以及处于好与不好之间的一切。

假如理想世界是明亮的白色，现实世界往往被形容为黑色。人们总是渴望看到白色，远离黑色，就像你喜欢理想世界、讨厌现实世界一样。但是，生活中还有很多非黑非白的颜色，还有灰色，还有其他颜色，这些颜色的本质到底是什么？

世界真正的本质就是存在，没有好坏，没有对错和是非，它就是一个无限丰富的，由不同的振动频率创造出来的能量世界。

你可以想象这样的画面：有一个无限大的森林，森林里有成千上万不同种类的树木花草，不同的动物各自安好，生活在无限大的森林里，用各自的方式装点这个世界。这个世界有白天，也有黑夜；有凶狠的猛兽，也有温顺的小动物；在顶天立地的大树下生长着柔弱的小草；万物共生，相互依存。

这就是本质世界：什么都存在，什么都被允许，没有好坏对错。本质世界包容一切，尊重一切，让花成为花，让草成为草，让每个生命尽其所能地做自己，不是为了竞争，不是为了证明，只是为了贡献自己。这样的世界才是完整的、完善的和真实的。

我设计活动，让每个孩子去体验，去参与。我激发他们去尝试，不断获得新的经验和能力，推动他们体验自我突破的喜悦和激动。青少年最容易被刺激的，是好奇心满足时多巴胺的分泌，再借助梦想的力量和团队归属感，在完成各项具有挑战性的任务的过程中，持续分泌内啡肽，这些激素会推动他们不断克服困难，创造奇迹。在整个过程中，我和助教老师没有评判，只是不断地激发、不断地肯定他们。孩子们在层层破冰的游戏中逐渐绽放，内在巨大的潜能势不可当地爆发。在五天的课程里，孩子们一层层地突破，他们所展现出的开放、善良、主动、热情的创造状态，让所有人，包括他们自己惊叹不已——原来我如此了不起！原来这个世界如此美好！原来同伴如此可爱！真的好爱这一切啊！这时候，孩子们都活了，活成了本来的青春样子！

第三层世界，需要慢慢地去发现，不断地观察和体验。

在看到这本书之前，你觉得内心世界可以用一幅什么样的图来代表？你的内心世界是像太阳一样，永远光明，还是只有黑暗，或是处于中间状态？了解三层世界之后，你觉得内心世界又可以用哪幅图来代表？

假如前后不同，那么恭喜你，说明这一节的内容已经对你有所帮助；如果你仍然是原来的看法，那也很好，带着疑惑，继续探讨下去。

下面这幅图是老祖宗传下来的太极图。

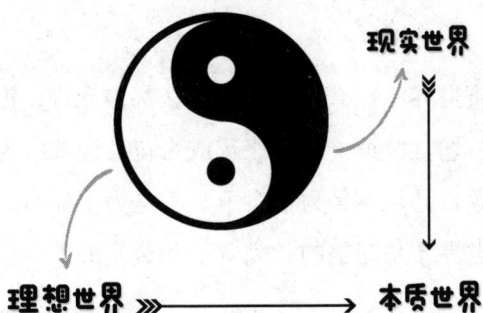

现实世界

理想世界 ▶▶▶ 本质世界

太极图有白也有黑，白中有黑，黑中有白。在黑和白之间有很多中间地带，既是黑，又是白，那是世界的一部分，是新的可能性——包容、完整、完善，更大的可能性。当你可以看到这部分时，你的世界变大了。在从小被教导的对与错分明的二元世界里还有第三种可能性——没有对错，没有是非，没有好坏，一切如它所是的存在。你不用只做好孩子、好学生，只有考了高分才能得到认可，即使你没考到高分、不学习，你也有资格表现自己的能力和价值，也可以被爱。

此时，你感觉怎样？当世界少了评判、少了对抗，当世界不是黑也不是白，不只是黑也不只是白时，它用无限大的空间接纳你、包容你、呵护你、爱着你，这种感觉好吗？

请你看看自己的内心世界，这是一个无限大的空间，能包容一切。带着平静和好奇心，去看外面的世界，你会发现什么？我期待你的分享，我会陪你继续走下去。

青春期成长公式

小时候，父母都忙着做生意，经常留小丽一个人在家。为了不饿肚子，她从 7 岁开始，就自己做饭。有时候，父母回来晚了，吃着她烧的菜，对她的厨艺赞不绝口，逢人就夸自己的女儿烧一手好菜。父母的肯定让小丽烧菜的热情越来越大。她的学习成绩不好，父母希望她好好学习，她却有空就去烧菜做饭。每当得到大人赞赏时，她都非常开心。初中毕业，她去职校学厨艺，文化成绩仍然不好。但是，她凭自己烧的好菜获得足够的自信，被学校推荐去当地唯一的米其林餐厅做主厨，成为有名的特级厨师。

我在上一节分享了三层世界，应该会有同学好奇：既然有理想世界、现实世界和本质世界，那么我们到底生活在哪个世界里？我怎么知道我现在在哪个世界？我的青春期到底跟这三层世界有什么关系？这些问题推动我们去了解青春期的成长之路——生命中非常重要的自信养成之路。

想当年，你还是小孩，非常单纯地以为世界是完美的、父母是完美的，你想要的东西自然而然会来。你被动地生活在大人创造的环境中，感受外在的世界。进入青春期后，你开始不情愿地面对越来越不完美的现实世界。在这个现实世界里，自己跟理想的好孩子有很远的距离。无论身高、体重、生理、心理，还是学习成绩等各方面，你都会觉得不满意。现实的自己不断被别人批评和否定，加上父母、学校、社会，很多你越来越不喜欢的东西堆积在一起，让你感到困惑：这个世界怎么突然从阳光灿烂变成了一片黑暗？这个不完美的世界让你感觉混乱和迷茫，但内在动力还是推动你继续前行。你带着好奇，想了解这个世界到底怎么了。你想主动在这个不完美的世界里探寻世界的真相，靠近本质世界。每个人都有这个动力，无论再难再苦，都要坚持下去。这条路的奥秘藏在一个公式里：

感觉（好奇心）+尝试+经验+能力（他人的、自己的肯定）=自我价值（自信、自爱、自尊）

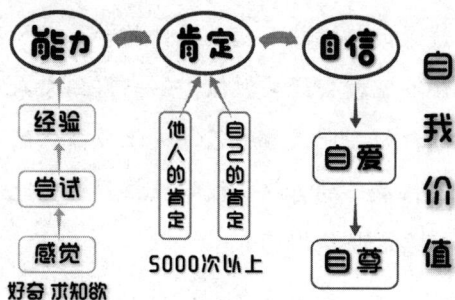

这就是你在长大的过程中不断主动探寻的动力，是你去寻找自己是谁，世界到底是怎样的动力起源。这个起源是什么呢？

刚出生的孩子会无意识地把手放在嘴巴里，还会扳起自己的脚放在嘴里，他们是通过嘴来了解和认识世界的。慢慢地，他们会用手、眼睛和身体的每个部位来探索世界。四五岁的小朋友对一切充满好奇，他们走到哪里都会摸一摸、看一看。每到一个新房间，他们都会把每个角落走遍，上下打量每个地方，这是他们在满足自己了解世界的好奇心。与生俱来的好奇心和求知的欲望是每个人在这个世界上不断探寻的原始动力——想知道是什么、为什么。

这种不知不觉的力量推动每个人走过童年、少年和青年阶段。每个人在童年阶段后，经历小学、初中，再进入高中、大学。这条求学的路实际上满足的是每个人内心渴望了解世界的求知欲和好奇心。好奇的感觉推动每个人到处尝试，获得各种体验，酸、甜、苦、辣、咸，每种味道都要尝尝；跟不同的人打交道，了解不同的人，有的人容易沟通和相处，有的人封闭和紧张；有的科目容易学，有的科目比较难；有的老师是自己喜欢的，有的老师不是自己喜欢的；父母有时候温柔可亲，有时候严厉得让人讨厌。人们在不断尝试中做很多事，也知道怎么做会让别人开心，怎么做容易得到自己想要的东西。在尝试的过程中，每次犯错都是积累经验的过程，每次犯错都让你学会不再走弯路，每次摔倒都让你下一次站得更稳。所以，没有不应该犯的错，只有为了更好而一次次尝试和体验，总结出来的经验。

在成长过程中试错对每个人来说都是很重要的学习方式，只有试错才能找到经验，才知道怎样做是对的。只有这样才能知道，怎样做数学题更容易，怎样学语文更轻松；怎样跟同学相处更容易获得友谊，怎样跟老师打交道才容易得到帮助。这些都是一点点试错、慢慢积累经验所得的。

感觉推动人去主动尝试，尝试让人不断积累经验。有经验的人就有很多能力，包括学习能力、沟通能力、思维能力……一个人的能力越来越多，就越来越自由，选择权就越大，可以这样做，也可以那样做。一个人的能力越来越大，越有机会达到期待的目标。但是，能力越来越强，并不一定能自动转化为相信自己的能力真强了，它需要外在的肯定和强化，以及外在强化转化而来的自我认同。这个外在强化就是公式中间的等号部分，叫作"肯定"。肯定就是指父母、老师等权威人物对孩子能力的认可。例如："我发现你这次数学考得很好，你学数学的能力很强！""你动手能力很强！"当某种能力得到一次次肯定和认可之后，孩子就通过他人的肯定了解了自己，认识了自己，"被知道""被相信"自己有某种能力。因为别人相信自己够好，自己才被强化确信，自己这方面真好。这时，来自内在的肯定——自信——才慢慢建立起来。下次遇到某个难题或挑战，由自信激发的力量就会自动出来面对困难。

我们从公式左边这条路，经过中间这部分强化，慢慢走到右边这条路，右边这条路跟本人的自我价值有关。我知道我是谁，我相信自己的某种能力是强的。好的，这就是自信。我明确知道自己是一个有价值的人，我可以照顾自己；我独一无二，与众不同；我值得尊重，这就是自尊。因此，我很喜欢自己，爱自己。我的心情很好，面对别人的时候就很愉快。这种自爱就变成了照顾自己的一种方式。一个自信、自尊、自爱的人，一定是自我价值足够的人，是会照顾自己的人。自我价值高的人不会让自己受伤害，会拒绝不喜欢的东西，会爱自己、尊重自己——知道自己是有用的、值得被爱的。自爱、自信、自尊合在一起时，一个人就清楚地知道自己是谁了。

现在，你明白了，成长这条路是通过不断被好奇心、求知欲推动，不断试错、积累经验、提升能力的路。当一个人终于知道自己是谁时，就明白世界是怎样的了。他会越来越清晰地知道自己跟别人有什么不同，越来越清楚自己的价值，知道自己多么值得被爱。

成长这条路，最重要的就是确信自己是一个好人，是一个善良、能干的好孩子、好学生，是一个有爱、有梦想、有用的好人，是一个愿意奉献自己的能力和价值、愿意为世界做贡献的人！

在这个确信的过程中，你开始慢慢形成对世界的认识：世界是丰富的，世界有很多可能性。自己与这个世界是一体的，自己存在就是对世界最大的贡献，所以为世界做点什么是自己的需要和渴望。你也慢慢知道，别人是怎样的，他们跟自己一样，也要走这条路，也要不断地尝试和体验。像自己需要体验的过程一样，每个人都需要这样的体验，你懂得必须尊重别人的这个需要。所以，你明白，为什么父母每次对你说"你要听我的，我吃过的盐比你走的路都多，听我的你就少犯错"，你都会非常愤怒，那是因为他们忽略了你要自己尝试的需要。你确信自己将来做了父母，绝对不会犯这么低级的错误，绝对不会剥夺你的孩子自己探索和尝试的机会。

你还会发现身边很多跟自己不一样的人，你们之间并没有竞争，也没有对立关系。每个人各有特点，各自考量。你不用跟别人争，只要自己活好就行。在这个过程中，本质世界的奥秘已经慢慢被你探索到了。那一刻，你会感觉自己非常有智慧。

这个成长公式把每个人的生命成长路径概括得精彩而又清晰。生命之路最重要的是起点——从好奇开始，沿着这条路，最重要的是确信"我是谁"，然后带着足够的爱和相信、尊重，你就会有足够的力量独立，就会爱别人如爱自己，你就会在世界里主动创造奇迹，把属于你的独特生命奉献给这个世界。如此，一切就都完美了。

你的青春期已经走在这条路上了，参考这个公式，检查一下：你现在停留在公式的左边还是右边？你的路走得顺畅吗？你的好奇心被允许和保护了吗？你有哪些了不起的经验和能力？你得到权威人物足够的肯定了吗？你会给自己 5000 次以上的肯定吗？你有爱自己的秘诀吗？

好多的问题啊，让我们继续探索下去，好吗？

青春期的三大挑战

有一位高一同学学了我们的青少年成长动力营以及玩与创造课程后，内在很多动力被激发出来，充满了对世界的好奇和探索欲。课程结束后，他回到北京，跟妈妈讨论："我要怎么活着？现在还没开学，我觉得内心有点空虚，不知道怎么活才更有意义。"

那位同学的妈妈也是学过我们课程的家长，于是有意识地引导孩子通过骑行去探索未知的东西。那位同学就骑着自行车出门了。他原计划骑十几公里就回来，但出去后才发现手机地图导航版本太低，把他直接导航到了天安门区域，而天安门前现在是不可以骑车通过的，他只好绕路，手机地图不断带他绕更大的弯，导致他越走越远。他从下午出门到晚上还没回家，父母在家里等得着急，想报警，又担心干扰到他。最后，他在半夜12点终于回家了，原计划骑行12公里，实际上至少骑了80公里。

父母紧张焦虑，但那位同学非常兴奋。第二天，他开心地跟我分享："老师，今天太有意义了！我有了一次探险经历，过去在我眼中的北京城变了样。我自己骑车丈量北京城，把探险、刺激、好玩全部经历了，发现世界原来是这个样子！"他就在极大的好奇心驱使下，看到了一个了不起的自己，也看到了一个完全不同的世界。

我分享这个故事是想继续探索前面分享的三层世界。世界到底是完美的，还是黑暗的，抑或是黑白兼存的呢？世界是什么样子，要由我们看世界的眼光决定，这眼光又由我们内心的信念和想法决定。

当对光明有期待，却看到黑暗时，孩子往往非常不满意，会抱怨、愤怒、玩世不恭，甚至自暴自弃。那位北京的同学，当他带着好奇心去探索一个不断变化和具有无限可能的世界时，其中发生的绕路等事情，是他不能控制的，可他没有抱怨，反而带着对"无法控制"的好奇，经历了刺激、冒险，发现自己有潜力的体能，发现父母等他到凌晨的深深的爱，也发现自己原来可以有惊无险地渡过难关。所以，他感受到的世界与抱怨者感受到的世界完全不一样。所以，每个人觉得世界是怎样的，就会创造出怎样的世界，每个人的世界都是由自己的信念建构的。所以，世界看似在外面，其实不在外面，而是由自己的内心创造出来的。

经常有青少年来到我面前，抱怨老师不好、学校糟糕，抱怨父母不好、社会不公平，世界有种种不满意的现象，离自己的理想太远，太痛苦了。我非常理解他们的心情，同时反问他们："假如这个世界已经完美了，还要我来干什么？假如这个世界是完美的，还要你来干什么？"我曾经看过一个广告语："假如不是现在，是什么时候？假如不是我来，那是谁？"是啊，假如世界已经完美了，我来干什么？我只是来享受现成果实的吗？我只是来游山玩水的吗？我来到世界的使命只是做过客、做看客吗？不，不，不！幸亏这个世界不如自己期待的那样完美，我才有机会去创造、去改变、去做点什么，这才是生命成长的一大动力——"我此生为何而来？我要为这个世界做贡献！"

很多青少年希望自己能为自己的人生做主，所以当他握起拳头宣告说"我的人生我做主"时，我经常会反问："你真的做得了主吗？你真的愿意做主吗？"听到我这样问，很多孩子就蔫了："我嘴巴上想做主，但我的力量没准备好自己做主。我想要自己做主的自由，但我还没准备好承担自己做主的责任。"他们还没有想明白自己与这个世界的关系。这个世界的真相，假如用太极图表示，它是变化的，没有一刻会停下来。一个变化的世界才好玩，不是吗？如果早晨起来到晚上睡觉，每天的生活都一样，那生活还有什么意思呢？因为这个世界有不同和变化，所以才有无限的可能性，才更好玩。只有这样，每个人才可以贡献自己的特长，与变化的世界共同发展。因此，别压抑自己内心强烈的想玩的欲望以及对未知的好奇，去尝试探索那些新鲜事物吧，去参与宇宙进化的创造过程吧。

跟随世界的变化，在变化中体验不同的刺激，这个过程才是你想要的。就像前面提到的骑行北京的那位同学，他半天可以骑行 80 公里，这一过程太刺激了，有恐惧、担心、焦虑、愤怒……什么情绪都有，像过山车一样，浓缩了人生和世界不断变化的过程。同时，他感受到世界有无限的可能，可能峰回路转，也可能黑的变白，白的变黑，甚至黑中还有白。每个人跟随这样的变化，可以做的是：在白时创造黑，在黑时创造白，不断地创造。在这个不完美的世界中，有很多展现自己能力的机会，可以做的事情太多了，只要你愿意。

当发现班级气氛低沉时，想一想自己可以做点什么来增加温度。家里凌乱不堪时，起身去做点什么。当把抱怨转化为行动时，世界就会离完美更近一点，理想的世界与自己的关系就更紧密一点，因为这样做时，你真的是在为自己做主，也是在为世界付出。这往往就是每个人实现梦想的过程。

当了解到世界的本质像太极图时，每个人都需要向其中蕴藏的奥秘臣服。它提醒每个人对一切变化说是，接受所有意料中和意料外的变化；它提醒每个人对所有情绪说是，无论喜怒哀乐，都只是去体验，而不是对抗。每个人需要极大的勇气面对第一个挑战——放下对不完美的抗拒，对一切说是。

世界上有很多个人操控不了的东西，如历史、自然规律、地位高的人、意料之外的事物。面对这些不以个人意志为转移的存在，每个人都只能用低头表示臣服。例如，孩子改变不了父母的观念和习惯，老师比学生大，学校更大，与他们对抗，无疑是以卵击石，会碰得头破血流。当心甘情愿地对比自己大的一切表示臣服时，一个人才会真正做自己有能力做的事。在课程中，我会带领大家低头鞠躬，做出臣服的动作。当一个人发自内心，恭敬地把自己高傲的头垂下来时，整个身体都可以放松地呼吸，感受到更大力量的爱与祝福。

有同学告诉我：

进入青春期后，我经常感觉到自己内在有很多的力量，总是想喷涌出来。我看不惯很多事情，无论是父母，还是老师，我总想挑他们的刺，想让他们听我的。所以，我跟大人有很多矛盾，总是想超越他们，证明自己比他们强。有时候，我忍不住发火，可每次发火后又都很自责。这让我感到很难过。

今天，在真正臣服和低头的刹那，我突然感觉身体变得很轻松、内心很安静。我趴在他们脚边，感觉很踏实。我好像把自己找回来了。不管自己多么了不起，我都是他们的孩子，是他们把力量传给了我，他们当然希望我过得比他们好。我感受到比我大的父母、老师，他们是有力量的，是爱我的，是愿意支持我的。我真正待在孩子的位置上，表达自己的臣服，这并不代表我是软弱的、无能的，我只是真正地归位了，站在孩子的位置上，带着他们的祝福做自己，这才是真正有力量、真正的坚强。

此刻，我明白，我长大之后的力量不是用来对抗他们的，更不是用来打败他们的，而是要做好自己，以此来荣耀他们。他们的祝福是我的资源，让我可以生活得更好。这是我真正站在自己的位置上，低头之后获得的礼物。当臣服于父母时，我才会跟整个世界和谐相处，才能真正生活得轻松快乐。

对比自己大的一切说是，学会臣服，是青少年需要面对的第二个挑战。

青少年需要面对的第三个挑战，是在臣服之后，跟随自己内心的指引，承担最大的责任，就是照顾好自己、活好自己。

每个人都要照顾好自己，因为自己是自己生命的主人，是自己人生剧本的编剧和主角，必须照顾好自己的情绪和身心健康，以自己最喜欢、最擅长的方式为他人和世界服务，在每个关键的转折点做出选择，让自己健康地活着，珍惜自己的生命。无论外界有怎样的诱惑、面临怎样的挫折，我们都要完成这个过程。

在青春期，在人生的黄金阶段，要明确这三大挑战——接受、臣服、对生命负责。当仁不让地去行动，义无反顾，这样你就会明白此生是为世界更完美而来的。你在今天接受挑战，将此生无憾。

青春期成长的两大秘密

有一位高中生学过我的课程后，收获非常大，觉得只要跟着我学习，就一定会有进步。于是，我们有了这样的一番对话：

他：我决定不再回学校了。学校的生活很无聊，我不想在学校耗费宝贵的青春生命。

我：那你想做什么呢？

他：我准备跟着你学习。

我：我不会要你，绝对不收你这个学生。

他：为什么？

我：因为人生的路不是学出来的，而是走出来的。假如你想跟在我身后，只是坐在课堂里听课，那不管学习到多少知识，对你都不会真正有帮助。如果你真想做一个相信自己、有力量、让自己满意的人，就绝对不能只是学，一定要自己去做，去尝试、经验、体会。数数手指头，从小到大你经历过什么？

他：我经历过辍学在家的痛苦、跟同学吵架、被父母羞辱，这些都经历了。

我：那你经历之后得到哪些经验呢？

他：我知道人要为自己负责。

我：因为经历了这些，所以你知道了要为自己负责。你有哪些能力可以为自己负责呢？

他：我会做饭，可以照顾自己的卫生，还可以制定未来的规划。

我：这些能力都沉淀在身体里，变成你的本能了，真好。但是，我的书里讲了那么多好东西，有多少成为你的本能了？真正变成本能的只有自己亲身经历过的东西，那些才是真正带你走下去，无论你走到哪里都可以拿来用的东西。所以，你要明白，书上写的是别人的经验、别人的知识，跟你没关系。你必须自己带着好奇心去一步步尝试，尝试的结果会变成经验，而经验会变成你的能力。为了提升能力，你必须去实践，而不是坐在课堂里听我讲。

1. 第一个秘密

成长之路的秘密之一是"多做、多做到、多因做到而得到肯定"。

所谓"多做"，意思就是要亲自去体验和尝试，跟随自己的好奇心去探索，用你的身体和五官的感觉，去接触，去实践。你要知道梨子的味道，就必须亲口尝。你想知道骑独轮车的感觉，就必须自己去骑。你想把自己头脑中做点心的想法变成吃得到的美味，就必须自己去试，搞明白怎样调整面粉与奶粉、鸡蛋的配比，烤多少时间最合适，这些都需要你动手去做。每做过一件事，你就会积累一个经验。只有做过，你才知道什么是重要的，什么是不重要的，什么是对的，什么是错的。你不能逃避做的过程，否则别人的知识就不会变成你的知识。多做之后，积累丰富的经验，让自己"多做到"，就是做出成果，达到目的，用有结果的探索过程增强自己的自信心。玩游戏，就是反复尝试，不断提升自己的速度和反应能力，一次次闯关就是一次次的"胜利和超越"。这时，体内可以分泌内啡肽等物质，让人产生兴奋感。这是身体自动产生的正向回馈，会让人上瘾，渴望无限重复和循环。

卖油翁被别人赞叹技艺高强时，他说出了简单的真理："无他，唯手熟耳。"多练，练熟了，就可以做到，就会有信心，就能获得别人的肯定。肯定会让人更主动地去做，做得越来越好，成为良性循环，久而久之，必定脱颖而出。

企业在招聘新员工时都很在乎员工过去的资历和经验，如曾经做过哪些工作、有什么实践经验，然后才看学识、学历背景。学历加经验才是一个人真正能力的表现。有足够的经验是适应工作的重要基础，获得经验的前提就是要多做、多做到。

同时，我想提醒的是不要害怕犯错，一定要给自己犯错的机会，因为每次犯错就是一次"尚未成功"的反馈。一个人只有及时得到反馈，才会发现自己需要调整的地方，这就是成功的经验。无数次犯错是一次成功的条件。爱迪生发明灯泡，是在经过无数次失败之后，又坚持了一次，最终给世界带来光明。宝宝摔倒一次又一次，才学会走路。所有大大小小的成功都经历了相似的过程，表面的成功是无数次试错的结果。冰心在一首诗中说："成功的花，人们只惊羡她现时的明艳！然而当初她的芽儿，浸透了奋斗的泪泉，洒遍了牺牲的血雨。"

有一次，我在录制课程时，摄影棚里发生了意外。摄影师突然发现机器里发出了噪声，他立马叫停，用了很多方法，不断找原因。摄影师反复尝试，最后找到了降噪的方法。拍摄暂停看似一个小小的失败，但及时止损，避免了更大的损失。所以，哪里有错？一个人走的弯路都是为找到近路做准备的，一切经历都值得被肯定。这绝对是积极的正能量和成功的秘密，绝不是人们害怕的自我安慰的"阿Q精神"。

充满朝气，拥有无限勇气的青春期的你，成长和成功的第一个秘密，就是让自己全身心地投入进去，不断去"做"。多做，多错，错了还做，不断重复，不断尝试，就有机会积累经验，得到别人的肯定。孩子越小越需要及时肯定和反馈，别人给的肯定增加，他就会形成充分的正向循环，更积极主动地去做。

2. 第二个秘密

成长和成功的第二个秘密就是"多做、多自我肯定"。怎样自我肯定呢？有人嘴上说我最棒，但内心并不相信这句话。哪怕别人夸赞他很好，他也会觉得"我有什么好的，还不如谁谁谁呢"。这就是身心不能合一，是自我否定。这种人缺少成功的经验，没有获得足够的他人肯定，不相信自己有能力。

真正的自我肯定，是身心合一的自我认可。在成长中至少 5000 次以上权威人物的肯定，才能自动转化为自我认可。一个能力强、经验丰富的人容易获得别人肯定，这样的肯定越多，人越容易变得自信。前面讲过的成长公式，从左边到右边，中间的部分就是肯定。充分的他人肯定和足够的自我肯定，是一个人成功的催化剂，是成长的转化酶。它会激发一个人多做、多做到的动力，增加成功的机会。

每个人的能力都很强，为什么自我肯定不够、自信心不足呢？这往往是因为权威人物，即父母和老师不会给予及时的肯定和反馈。他们把表扬当成肯定，觉得孩子没有那么好，不应该得到表扬，或担心给了表扬，孩子会骄傲，会把尾巴翘上天。他们习惯了对孩子进行打压式教导，完全不了解就事论事给予肯定有多么重要，甚至不知道怎么说才是给孩子肯定。当他们不会说、不会做时，孩子在成长中就不会获得 5000 次以上的他人肯定，当然不会自动转化成自我肯定了。

那么，怎么办呢？在不能改变父母和他人时，你就从现在开始，学习随时随地给自己肯定。这是让自己成长和成功，最靠谱的秘密通道。

有的同学喜欢做手工，有的同学喜欢玩拼图。成百上千块拼图，实在是考验人的耐力。你可能经过很多次尝试，马上要成功时，又失败了。你一定很沮丧，还要继续吗？你可能会再试一次，再试一次，直到成功为止。成功之前的每次都是"错"，只有最后那次才是"对"。你在每次尝试时都肯定自己说："我又试了一次，我真的能坚持，真的了不起！""呵呵，我有了一点经验，这次可以拼得更快一些了，加油！""我又错了，有点沮丧，让我喘口气，与小小的沮丧一起待一会儿。嗯，做深呼吸。这也不是错，只是表示还没有成功，让我再试试看。没有错，怎么会有对呢？"瞧，这些话是不是很真实、很符合你的真实想法？当你这样说时，你就会如实地照顾自己的心情，给自己真实的反馈。这就是符合真实的自我肯定。

上初中之后，各科学习难度提升，不能像小学那样边玩边学了。有些孩子尽管很努力地学习，但成绩提不上去，觉得自己没有希望，越来越没有信心。这时候，给自己肯定的关键时刻到了。不管多么艰难，你都要随时随地肯定自己的情绪，肯定自己的动机，肯定自己不断的努力。身边的人会发现你进步了，他们也许好奇，也许不相信。这些反馈也是你收获的肯定，会增强你的信心，让你再加把劲。这样你就会形成良性循环，收获意外的惊喜。所以，你要坚持守住这个秘密：只要多做一点，就会有收获。做就对了，不断地给自己肯定，这样你就会穿越黑暗，看到光明。

现在，让我带领你，给自己一个大大的、最贴心的自我肯定：

请你伸出右手，放在自己胸前，对自己非常认真地说："我不完美，但我的明天会更好。"接着伸出自己的左手，放在右胸，对自己说："我深深地、完全地爱和尊重/接纳自己，即使刚才我犯了那么多错。"这两句"肯定"都是真实的，没有假话，可以真实地增加你的力量和信心。

你可以一边做一边深呼吸，感觉力量开始在体内流动，感觉沮丧和所有的负面情绪都跟随气息流动出去。当你睁开眼睛时，你会觉得非常放松、非常开心、非常有力量。

恭喜你！每天多做这样的练习，坚持 21 天，让自我肯定带你走向成功。

青春期的五大矛盾

坐在我面前的女孩把头藏在大大的栗色发套里，看不清脸。她的黑色礼服是很讲究的，领口翻出大大的白色衬衫的荷叶边。她的整个造型就是一个标准的动漫女主角，但我不知道这个形象的名字。我被她白皙的肤色吸引，猜她是一个很漂亮的姑娘。她是初二学生，但已经有半年没去学校了。她说自己很痛苦，没有人能理解她。学校的学习枯燥乏味，老师唯分数论。她看不惯老师的势利，瞧不起同学的幼稚。她喜欢一些书和游戏，但没有人与她产生共鸣。她经常睡不着觉，脑子里一直有很多愤怒的声音，在控诉着什么。她喜欢画画、做手工，但这些在学校属于没用的垃圾。她找不到在学校继续待下去的勇气。医院诊断她是深度双相障碍。现在得这个病的同学好像越来越多了，但她跟他们也没有共同语言……

我感受到她的痛苦，甚至能够解读她的痛苦。慢慢地，她的头开始抬起来了，眼睛在长发后悄悄地看着我。她说，终于有人能懂她了，终于不再被说没事找事、吃饱撑的了。她开始啜泣，瘦弱的身体让人心疼，肩膀在抽泣中剧烈地抖动。我陪着她，让她尽情地述说、尽情地哭。

她说，弟弟出生后就觉得自己多余了。妈妈与爸爸每次争吵，她都很害怕。她很想快快长大，离开这个家，能独立……两个多小时的哭诉之后，她平静下来，主动摘下发套，让我看到她的脸，一个漂亮得如洋娃娃般的脸。她说自己知道了，是担心自己不被爱，担心自己无能。现在，她的力量回来了，她愿意继续跟我学习几门课程，然后为复学做准备。这是我陪伴的若干青春期孩子之一。

被称为祖国花朵的小朋友，进入青春期之后就不再是从低处仰望父母的太阳花了。你飞速地成长，越来越接近父母的身高，进入成长的快车道。这条快车道带给你非常多的冲击，也带给你很多挑战，可能让你很不适应，内心产生非常多的矛盾。提前了解这些即将面对的矛盾，会让你提前做好心理准备。

这些矛盾是你在成长中必然要面对和经历的，因为小小的太阳花在快速成长的过程中，不只是在生理上快速成长，在心理上也发生了很大变化。有人说青春期是一生中最特殊的阶段，这个特殊的阶段被称为"暴风骤雨期""第二诞生期"。很多激烈的、猝不及防的，让你无法提前准备的东西铺天盖地地袭来。有人形容青春期的孩子不再是花朵，而是快速蔓延的、生长非常茂盛的野草，具有非常大的冲击力，一边快速吸收周围的营养，一边释放蓬勃的能量。还有人形容青春期的孩子，像天使向地面降落。不食人间烟火的美丽天使要从天上降落下来，如同从高楼大厦坠落的铅球一样，速度非常快地落到地面，会产生巨大的反弹。如果是肉体着陆，那一定会很痛。天使的降落猝不及防，带来的伤害以及对周围的影响不可预知。所以，青春期也是降落期，是从天上降落到地面，越来越现实，开始食人间烟火的成长过程。

青春期如此大的变化，必然会产生许多内在的矛盾。

1. 第一个矛盾

第一个矛盾是：不想长大，又渴望长大。所谓不想长大，就是想继续做原来那个无忧无虑的小孩，想继续做父母身边乖巧听话的孩子，想继续体验天真的与童话故事相伴的生活。同时，自己已经长大了，走得比父母还快。过去是父母抱着自己走，领着自己走，现在自己在前面拉着父母走。自己的身高与成年人非常接近，自然希望周围人把自己当成年人对待。

这时，孩子最讨厌别人讲自己小时候的糗事，如几岁还在尿床，大人完全不顾你的面子，津津乐道。大人这样做很容易激发孩子的愤怒。凭什么把小孩的事当笑话讲？孩子现在已经长大，最在乎面子和尊严，需要被成年人尊重。他们绝不接受在众人面前对自己的任何否定和讥讽。所以，很多时候，孩子的反应非常激烈，让成年人下不了台，尴尬万分。

但是，当遇到一些问题，需要承担责任时，孩子又觉得长大太烦了，内在的天平就会失衡，非常留恋曾经的童年。"我不想长大"与"请尊重我是大人"这种心理上的矛盾和冲突，成为进入青春期后内心出现的两个声音，相互对抗，消耗着能量。

2. 第二个矛盾

第二个矛盾是：很想独立，又不能完全独立。一方面，孩子很想独立，做自己想做的事，想不受约束地去街上逛一逛，买自己想要的东西，决定上什么课或不上什么课，决定买什么颜色和款式的衣服，决定留什么发型……这些都想自己说了算，自己做主，所以不断地反对父母和老师约束，不断地争取自己的权利和空间。"不要管我""我的人生我做主"是孩子们这个时期内心强烈的呼喊。另一方面，在现实中，他们还会依赖父母和他人。他们依赖父母做饭洗衣，依赖父母早上叫醒，依赖父母找家庭教师。在学校出了问题，他们依赖父母出面为自己解决。他们发现自己真的有很多事不会做、不想做，想依赖别人。这两种不同的状态就好像两个小人发出的两种声音，不断在内心打架，天平常常倾斜，在独立和依赖之间摇摆不定。他们的行为让人捉摸不定，他们有时任性得像个小孩，有时冷静得超过成年人。到底哪个才是自己，他们自己也搞不清楚。

3. 第三个矛盾

第三个矛盾是：既想承担责任，又怕承担责任。一方面，他们想自己说了算，如玩游戏、玩手机，却不喜欢被父母控制。父母最好都离得远远的，给自己充分的自由。另一方面，在遇到麻烦时，他们又希望第一时间有人帮自己摆平。一个人太可怜，父母最好能够陪自己，"有个有能耐的好爸爸"太好了。这种矛盾会让自己非常痛苦，既没有足够的自我管理的能力，让自己能承担责任，同时又抗拒父母，摇摆在能与不能的矛盾中，非常耗费能量。惹了麻烦，却没有能力面对，这非常伤自尊心。如何应对这种矛盾呢？要么提升自己的能力，让自己摆脱束缚，要么老老实实地接受成年人管理，不再抱怨。这可是在考验自己是否真正成长了。

4．第四个矛盾

第四个矛盾是：生理快速成长，而心理成长滞后。很少有人生理和心理发展是完全同步的。尤其青春期，是人一生中除婴儿期之外，又一个发育高峰。随着性激素的分泌，第二性征出现，青少年的骨骼和肌肉都达到准成年人状态，但心理发展却是缓慢的。很多五六年级的孩子，身高接近甚至超过父母，心理却还像小孩，会表现出幼稚与任性。激素的不平衡分泌，有时又会导致他们做出激烈的情绪反应和冲动行为，让成年人不知如何对待。身心发展不平衡引起的矛盾，困扰着孩子，影响他们与成年人的互动。

5．第五个矛盾

第五个矛盾是：既想自己说了算，又经常说了不算。这个矛盾和第三个矛盾一样，是在孩子与成年人过渡期，发展不均衡表现出的一个矛盾。这个矛盾也会导致自我认同的迷失，使孩子们不知道自己到底是谁，各种状态整合非常困难。为什么自己不再是小时候的那朵向阳花，人见人爱？头脑中有很多不同的声音，到底哪个才是真正的自己？

上面说的矛盾，假如你都经历过，那么恭喜你，你正在长大。你不再是那朵稚嫩的向阳花，你从单一的美好世界慢慢降落到了人间。这些都是你在落地的过程中必然要经历的痛，这也是你开始脚踏实地成为大人的过程。这本《青春修炼手册》是陪伴你的降落伞，让你可以落得慢一点，不受伤，不经历太大的挫折，安全着陆。我陪着你。

| 第二章 |

我的青春我做主

与自己和解

有青少年向我倾诉，经常听到自己内心有好几个声音在打架。一个声音说："赶紧做作业吧!"另一个声音说："哎——先玩一会儿!"一个声音说："不要玩游戏了，赶紧做作业吧!"另一个声音说："做作业有什么用? 还是先玩完这局游戏吧!"一个声音说："我很想长大!"另一个声音说："长大了很辛苦，不如回到小时候。"

那么多不同的声音相互拉扯，消耗自己，让自己不知如何是好。内心的混乱和纠结，以及说不清的烦恼，是头脑、心灵和身体在不同层面、不同角度的互动反应。在你长大的过程中，它们不可避免地伴随着你，让你感觉到痛苦，耗费你的能量，让你欲罢不能。有的孩子非常害怕，以为自己快疯了，不明白自己到底要听哪个声音。内在有这么多不同的声音，那是不是有不同的自己? 他们经常会本能地忽略或压抑某种声音，觉得这种声音是魔鬼，总是唆使自己偷懒、贪玩、干坏事。这种诱惑太大了，让从小听话的好孩子非常担心，担心自己经不住诱惑。有时候，他们被拉下水，做了自己不能接受的事——抽烟、飙车、霸凌同学。他们闯了祸，又非常后悔。他们一方面陷入深深的纠缠中不能自拔，另一方面又想挣扎出来，但效果甚微，搞得自己越来越累。

每当遇到这样的情况时，我总会帮助孩子们从这种自我消耗的状态中脱离出来。我最常用的技巧，就是用简单的方式跟自己和解，用和解的方式爱自己，不再自己跟自己斗争，不再自己否定自己。

先试着举起你的两只手。假如每只手代表一种力量，那么一只手是正的50斤，另一只手是负的50斤。如果用右手打左手，两只手对抗，那么结果最多是0。不管哪一边赢了，都是自己手痛。这两只手代表你内在的冲突和不同的状态，自己跟自己争斗，无论任何部分占了上风，结果都是两败俱伤。

既然对抗无效，那么不如和解。如何做到自我和解呢？你可以跟随下面的练习去做。这个练习可以帮助你进行内在的冲突对话，实现内在的和解，让你获得平静，能整合自己的力量，真正接纳自己、爱自己。

现在，请你准备两把椅子，一把椅子代表自己，即下面图中A位置，另一把椅子代表内心对立的那个部分，或对立的声音，即下面图中B位置。例如：坐在一边的是想做作业的自己，坐在另一边的是不想做作业的自己；坐在一边的是不再想玩游戏的自己，坐在另一边的是想继续玩游戏的自己。当你坐在一个位置上时，体会一下想做作业的自己到底在乎的是什么。"做了作业就轻松了，做了作业明天就可以跟老师交差，不会有人骂了。做了作业明天上课就有自信了。能做好作业是一个好学生的标准。所以，我应该做作业，做好了作业就会获得快乐的感觉。"你坐在第一把椅子上，去体会想做作业的自己最在乎的是有一种快乐的感觉，想做一个好学生。啊，你终于明白这个位置的自己真正在乎什么了。

接下来，离开这把椅子，坐到另一把椅子上。你体会一下不想做作业的自己在乎的是什么。"不做作业就可以玩了，反正做作业又没什么用。那些作业做不做，对我影响也不大。既然现在还可以多玩一会儿，那就开心一会儿吧。上了一天学，很累了，现在休息一会儿又能怎样呢？"听到自己的对话，你明白，不想做作业是因为想当下感受到快乐，而想做作业是希望明天会快乐。原来，两个自己在乎的都是同一件事——快乐。

原来，两个自己都在乎快乐，原来两个自己并不是对手，不需要对抗和打架。两个自己都有共同的目标，那就是希望自己能快乐。既然这样，两个自己就不需要离得这么远，好像敌人一样，就可以和解了。

怎么做表示和解呢？你可以移动一下椅子，把那个想做作业的自己靠近另一个自己。你也可以移动椅子，更靠近对面的自己。两个自己要齐心协力，一起让自己快乐，既要未来的快乐，又要现在的快乐，那就必须和解。只有自己更有力量，才能真正去选择。所以，你还是移动椅子吧，把椅子搬起来，靠近想做作业的自己，现在两个自己可以促膝谈心了。你可以想象不想做作业的自己坐在这把椅子上，握住对面的自己的手，对对方说："我知道你想让我快乐，我也想让你快乐。我们两个不是分开的，是一个人的两个部分。过去，我们两个一直在打架，现在就让我们和解吧。我们只有和解，才可以团结起来，力量更大。"说完这些话，你在想象中握住对方的双手，四只手握在一起，对对方说："对不起，过去我误会了你。"你会听到对方对你说："对不起，我一直批评你，觉得你太贪玩，觉得你不务正业，原来我们两个都想既成功又快乐。从今天开始，我们再也不打架，再也不对立，我们和好吧。"在想象中，两个自己拥抱在一起，互相融合，变成一个整体。在融合的过程中，彼此对立的力量开始相融，你忍不住大力呼吸，那种感觉让你很自信，充满了新的能量。好吧，忍不住，你就再做几次深呼吸吧，觉得自己很开心，再也不批评自己了，可以爱自己，跟自己真正和解了。

做几次深呼吸，当睁开眼睛时，你会感觉自己变得平静了，再想做作业这件事，就觉得不是事了。如果你觉得自己现在有点累，就先玩一会儿吧，告诉自己玩十分钟，十分钟之后就去做作业。也许玩一会儿手机，也许看一会儿电视，也许去厨房帮妈妈做晚饭。十分钟后，平静地回来，不再纠结，坐下来继续做作业。在这个过程里，你会觉得自己很自信，觉得自己很有力量，是可以为自己做主的人。还有什么比这种感觉更让你开心、更让你感到愉悦呢？太棒了！

你终于整合了自己内心的冲突，让自己变得自信而有力量。

从今往后，每当你感到内心挣扎时，都可以用这样的方式帮助自己解困，拿回本该属于自己的力量，从纠结中解放自己，为自己做身心合一的选择。不管你是想去跟同学玩，还是想去体验刺激和冒险的事，当你发现自己处于各种力量相互拉扯之中，难以决定和选择时，你就可以用这样的方法，把自己的力量拿回来。只有发现内在不同力量的深层渴望都是为了让自己成功并快乐，你才能将这些力量整合在一起。

当然，你也可以把内心所有矛盾的声音用两张纸来代表。一张纸是原本的自己，想要好的自己，另外一张纸是对立的，不想要好的自己。你在每张纸上站一站，找到身体和内心真正在乎和需要的感受。然后，你会发现，不管两个声音多么对立，一定有一个共同的需要，那就是在乎自己的快乐和成功。你看见了这个共同的需要，内心就不再打架，可以和解了。内心和解之后，你再做选择就很容易，不会跟自己过不去了。

这个技巧对你有帮助吗？现在，你可以找出头脑中经常出现的矛盾的声音，邀请它们一起来做练习。完成练习之后，你会比原来的自己更加自信，更加有力量。

我曾经接待过一个高二男生，他说自己有强迫症，总想看女生的胸部。他觉得自己是流氓，下流无耻。但是，不管怎么骂自己，他都改不了这个坏毛病。医生给他开了抗强迫症的药，有时会好一些，有时又会犯病。他常常恨自己，想杀了自己。

我听着他真诚的诉说，感受到他内在真实的痛苦。

我问他："你希望自己怎么样？"

他说："想让自己成为好人。"

我问："做好人有什么好处？"

他说："做好人可以被人尊敬，内心安宁、舒服。"

我问："那么，偷看女生胸部带给你什么？"

他说："感觉满足，好奇心得到了满足。冲动的压力释放了，那时很舒服。"

我说："嗯，原来不能看和想看，追求的都是内心的舒服感觉啊！原来这两种对抗的想法，目标是一致的。它们不是对手，也不是敌人啊？那么，我们可以实现和解了。"

我带着他分别坐在两把椅子上，感受两种对抗的力量。"我想做一个好人，不想做流氓。"他的内在道德感很强，把自己青春期对性的好奇定义为流氓而进行抗拒。我带他体验另一种力量。"我无法控制自己内在好奇的力量，我越压抑这种好奇，这种力量就越强。现在我知道，好奇心是正常的，是体内分泌的性激素促使的。我对好奇心说是，我对这种能量说是。你存在，证明我长大了，证明我的生理是正常的。我只是对异性感到好奇，我只是对女生的胸部感到好奇，这是正常的，我接受自己。"当他这样说时，明显放松了下来，从羞耻感中解脱。他将遮在脸上的手放了下来，将口罩也摘了下来，让我看到他年轻的脸庞。他终于有脸面对世界了。

我又引导他把代表两种力量的两只手合在一起，做深呼吸。至此，他完成了非常重要的自我整合，恢复了青春的坦然和自在。一个被自己困住的大男生终于走出了自设的牢笼。

对所有情绪说是

有很多同学对我说："老师，我很不喜欢自己现在的状态！我经常发脾气，但发完脾气就后悔。我也不想让父母伤心，也想跟他们好好沟通，但不知道为什么就是忍不住！我很想做个孝顺的、有礼貌的孩子，我以前也是很文明、很有礼貌、很孝顺父母的，但不知道为何现在突然变成了炸药桶？我都讨厌自己。"

一个炸药桶随时都可能被点燃，让身边的人猝不及防。经常彷徨失措，不知道如何处理，这就是青春期的你正常的状态。

你会发现，自己越不接受自己巨大的情绪波动，越想控制自己，越会失控。在第一章里我们了解到，激素在体内暴增，促使生理快速发展导致理性与感性失衡。你的思维发展跟不上生理快速发展，所以青春期是人生中最容易失衡的时期，而青春期的成长也是从失衡慢慢达到平衡的过程。在这个过程中，激素的作用是大脑无力控制的，大脑前额叶在逐渐发展完善。你要接受自己在这个阶段的状态，放弃控制情绪的企图，去觉察和接受自己的情绪。当愤怒、悲伤等你不喜欢的情绪到来时，不要压制它们，也不要逃避，只需用接纳的心情觉察到它们，像看突然哭闹的孩子一样，乖乖地跟随它们，或爆发，或毁灭，体验那个流转变化的过程。不要对它们说不，而要对它们善意地说是。你对迅雷不及掩耳到来的冲动状态说：“是的，我看到了你，看到你在我的体内流动。”你感受到血脉偾张，感受到汗毛直立。你将双拳握紧，然后做深呼吸，每次呼吸都把肩膀放松，再把放松带到身体最紧绷的地方。慢慢地，你会发现自己的身体放松了，那股巨大的能量自然地流走了。你感觉到自己恢复了平静，放松下来。这个过程会自然完成。情绪来了后，不去控制和压制，你会更容易放松和平息情绪，对自己或他人的伤害也自然会消失。这就是你对情绪的接受和允许所带来的一次学习和体验。

如果不接纳自己的各种情绪，你就会在每次忍不住情绪爆发后，自我否定，骂自己。有人关起门来，打自己嘴巴或用头撞墙。有人特别生气的时候会自残，拿刀割自己胳膊上的皮肤，在胳膊上留下一道道触目惊心的疤痕。你说：“我觉得只有这样才对得起父母。我觉得自己太混账了，怎么经常当众冲撞他们呢？每次我都很后悔，然后就这样伤害自己。"这样做很危险，痛恨自己的情绪要付出身体健康的代价。由此可见，你面对自己的很多低落情绪，是多么无力。同时，你一定要找到一个更有效的方式来管理自己的情绪，并承诺，无论发生什么情况都不伤害自己的身体，也不因此自我否定。这是因为，你的情绪只是你的身体的一部分，你只有了解它们，才能管理它们。

很多人压抑自己的情绪，有时当众发飙，之后觉得丢了面子，不好意思道歉，回到自己的房间里，躺在床上一个人承受痛苦。这种无效的压抑，只是下一次情绪大爆发的开始。有人躲避真实的情绪，害怕在众人面前出丑，干脆躲开众人。他们不跟父母出门，也不去公共场合，躲在封闭的空间里，觉得这样就不会表现出状态不好的情况，不会让别人笑话自己。从心理老师的角度，我特别理解青少年所有关于情绪的反应，情绪突然爆发也好，容易冲动也罢，压抑或逃避，都是青少年本能地在学习面对和处理情绪。你不懂情绪，不懂自己正处在一个难以控制的、自然显现的过程里，你的害怕和抗拒都是正常的。只有当你了解情绪时，你才会允许它们，才会真正管理它们。

当愤怒的情绪来到时，对它说："是，来了就来了。"不要去压制它、控制它，换一种方式，像在旁边平静地看着自己。一个大的浪头来了，来了就来了，它会慢慢落下来，这事就过去了，一波能量就自动完成流动。当不去控制，对它们说是时，你会发现自己每天的情绪起伏变化真的丰富多彩。先是愤怒，接着归于平静，然后又开心了。好吧，让自己尽情地笑，笑够了就会平静。所以，愤怒也好，喜悦也好，悲伤也好，痛苦也好，各种各样的情绪都会到来，来了就对它们说是。"是的，我看到我的愤怒了，我对自己的愤怒说是。"情绪被接纳之后，自然有一个回落的过程，不会持续下去。你看过一个人发脾气五年都不停吗？没有，连五天或五小时都不会。一个暴怒的人几分钟或十几分钟后自然就会平静，这是情绪能量运行的规律。

喜悦也是如此。一个狂喜的人哈哈大笑，你会看到他笑五天吗？不会。五小时也不可能，笑五分钟都会非常累。笑够了，再没什么好笑的了，他自己就平静了。

喜悦来了就走，忧伤也是这样，孤独也是这样，委屈更是这样。所有的情绪都是一股能量，来了又会流走。它们就像浪花向前翻涌，就像河流向前流动，不会一直占据着你。

我们要学习对所有情绪说是，越说是，越有时间和空间去观察自己，真正地体验情绪。只有当我们真正体验自己的情绪时，才会真正知道什么是愤怒、恐惧、委屈和悲伤。当真正体验到各种情绪的意义时，我们自然从中学习到情绪代表的一切。小时候，我们很少感觉到悲伤，或没有太大的愤怒或委屈。现在有能力体验和经历情绪，就接纳它们给生活带来的丰富多彩吧。

所有的情绪都不是由外界或其他人引发的。例如，被骂了一句，有人非常愤怒，有人开心。为什么同样的刺激，每个人的情绪反应不一样呢？因为情绪并不是由外面的刺激引起的，不是由别人决定的，而是因为自己内心不同的想法被刺激到，会引发不同的情绪。有人感觉愤怒，然后大喊大叫，是因为觉得被别人小瞧了，觉得对方把自己当成小孩了。有人感觉开心，是因为被喜爱的异性骂了几句，被关注到了，当然开心。哈哈，这就是情绪背后藏着的秘密。丰富多彩的情绪会让你感觉到生活有趣。

当你真的做到对所有情绪说是，不再把它们推开，也不再把它们压抑起来时，你就懂得情绪了。当身边的人愤怒、悲伤、喜悦或感到委屈时，你也能理解他们，还可以帮助他们，分享自己对情绪的看法和处理情绪的窍门。当你可以跟他们聊以往的经历让自己学到多少有用的东西，引导他们做呼吸，对情绪说是时，你就变成了情绪达人，可以帮助其他同学了。你的经历越丰富，越了解自己，就越可以做别人的知心朋友，像心理咨询师一样。别人遇到问题都会找你聊，你都能给一些指导和不同角度的看法。这时的你非常善解人意，你对情绪的体验非常真实，所以能启发和帮助更多的人。

当不抗拒自己的情绪、不压抑自己的情绪，对所有情绪说是时，你会是真实生活的人。一个体验不到愤怒的人，很难真正体验到喜悦。很多面部肌肉麻木的人，对什么都说行，看起来是理智的、平静的，但他们已经不会笑了，因为他们把愤怒都收起来了，自然也把自己的喜悦都压抑了。人们常说的"空心人""机器人"就是指这样隔离情绪的人。

我在做咨询工作时，经常刺激情绪麻木的人表达愤怒的情绪，如踩脚、捶凳子、撕报纸、摔枕头等。用这些不伤害自己，也不伤害别人的方式表达愤怒情绪之后，你就会发现对方会笑了，并且笑得很纯真、自然、开放，很有感染力。当你可以对愤怒和所有不喜欢的情绪说是时，就可以真正拥有充满欢笑的青春期。

青春自然的笑脸，充满阳光的生命状态，那一定是在对所有情绪说是之后出现的。

我期待你爱上自己的喜怒哀乐，做情商达人。

当你忧伤绝望时

很多同学对我说："当我被别人批评伤害时，当我成绩总是不好时，当我跟父母关系不好时，我就很生气。吵过闹过之后，我会觉得自己太糟糕了，觉得活着没意思，很想死。"这样的话题在青少年之中屡见不鲜。我关注了几个青少年的公众号，他们的文字都很优美，有种深深的忧伤，那是从骨子里渗透出来的忧伤。他们把忧伤作为一种底色反复咀嚼，写出了独有的少年忧伤感文字，让人读着感觉心痛。

有孩子感觉麻木，在极度无聊时，用锋利的刀片划伤自己的手臂。他们看着血珠一点点地渗出，不断地割自己，在感受到痛的过程中寻找"我还活着"的感觉。那个过程非常血腥，常常会让他们有一种上瘾的快感。也有孩子在遇到挫折时，会想："假如我不在了，这个世界会怎样？我的父母会怎样？老师和同学会怎样？我真的离开了，是不是会让他们后悔？用这样的方式报复他们，是不是挺过瘾？"

近几年，新闻媒体报道了一些青少年极端案例。四川眉山有一个初中生因为做作业的问题跟妈妈发生争执，跳进了家门口的池塘。上海的一个中学生在学校里与人发生矛盾，妈妈接他回家。在回家的路上，母子两人在车里发生争执。路过黄埔大桥时，那个中学生打开车门跳了下去，妈妈悲痛欲绝。……这样的事情触目惊心，短短几秒钟时间，花季生命就这样结束了。每当谈到这样的话题，大人们总是心惊胆战，而孩子们却显得云淡风轻。

我接触过好多案例，沉浸在忧伤、抑郁情绪中的孩子，往往有多次轻生的经历。有的人在轻生现场被救下来，送到我的咨询室。我第一时间总是给他们倒杯水，请他们坐下来。我会表达对他们的理解，并且通过调整呼吸、解读身体语言等跟他们建立信任关系。他们会诉说自己内心的痛苦，我会跟他们讨论关于生死的问题，听他们讲述自己的轻生计划或轻生经历。当我非常平静而自然地与他们讨论这一切时，我们就像老朋友一样，无所不谈。对他们来说，这是一个治愈和解压的过程。过去，关于这一切，他们没有人可以去谈，他们的父母都渴望孩子能活着，好好地活着。他们根本不敢跟自己的孩子讨论关于生死的话题，老师更不敢。孩子们的忧伤是真实的，他们的绝望也是真实的。当他们忧伤和绝望时，最亲近的人都不理解他们。那些大人比他们自己还脆弱，还无助，根本不能帮助他们。他们内心的绝望无处诉说，会愈发强烈。所以，当我可以平静地接受他们所有的内心挣扎时，当我发自内心地赞叹他们活下来的勇气时，当我跟他们讨论自己内心的牵挂，以及对未来的期待时，我把注意力放在发现他们内心深处微弱但强烈的生命火苗上，我会慢慢地把他们带到现实中来，这时，生命的活力开始从他们眼中展现出来。

我每次都郑重地告诉他们："如果你感到绝望和忧伤，请你想到我，联系我。我知道你的忧伤是真实的，我知道你的绝望也是真实的。我会陪伴你一起经历这种忧伤。"我总是让他们承诺，不管遇到什么事，一定要活下去，在最困难时一定要联系我，我会陪着他。我跟他们郑重地拉钩之后，就可以放心地把他们交还给父母了。

每次处理极端案例之后，我都会对孩子们这样进行指导：当你再感受到忧伤和绝望时，可以做以下几件事。

（1）把这种感觉写下来，可以手写，也可以在微信朋友圈或 QQ 空间里表达。总之，要让自己内心所有的情绪通过文字表达出来。用文字表达情绪，就是一个情绪流动和宣泄的过程。这个宣泄本身就可以帮助缓解和释放所有的情绪。

（2）画画。人在最绝望和忧伤时，可以主动用黑色或深色画笔在画纸上大量涂抹，黑白相间的颜色和形状会刺激潜在的情绪，把深层的忧伤激发出来，这样就可以轻松下来。

（3）找信任的人聊一聊。你信任的人，也许是老师或亲人，也许是朋友或网友。不管是谁，找到这个人，可以通过电话用语音方式交流。语音可以使情绪流动，可以让情绪从凝固的状态中松动，可以让一点点光亮起，在光亮中慢慢地释放自己。这是你内心渴望的，因为你并不希望让自己就这样消逝，你渴望得到帮助。当你发出求救信号时，一定会得到很多人帮助，你一定会找到生存下去的希望。切记，你一定要找一个懂你，能把你带出来的人，别把自己交给比你还无助的人，我们可不需要祥林嫂那样的唠叨。

（4）给最爱的人写封信，写一写你跟他的过去，写一写他对你的意义。你最爱的人也许是爷爷奶奶，也许是父母，也许是心里暗恋的某位异性，还可能是家里的宠物。不管是谁，写写他过去怎样陪伴和温暖了你，写写你现在多么绝望、忧伤，觉得自己多么没有价值。你还可以写一写，假如你真的走了，你对他有多么放不下，有多么留恋，有多少想为他做的事还没来得及做。你把这些都写在信里，无论有什么样的想法都可以写出来。写得越多，你越发现自己内心还有一个温暖的、柔软的地方，还在等待与另外一个柔软的生命共振。直到你真正触碰到内心的柔软，你会看到内心有多么旺盛的生命之火。生命之火与生俱来，它一直陪伴着你，陪伴了你十几年，还将继续陪伴下去。太多的忧伤和绝望像黑色的盔甲盖住了这团生命之火。现在，当它流动出来时，被你感受到，你就会让自己的生命之火重新燃烧，帮你把那些黑色的沉重盔甲熔掉，你将活出真正的生命力。

（5）听最喜欢的音乐。听那些可以让你哭泣和感动的音乐，那些音乐可以带领你，让忧伤真正地流动。你可以跟随音乐畅快地喊、痛快地哭。当大声地哭叫喊闹时，你就真的把压抑的力量释放了出来，把你的沉重释放了出来，生命之火带给你足够活下去的勇气。

另外，你还要记住所在地区的青少年热线电话号码，或记住网络上的青春热线联系方式。当你非常难受时，要记得向他们求助。要记住，你并不只是属于你自己，你还属于你的家和这个世界。你来到这个世界，得到了很多照顾，还没来得及把自己的能力奉献出去。你并不想真的离开，你只是遇到了坎坷而已，你只要肯发出求助的信号，就一定会得到及时的帮助。当你可以大声地呼喊出来时，一定会有人伸出双手牵着你、拥抱你，告诉你："孩子，我懂你，我在陪着你。"

德国有一所华德福学校，这所学校重视以自然与艺术为主的人性化教育。在这所学校里，学生每到高中三年级，就会有一位负责生命教育的老师来到班级，对学生进行问卷调查。问卷调查的题目包含"当你悲伤时，你会向谁求助"，也包括"请你告诉我，你是否想过以轻生的方式结束自己的生命。假如有的话，请你举手"。这所学校已经创办七十多年了，随着社会发展，学校的老师们发现了一个非常震惊的现象：20 世纪 70 年代，当老师问这个问题时，在一个班级二十多个人中，有两三个人举手；到了 90 年代，有十几个人举手；到了 21 世纪，举手的人差不多达到百分之百。中国青少年心理健康调查结果，有更加让人震惊的数字：6～16 岁在校学生中有 17.5%存在重度抑郁障碍、双相障碍等情绪类障碍。17 岁以下的青少年，约有 3000 万人受到各种情绪和行为问题的困扰。动荡的情绪状态引发了很多孩子自我否定，再加上容易冲动，当遇到了一些挫折时，他们以放弃自己生命的方式表达自己的痛苦。世界范围的心理健康状况调查也有相似的结果，自杀致死的人数，比例最高的是青少年。还有另一个自杀高峰期是 30 岁左右。这两个年龄段是人生压力相对较大的时期。

青少年在最无助、最迷茫和最混乱的阶段，承受着各种压力，确实非常不容易。所以，你要允许自己伸出求助的手，允许自己用上面的方法帮助自己走出痛苦。因为你并没有犯错，你只是想帮助自己，只是真实地请求帮助，表达自己渴望得到支持的需求。所以，请你把上面的几种方法记下来，试着在需要时解救自己。现在就去做，当你做完之后，一定会有不同的发现。

网络上还流传所谓自杀联盟和蓝鲸死亡游戏，有些十几岁的孩子相约在某个时间同时离开世界，这是非常让人心痛的现象。我郑重地告诉你：如果你身在其中，请你立即离开；如果你听说其他人身在其中，一定要通知与之相关的人，使他们得到解救。主动离开，你才可能真正获得新的生命。

亲爱的，你是这个世界的太阳和明天，你很重要，你还有很多梦想和渴望要去实现，你还有很多体验要去经历。把上面讲的几种方法用起来吧，它们更符合你潜意识的需求。你渴望活着，你能活好，成为一个发光的生命。

当你忧伤和绝望时，请你想到我，想到跟我一样爱你的人。当你伸手时，我们一定在。让我们牵着你的手，让我们陪伴你走过泥泞，释放青春。

冥想：当你迷茫时

可跟随我的音频引导来完成这个冥想，请翻至本书封底，扫码收听。

青少年伙伴，你好。当你翻到此页时，也许带着迷茫，也许最近遇到一些不开心的事，或跟其他人发生了一些冲突。这些事情让你开始困惑，甚至开始怀疑自己：我是谁？接下来的路怎么走？现在，就让你的潜意识陪伴你，一起完成这个新的体验，也完成这次迷茫之后的探索。既然你来了，我也在，我们就一起开始，好吗？

让自己喝两口水，然后躺下或坐着，选择一个自己觉得最安全、最舒服、最放松，同时不松垮的姿势，开始接下来的冥想练习。

是的，每当你做好这个准备时，你就已经开始自然地呼吸，已经自然地在每次向外呼气时，肩膀放松下来。让从肩膀开始的放松，慢慢地落到身体的每个部位。在你的心中，有代表放松的颜色，也许是淡蓝色，也许是淡粉色，也是白色，或任何可以代表放松的颜色。就这样，伴随每次向外呼气的过程，代表放松的颜色流经你的全身。颜色流经之处，全身自然放松下来。你的潜意识已经准备好，它信任这个安全的放松过程，相信它会帮助你有更多的发现。是的，你的潜意识自动配合你，进行冥想和放松了。

在身体完全放松下来之后，让潜意识带着你来到一片开阔无垠的绿草地上。无边的草地带着青草的气息，瞬间包裹了你。不知不觉间，你的呼吸更加顺畅，更加自然。每次向外呼气，身体就会扩展；每次呼吸，身体就变得更加轻松、更加自在。

你的身体越来越轻盈，好像有一股无形的、暖暖的气流托着你慢慢地向上升起。你越飘越高，不知不觉间，飘到了白云的旁边。有一朵松松软软的白云像一个巨大的摇篮托住了你。白云托着你在天空中自然飘荡。你觉得越来越放松、越来越轻盈。

在飘浮中，你感受到有些好奇，好奇自己到底是谁，到底要去哪里。好奇心推动着你向地面望下去。当你望见下面的草地时，你看到了现实中的自己。你穿着平常的衣服，走在一条宽广的大路上。你看到了走在路上的自己。真正的你是谁呢？原来你真正的身份是自然之子，是天和地的孩子。大地是妈妈，天空是爸爸。大地是厚重的，承载着你；天空是神秘的、无边的。你立在天地之间，双脚踏在土地上，双手伸向天空，就好像一棵树，把根扎在土地里，把枝条伸向天空。

你整个人就是一条通透的管道，任由天空无限的力量源源不断地流入体内，任由大地无限的营养源源不断地涌入你的每个细胞。

是的，你是自然之子。当你被允许带到这个世界来时，天和地所有的陪伴和祝福就在了，所有的爱、阳光、空气，所有的养分都在了。你已经找到了第一个答案——我是自然之子，我被允许活在天地之间，我拥有天地所有的祝福和陪护。我什么都有，源源不断的资源陪伴着我，这是我的身份。

你找到了自己的第一个身份，知道了自己是大自然的孩子。大自然允许所有的生物用自己的速度成长。大自然也允许你用自己的方式和速度慢慢长大。所以，你无须着急，也不需要跟其他任何的存在相比，你只需明确地知道"这就是我"就够了。

这个发现对你来说真的很重要，让自己带着这个欣喜，做上三次深呼吸。每吸进一口气，都把自然中的能量沉淀在自己身体里，运化到每个细胞里。每吸进一口气，都在调动自己体内源源不断的能量，补充自己需要的营养。两三次深呼吸之后，你会看到天地之间的自己充满力量，充满自信。是的，你看到他带着足够的喜悦和信心，开始眺望远方。

在属于他自己的那条生命之路上，他从过去走到现在，走了十几年的路，也许有人陪，也许走得有点坎坷，也许走得非常顺畅。就在刚才这一刻，当他找到自己到底是谁的答案之后，他充满了信心和对未来的渴望。他的眼光看向远方，他开始挪动脚步向前走。前面有他的梦想、未来和使命，有他想去见的人、想去做的事、想过的生活。当他知道自己是自然之子，有属于自己的一条独特的路时，他的脚步突然变得轻松自在，甩动双臂，大踏步地走向远方。前面有成年后的他的成长，有他的中年和老年。他不管前面会有什么，带着自己的好奇，在天地之间自然前行。

当你在白云上看到下面的景象时，你开始按捺不住了。你不想只是远远地从高处俯瞰**他**，你不满足于像个局外人一样看着**他**。你想跟**他**合二为一，你想进入**他**的身体，你想跟**他**一起去走那条路。这个念头生起来时，奇妙的事情发生了。你的潜意识自动地带着你向下降落，安全而稳妥地降落。你可以听到风声，可以闻到空气湿润的味道，还有冲进鼻腔里的清新。你安全地降落，越来越靠近走在路上的自己，直到你停留在**他**头顶的上方。是的，**他**走动的速度很快，你需要加把劲才跟得上**他**。你跟随潜意识，停留在**他**头顶的位置。然后，你想跟**他**在一起的念头冒出来，你就从**他**头顶的百会穴倏地一下进入**他**的身体，你就成了你自己。你带着你的潜意识来到了你的身体里，你进入了这个意气风发的身体，这个年轻的、充满活力的健康身体。

你感受到双臂摆动的自由自在，你感受到双腿迈向前方的急迫和有力，甚至会不自觉地跳跃一下。你很欣喜，自己终于踏在了土地上，你想要跟随成长的步伐，去经历每分每秒的甜酸苦辣，去见每个要见的人，去做每件想做的事。你想经历成长，经历挫折、奋斗和努力。你想来到真实的身体里，去经历这一切。你想让经历的一切沉淀下来，将其变成资源。你想明白古人所说的"三十而立"是什么意思，"四十不惑""五十知天命""六十耳顺"到底代表什么。

你不想只做飘在天上的天使，你想做一个真正的实实在在的人，通过各种经历来懂得生命的含义。你终于进入这个身体了，你跟随**他**一步步前行。当你跟随**他**前行时，你内心有了很多新的发现和感悟，你明白最近的迷茫对你来说意味着什么，也明白这样的冥想练习有什么意义。你知道，未来很遥远，不用去想，只要当下有感悟、内心有答案就够了，只要当下知道自己是谁就可以了。当你找到答案时，你就迫不及待地想从这种状态里出来。你想回到现实世界里，你还有很多想做的事要去做，要去经历。

准备做三次深呼吸，在第三次呼吸结束之后睁开眼睛，回到房间，做自己最想做的事情。是的，你只要想体验、想尝试就好。你带着呼吸，睁开了眼睛。你又一次跟自己的潜意识相遇，恭喜你回来。带着刚才的发现和感悟，去做你想做的事吧，这个世界欢迎你！

设界限、筑篱笆

总是有家长向老师投诉："老师，你一直说要尊重青春期的孩子，但孩子夜不归宿怎么办？在背地里抽烟怎么办？日夜颠倒，成天玩手机，不学习，难道我就不管他了吗？"

我完全理解父母们的焦虑。当青少年开始夜不归宿时，父母会很担心，想管住他，却无济于事。孩子一定是去找他觉得很刺激、很好玩的东西了，父母的唠叨怎么管得住？当然，违背与父母的约定、违反家规的青少年，内心一定是惴惴不安、怀着内疚的。但是，他回来之后，一定会装出强硬的样子："我就想出去玩怎么了？我不过想去玩一玩而已，又怎么样！"你能想象到家里战火纷飞、冲突四起的情景。

所以，当有父母无奈地问起这些问题时，我不直接回答该不该管，而是问父母相关的问题，所以常有下面这样的对话。

家长：老师，你一直说要尊重青春期的孩子，但我的孩子夜不归宿怎么办？在背地里抽烟怎么办？玩手机游戏怎么办？难道我就不管他了吗？

我：你的孩子懂得怎么照顾自己吗？你的孩子知道要为自己的生活设界限、筑篱笆吗？

家长：我们家有规定的呀！我跟他讲过，不许在外边过夜、不许一直玩手机，不许不做作业，可是他不听啊！我能怎么办？

我：你设置的这些界限、定的这些家规有用吗？当初你们设定这个界限时，是你自己做完决定后通知他的，还是你们两个或一家人一起讨论制定的？是大家讨论之后，明文上墙的，还是你一人做主写出来的？你们的家规和惩罚措施是否明确，是否写出来？假如他触犯了家规，需要付出什么代价，受到什么惩罚？这些都需要明文写在家规上，你们做过吗？

家长：都没有啊！有时候觉得他考完试可能累了，想出去玩就玩了，晚点回家就晚点了，可他不能一直这样啊，说也不听，越来越不像话。

我：是啊，你们没有制定明确的家规。凭自己的心情判定他做得对不对。他有时不能出去，有时又随时出去，不知道到底什么是必须遵守的家规，到底什么是他的界限。孩子就是在挑战你们管理的权限，挑战你是否制定有效的家规，你发现了吗？

家长陷入了沉思，他的困扰也是很多青少年的父母共同的烦恼：应该怎么跟孩子打交道？管得太严了，他嫌你烦；不管他，又怕他学坏，担心他会出去做坏事，怕他不懂得界限，损害自己的身心健康。天哪，天下最难的就是青春期孩子的父母了，松了不行，紧了不对，到底应该怎么办呢？

我经常在课程中对父母们讲，一定要设置有效的家规，为青少年建造成长的安全篱笆。定家规和筑篱笆并不是为了束缚孩子，而是为了让孩子在一个安全的空间里感受到被保护的安全。让孩子知道哪里是安全的、哪里是不安全的，从而知道如何保护自己，待在安全的空间里，这就是孩子安全感的真正由来。

说到篱笆，你会想到公园里种着漂亮的花草树木。为了防止行人践踏，公园往往在花草树木四周围上篱笆。篱笆并没有限制鲜花的怒放和香气的传播，只是对花草进行保护。马路上的公交车、行人和私家车，之所以相安无事，就是因为有非常明确的交通法规，让每个人都明确哪里可以通行，哪里不可以通行；行人必须走斑马线，红灯亮了，所有人都必须停，绿灯亮了才可以通行。所有的红绿灯和地上画的线，都是对行人安全的保障。如果某天某个路口的红绿灯突然坏了，所有行人都会变得小心翼翼，马上减速，左右张望，因为此时没有了约束，是最危险的，要万分小心，提防从哪个方向突然冲出一辆车或一个人。这时你会深切体验到，没有规则、没有界限的世界是最不安全的。跟成长中的青少年一起定家规，设界限、筑篱笆，就是保护冲动的、莽撞的青少年，让他们生活在一个安全的港湾里，不受伤害的基本保障。

下面分享家庭中常见的场景。

场景一：孩子小学二年级时

孩子：妈妈，我可以玩会儿手机吗？

妈妈：又玩手机？你就知道玩手机，今天的作业做完了吗？还有A卷没做呢，还敢玩手机？去，把作业做完了再说！

孩子一脸沮丧，无聊地坐在书桌前，睡着了。

场景二：孩子小学五年级时

孩子：妈妈，把手机给我用一下，老师让我们查资料。

妈妈：老师不负责任，又让你们用手机查资料。给，查完给我啊！你每天换各种招数用手机，我防不胜防啊！成绩越来越差，怎么办？

妈妈一边说一边把手机给孩子。

妈妈忙着做饭，两小时后出来时，发现孩子坐在桌前玩游戏，作业根本没有做。妈妈大骂一通，把手机抢过来，孩子索性躺在床上睡觉了。

场景三：孩子初中二年级时

孩子：妈妈，我要买个手机。同学都有，只有我没有。

妈妈：买手机？你还好意思说？看你每科成绩都垫底，还要手机，你要手机干吗？

孩子：我就要手机。你们天天管着我，我像个傻子，啥都不知道。我要手机，不给手机，我就跳楼，我不上学了。

孩子往阳台上冲，妈妈急忙拉住，答应给他买手机。

孩子有了手机，夜以继日地玩游戏，不起床，不上学。妈妈以泪洗面，后悔为儿子买了手机，于是断网，收手机。孩子每次都以不上学和死来威胁。这样的场景一次次上演。孩子再也没有回学校，父母活在无奈中，认为只要孩子活着就行了。

为什么说青少年是莽撞、冲动的呢？下面的这张脑图里包含青少年脑发育侧切扫描图。20世纪末，美国有几所研究脑科学的大学，做青少年脑发育跟踪研究。研究者对研究的个案进行了连续十几年的跟踪，每年每位受试者都接受一次脑部扫描。研究者发现了一些显著特点：青春期的孩子在经历大脑皮层第二次快速修剪期，就是指在青春期，青少年的大脑皮层细胞经历第二次被修剪、细胞数锐减的高峰期，大脑内部发生巨大的变化，一定会给孩子带来生理、心理的突发式断崖变化。

三脑模型

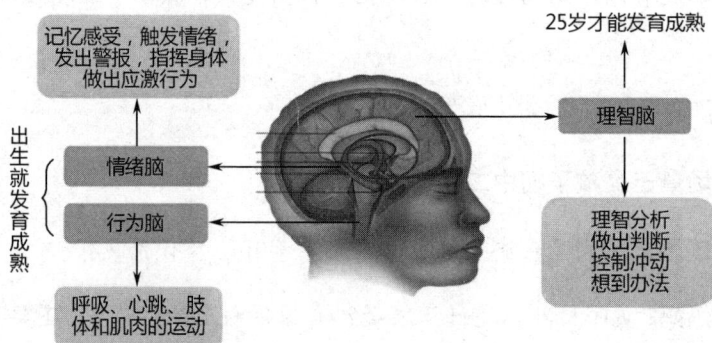

出生就发育成熟

记忆感受，触发情绪，发出警报，指挥身体做出应激行为

情绪脑

行为脑

呼吸、心跳、肢体和肌肉的运动

25岁才能发育成熟

理智脑

理智分析做出判断控制冲动想到办法

另一项研究发现，青春期孩子大脑里的杏仁核区域处于兴奋状态。大脑最后发育的区域是前额叶，这部分负责思考管理策划，即理性控制的部分，直到 25 岁才真正发育成熟。杏仁核主要负责情绪，也就是说，大部分青少年会被冲动的情绪主宰。而自我管理和约束能力，是随着前额叶发展逐渐形成的。这个研究成果给所有父母和做青少年工作的人重要的提醒：青春期的孩子除了激素快速激增，带来身体的各种不协调和兴奋冲动之外，脑部细胞也在快速修剪中，杏仁核区域活跃导致情绪兴奋，这些因素决定青少年很多行为是难以自控的，是不计后果的，需要监护人和陪伴者以有效的方式帮助他们进行自我管理，这就是设界限、筑篱笆的意义。

青少年容易冲动。有研究发现，青春期的孩子，一个人去做一些充满刺激性的事情时，胆量小，两个或两个以上青少年聚集起来的团体，一起去冒险的概率就大很多。他们可能一起吸烟、喝酒、飙车，甚至可能挑战社会公共秩序。大脑一旦兴奋起来，前额叶没有能力控制情绪中枢的话，青少年就会在情绪脑的支配下，做很多没有底线、不理智的事。

出于生理特点和成长的需要，青少年的监护人、身边的成年人要用合适的方式为他们建造一个安全的篱笆，设置安全的界限。安全的界限在家里就是家规，在学校就是校规，在社会就是各种法律法规。成年人要做的，就是跟孩子一起坐下来，讨论孩子在家里最基本的规则。例如，什么时候玩手机、玩多长时间，如何离开计算机、平板电脑、电视机，去做其他事情。很多家庭发生过摔键盘、砸计算机、收平板电脑、剪网线等事情，虽然父母处心积虑进行防范，但效果甚微。这是因为，孩子们并没有被允许跟父母一起设界限、筑篱笆。或者说，很多家庭的家规是只针对孩子的不平等条约，不是每个家庭成员共同遵守的，这会让孩子感觉不合理，尤其没有让孩子真正意识到自己的生命需要自己负责，自己需要自我管理的能力，帮助自己在最有效的时间里做最重要的事。孩子并不明白自己还不能自我管理，还没有抗拒诱惑的能力，需要父母做榜样，用约定的方式让父母帮着管理自己。

有很多同学在完全躺平之后非常懊恼，来向我咨询。他们说："我很后悔过去三年没读书，待在家里天天玩游戏，我的生命都荒废了。"父母与孩子斗争，父母痛，孩子也痛，他们都只是在消耗宝贵的时间。

所以，当了解自己心理发展的局限性时，作为青少年的你，应该明白要为自己的生命负责，知道人生是为实现梦想和使命而来的。也许，你今天就愿意主动跟父母好好谈一谈，一起设置有效的家规，看看你们目前最需要在哪些方面进行讨论和约定，保证每个家庭成员有更健康的生活状态，有更好的学习状态，包括最晚几点睡觉、玩手机或计算机游戏的时间等。一般来说，约定不超过 5 条，用正面的语言描述，明确违反约定的处罚方案，大家共同承诺遵守，签字上墙。家庭成员用约定管理自己，让自己更安全、更自信、更有能力。

所以，设界限、筑篱笆是为了让我们活得更有质量，是为了让自己更能担负责任，你能接受吗？

让我们再来看一段家庭场景对话。

孩子：妈妈，太无聊了，我想玩会儿手机。（小学六年级）

妈妈：到了约定用手机的时间吗？你准备把今天的半小时用手机的时间都用完吗？你是自己上闹铃，还是让我提醒你？

孩子：我想玩半小时。自己上闹铃吧。万一我半小时还不停，你要来提醒我啊！

妈妈：要是我提醒你，你还不停止，那怎么办？

孩子：按家规约定，你把我手机抢走。这周末不再给我用手机的时间。放心，我会说话算数的。

妈妈：好的，我愿意再帮助你管理自己，合作愉快！

两人击掌，开心一笑，这是从小学二年级定了使用手机的约定之后熟悉的一幕。孩子上初中、高中之后，不断调整用手机学习、搜索资料、玩游戏的时长，孩子的自我管理能力增强，没有因手机而产生亲子矛盾。家规的制定过程培养了孩子主动规划自己生活的能力，孩子既得到父母及时的帮助，又不感觉被父母强迫管控，一家人其乐融融。

如何设立自己的界限

上一节讲到，处在非常容易冲动的青春期的孩子，自我管理的能力往往是不够的。他们虽然很期待别人把自己当大人看，但常常有说了做不到的时候，会遭到别人的质疑，觉得他们不靠谱，很难再被信任，会被施加更多的控制。例如，放学回来，孩子需要时间休息一下，听听音乐，父母却马上催孩子做作业，安排干这干那，每次都会让孩子心烦。孩子在学校里也感觉经常被老师盯着，叫到办公室或走廊谈话，一次又一次被否定："你又没有说到做到，你明明答应了，为什么做不到呢？"

每当这个时候，你可能都会火冒三丈。在这个年龄的你，非常不喜欢听别人唠叨，不喜欢被翻旧账；更不喜欢被别人威逼利诱，拿对付小孩的方法对付自己。同时，你表面上强硬回怼，心里是虚的，因为自己也明白，确实有很多次自己说到做不到。说好早点起来做作业，结果一觉睡过头了；答应老师补上做错的题目或作业，又忘了。一次又一次，自己也会不断产生无力的感觉。你会觉得自己不好，觉得别人唠叨和提醒自己很烦，不希望被别人管，而自己又管不了自己，自己说话不算数。这样的日子太难了！

很多同学陷在这样的恶性循环里，越来越没有自信，越来越烦躁。他们像个火药桶，随时都可能爆炸。如果成年人针对性地压制他们，就会演绎成一次又一次的战争，既伤感情又无效。

其实清除这种烦躁低效的状态，并不需要改变别人，你可以主动做一件事——为自己立规矩。

具体怎么做呢？

你先邀请自己想一想，目前最困扰自己的是什么问题，是关于及时做作业的问题，还是关于用手机的问题，还是玩游戏停不下来的问题。你想一想到底什么最困扰你，让父母不停地唠叨你、管控你，让老师不停地找你谈话，让你烦心。

想上几分钟，写下两三条，然后问自己：这样下去是自己想要的吗？继续被别人不信任和各种限制，是自己希望的吗？如果不是，换个做法好不好？假如你愿意试试，那么接下来的这个练习就可以帮助你。你可以在我的辅助下，进行一次争取自由权利的尝试。你也可以把这个方法教给父母或老师，让他们帮助你来完成。总之，当你准备尝试，给自己定规矩时，就是一个释放非常重要的转变信号的时机：我要自己说了算，我要说到做到，我要做一个守信用、有力量、有自由的人。

你准备好了吗？现在就可以开始。准备好打开的笔记本，翻开新的一页，在这一页写上日期。然后，在日期下面写"×××的计划和界限"，也可以写"×××给自己定的规则"，或"×××的自我界限说明书"。写什么标题不重要，重要的是下面的内容。

你要问一问自己，假如是针对玩手机这件事，在正常学习的时间里，手机放在自己身边，还是让父母帮忙保管比较好，哪个对你来说更容易。你一定要心甘情愿，不要勉为其难，按照别人的意愿设定规则。我给你几个备选答案，以供参考。

你可以每天带手机，但只有在放学回家的路上才能用。只要开始做作业，手机就不能再打开了。这样可以保证每天睡觉之前用完手机，10点钟睡觉。这是第一种选择。

你觉得这对你来说容易吗？有的同学说："只要手机在手里，我就控制不住。"所以，有的同学请父母帮忙保管手机。只有每天放学回家、吃饭后和做作业之前的一小时才可以用手机，一小时之后把手机上交。把手机直接交给父母保管，你就不用再纠结了。这是第二种选择。

还有同学说："平时给我一小时的时间用手机，我记不住，也做不到，还要每天都跟父母争吵。与其这么烦，不如直接跟他们约定，每到周六给我手机；周一到周五，就跟手机绝缘，干脆清清静静地不想这个事情了。所以，我准备给自己定的规矩是，周六、周日两天可以用手机，但每天用手机的时间不超过三小时，超过三小时就可能改变我的生活秩序了。"当然，这是某位同学的想法，也许你觉得两小时足够，也许你觉得四小时才够。对这一点，你一定要量力而行，这是我以手机为例给你的建议。每件事至少可以有三个选项。

当我们写好日期，决定了自己要设置的界限时，就可以写正文了。请注意，正文不要太多，内容不要超过三条，因为超过三条，你自己会忘记的。假如我们在一段时间内能严守三条规矩，就已经够好了；过一段时间再去调整目标，就可以不断地进行自我管理了。所以，问一问自己：假如设三条规矩，它们分别是什么内容呢？例如，第一条是关于手机使用的规矩，如果选择每天晚上用手机一小时，其余时间将手机交给父母，那么可以在第一条上写：周一到周五不用手机，只在每天晚上做作业之前用一小时，其余时间将手机上交给父母。你觉得每天晚上按时睡觉很重要，但平常做完作业都要 11 点，11 点做完作业就不去做其他任何事情，不去吃零食，也不去翻故事书，直接睡觉更有利于身体健康。那么，给自己定的第二条规矩就是：我每天晚上 11 点之前必须上床入睡。第三条规矩可以是：当同学带我出去抽烟、喝酒时，我会明确地提出不去。把这三条规矩都写好后，签上自己的名字。

制定这样的三条规矩后，更重要的是问自己：假如违反了其中一条规矩，用什么方式来惩罚自己呢？你也许会说："我不是故意违反规矩的，只是因为某些客观原因，如某天老师布置的作业太多，某天有了突发事件，所以不怪我，不应该惩罚我。"假如这样，那你永远都会找到无数的理由和借口，让自己定下的规矩流于形式。所以，我的经验是，一定要在做之前，确定自我惩罚的方式。它像规矩本身一样，不可动摇，必须执行，这样才能保证自我设限真的能起到作用。一句话，只要违反约定，没有例外，没有借口，必须接受处罚，心甘情愿。

同时，你也可以约定在规定时间内遵守了约定，用什么方式奖励自己，以及自己可以做到的，也是自己渴望的方式是什么，把它们写下来。

如果违反了其中一条规矩，怎么惩罚自己呢？违反三次以上，怎么惩罚自己呢？什么样的惩罚措施会让你真正在乎，防止下次再犯呢？有同学说："假如违反一次，就让自己一天不玩手机，这是我最在乎的，我就用这个惩罚自己。"也有同学说："我让父母把大门关上，我在门外罚站半小时。"每个人不一样，每个人的惩罚措施也不一样。我的建议是，在不影响安全和健康的情况下，拿走自己最在乎的东西，用这种方式惩罚自己会让自己痛定思痛，只要你觉得合适就可以。但是，如果你说违反规矩，只是骂自己一句，这样的惩罚没有什么效果和意义，需要重新确定，直到找到让自己在乎的处罚措施。你在乎约定，有了"君子一言，驷马难追"的决心，那么定规则的过程就基本完成了。

写在笔记本上的约定有标题，有日期，有清晰的规则和要求，也有签名和惩罚措施，将其誊写一份贴在墙上。假如你对自己还是没有把握，就邀请父母，由他们监督你遵守规则。假如你邀请他们，他们也愿意的话，就请他们签名。规则定下来以后，给自己一段试用期，至少 21 天。从此，你就成为一个自己管理自己的主人翁了！从此，你可以拿回自我管理的大权，真正"我的人生我做主"了。

自我约定，具体怎么运用呢？

每天早晨起床，把规则看一遍，在睡觉前再看一遍。每天随时记录，或在睡前整体记录，把自己每天遵守约定的情况记下来，该奖则奖，该罚则罚。假如连续一个星期你都遵守了约定，就可以给自己一个更大的奖赏。例如，请求父母多给你点零花钱，买一个冰激凌或吃一份甜点，让自己小小地享受一下。你也可以向父母提出申请，假如两个星期都遵守约定，第三个星期就可以增加使用手机的时间。例如，每天增加 15 分钟或半小时，把它当作对自己的奖励。你还可以给自己画上一朵小红花，证明自己在自我管理的路上又前进了一步。当连续 21 天自己都可以做到时，你就会发现自己的自信增加了，因为你是一个说到做到的人。当你承诺的事情都兑现时，你会发现自律已经变成你的一个特点。你想多一点自由，就得多一点自律；你能自律，就有更多的自由，就有更多的自信和更多的力量！

这样定规则的方法一定会帮助你，使你更加自律。你说得到做得到，在父母面前就有信用，就会有越来越大的自我管理空间，就有更多的自我管理的自由。这样的青春才是你真正想要的，没有别人唠叨，自己说了算，且自己说到做到。

这样设置规矩的方法一定对你很有帮助，你一定要试试哦！连续21 天，试用一段时间后，你还可以调整规则。你逐渐养成说到做到的习惯，就可以真正自信起来，越来越有力量，越来越能为自己负责，你的人生就在自己的手心里了。

🏃 自我管理四问

初二男生小 T 在操场上跟同学一起玩球，不小心被旁观的一个小个子男生绊倒了。小 T 发火，揪住小个子男生大打出手，好不容易才被其他同学拉住，小个子男生满脸是血。小 T 好像一下子清醒过来，趴在地上大哭，直到父母来学校接他。他完全没有能力面对父母。这是他又一次没有自制力当众爆发惹祸。每次这样的事件后，他都无比懊悔。父母一直非常困惑，这个孩子一直都很善良，平时连蚂蚁都不舍得踩，但经常会像突然发疯一样当众发飙，事后又痛哭不已，追悔莫及。

我在咨询室听他父母诉说，看他无力的样子，问他是不是有兄弟，年龄差不多。他说上有哥，下有弟，都只差一岁多。他们经常欺负他，有时忍不住，他就突然爆发，跟兄弟们打架。

我引导他在想象中跟被打的小个子同学沟通，对他说："你不是我的哥哥，也不是我的弟弟，你只是我的同学。你只是在看我们打球的同学，所以我对你很抱歉，真的对不起。"当他说完这几句话时，突然大哭起来："是啊，他不是我哥，也不是我弟，我不用打他啊！我不用报复他啊……"

他如释重负，知道自己不是坏孩子，只是在那一刻把对方当成了自己一直有怨气的兄弟，才突然爆发。我跟他分享了自我管理四问之后，他说自己终于知道怎么能长大了，因为知道怎么管理自己了。

青少年如果想要真正成熟，长大成人，有一个重点是要学习如何负责任。在负责任时，青少年常常思维比较混乱。每个人同时有太多的角色，不同的角色承担的责任不同，到底怎样才算真正负责任呢？在每天纷杂的事情中，怎么想、怎么做才能快速管理自己，承担自己的责任呢？

有非常好用的四句话，可以帮助你快速明确自己的责任，随时随地进行自我管理。不需要别人耳提面命，唠唠叨叨，你只要在每个恰当的时间做最适合的事就好，分寸和尺度都拿捏得好。当你能做到适当自我选择、自我决定、轻松自律时，你就可以自己管理自己，你的人生才有真正的自由。

青春期的你是最追求自由的，自由的前提和基础是照顾好自己。你要以靠谱的状态向监护人证明：我是值得被信任的，我是可以自我负责的，请你们信任我，我靠自己的言行赢取你们的信任。你要在恰当的时间，以恰当的身份做恰当的事。那么，怎么做呢？

请你拿出笔记本，打开新的一页，在笔记本左侧写下以下简单的四句话。

（1）此时此刻我是谁？

（2）我正在做什么？

（3）我想得到什么？

（4）我正在做的和我想得到的是什么关系？

我在课堂上是老师，除了这个身份，回到家之后我是一个妈妈，是一个家庭主妇。我在单位是同事的朋友。每个人都有很多不同的角色，在不同的环境下，我们都在用不同的角色跟别人互动。那么，此刻，你到底是谁呢？此刻，你在这个场合是什么角色？在当下这个恰当的时间里，你做什么最恰当？

我一定要知道面对的是谁，我要用跟对方相对应的角色与其互动。例如，我不能用当妈妈的态度对待学生，也不能用家庭主妇的身份对待同学。当我回到家面对女儿时，我就不能用老师的身份去教导她、给她讲道理，甚至用咨询师的身份帮她解决问题。她从来都不接受我对她讲的心理咨询方面的内容。她需要的是一个妈妈，不需要咨询师。女儿用她的方式反抗我，让我回到自己的角色。所以，"此时此刻我是谁"讲的不只是一个名字，更重要的是当时的角色和身份。

当你在学校面对老师时，你是谁？你是老师的学生。你想跟他在这样的关系中得到什么？你想得到老师的支持和辅导。那么，你正在做什么？也许你正在跟老师争吵，大声吼叫。如果你和老师有相同的目标，那就继续做下去；如果你和老师目标不一样，就要改变自己。你应该这样去想：我是老师的学生，老师大，我小，我想得到什么？我想得到老师的厚爱和辅导。我正在对他做什么？我正在对他吼叫。如果思考自己做的和自己想要的有什么关系，就会意识到两者实际上背道而驰，那就要改变自己，马上停止吼叫，让自己的情绪平静下来，让自己的态度变好。然后，你还要跟老师道歉，对老师说对不起，请求得到老师谅解。这样老师可能原谅你，对你刮目相看，关心你，辅导你，你就会获得老师的帮助了。当你可以这样做时，就是在管理自己的人生了。

让我们换一个场景：你放学回家，很饿，想吃点东西。你进门大声喊："我饿了。"说完之后，请你内心自我觉察一下：此时此刻，我是谁？我是孩子。被喊的人是谁？他们是父母。他们大还是我大？当然他们大。我想得到什么？我想得到父母的爱，想得到尽快做好的晚饭和其他能充饥的食物。我正在做什么？我没有跟他们打招呼，我正在吼叫自己饿了，他们可能会烦。他们可能会说："你吼来吼去的，我又不是你的保姆！才不理你！"如果这样，那你最后可能不仅吃不到食物，还可能引发战火纷飞的痛苦，让家又一次变成牢笼，是吧？

当你跟同学在一起时，悄悄地问自己：

此时此刻，我是谁？我是同学。

他们是谁？他们跟我平等，也是我的同学。

我想得到什么？我想跟他们轻松地沟通、玩耍。

我正在做什么？我在嘲笑他、讥讽他，他开始握拳头了。

我在做的与我想要的是什么关系？正好相反，我得赶紧停下对他的刺激，真诚地向他道歉，安抚他，让他打我一下吧。

呵呵，就是这样简单的自我对话，你就会马上自动调整和改变自己的言行，一场争斗就会戛然而止，两个好朋友可以友好地玩耍了。这样一来，因年轻气盛引发的冲突就会偃旗息鼓了，哪里有架可打呢？

三种场景的练习让你找到自我管理的奇妙威力了吧？无论在什么地方，跟谁在一起，你都可以在内心悄悄做这样的练习。只要你随时问问自己是谁、对方是谁、自己正在做什么、自己想要的跟正在做的事是什么关系，你就会迅速判断自己此刻的身份和行为是不是恰当。如果发现当下的做法与自己期待的目标一致，那就继续做，开心就好；如果发现当下的做法与自己期待的目标南辕北辙，就要及时调整自己的言行，改变自己的身体语言。只有这样，你才能得到自己想要的，同时不伤害其他人。

四句话的力量非常大，可以帮助你快速把自己带到合适的身份和角色里，用合适的言行与别人互动。这样就会减少矛盾和出现冲突的机会，让自己更顺利，让自己能及时得到别人的帮助，快速达到目标。

这可是一举多得的好事。

你以后可以把"自我管理四问"这个练习用在生活中，践行在人生里。当你成为孩子的父母，或成为单位的员工，有了更多角色时，你可以随时通过这四句话把自己定位在恰当的身份里，做出恰当的行为。这样你的生活就会顺利很多，更容易心想事成。你会发现自己可以轻松地管理自己、照顾自己。只要你从现在开始不断练习，让它成为口袋里的一个实用工具，它就会帮助你。我坚信这一点，你相信吗？

有一位高一同学，在去参加数学竞赛的途中与老师发生了口角。带队老师带领学校的十三名考生，有说有笑地坐在火车上。老师把一个蛋糕切成十几块，每位同学分到一块。她接过老师给的蛋糕，发现不是自己喜欢的样子，自己最爱吃的葡萄粒也在旁边同学的蛋糕上，自己这块蛋糕只有奶油，没有水果。她转手就把蛋糕扔在地上："这破东西，我才不稀罕！"她坐在一边生气流泪，老师莫名其妙，批评她不懂事、不懂礼貌，还说她"怎么这么不知好歹"。

女孩在情绪发作之后，回归平静。她突然想到曾经在我的课堂上学到的自我管理四问，马上回归理智，明白在刚才的一刹那，自己的身份不是学生，而是妈妈的孩子。那块蛋糕让她感受到妈妈对姐姐的偏心，她在无意识中把老师当成妈妈了。所以，她扔掉那块蛋糕，就是对妈妈的愤怒表达。老师批评她，一下子把她带回到现实中来。她在心里快速问了自己四句话之后，就把自己迅速带回到学生的身份，看到自己想要的和自己在做的并不一致。于是，她马上站起来，向老师鞠躬认错，也对同学们说了对不起，并跟大家解释了原因。她的态度非常真诚，大家没有对她继续指责，反倒给她鼓起掌来。

这个旅程的后半段，就是大家一起分享自己与父母的故事，有很多相似的故事，她又成了话题的带动者。

简单的自我管理四问，成为她转危为安，走近老师和学生的重要指南。

人生三件事

上初三的佩佩，每天早晨都在妈妈再三的呼唤中起床，然后万般不情愿地吃完妈妈做的早饭，跟妈妈去学校。他坐在教室里，注意力总是被同桌的女生吸引，觉得她长相不好，写字的动作很奇怪，头发也脏兮兮的，喘气的声音很粗……就这样，他的注意力一直被女生吸引，不小心半节课过去了。

突然，老师叫他的名字，他愣愣地站起来，不明白老师问的是什么。他一脸尴尬地在同学的哄笑里站了半天，然后将拳头砸向同桌女生："都是你这么下作，让我当众出丑。"他突然出击，让所有人都很意外。同桌女生被打得大声呼救，老师和同学按住他时，他已是满脸通红，浑身颤抖，直喘粗气。这场事故带来麻烦，让他丧失了坐在教室里听课的机会：父母被学校找来，带他回家反省，向女生道歉，在班会上念检讨书……

这个突发事件让老师和同学们觉得莫名其妙。事发之后，父母跟他复盘这件事，他觉得自己无辜，是那个女生影响了自己，不知道自己错在哪里。他来到咨询室，我为他讲人生三件事，他明白自己是因为管了别人的事，没有做自己的事，闯了大祸。他之所以容易被"别人的事"吸引，也是因为他没有把精力放在自己的事情上。对到学校学习这件事，他一直没有主动接受，而是被迫的，认为是在为父母学习，没把学习当成自己的事。他的学习自信心不够，内心力量不够，有很深的自责和否定，所以就把否定投射到其他人身上。他看不惯同桌，实际上是看不惯自己。于是，当感觉当众出丑时，他就把怒气发到同桌身上，同桌就成了冤鬼。

当我引导他看明白自己的很多愤怒情绪背后隐藏着自责，隐藏着无力面对自己的尴尬时，他绷紧的身体一下子像泄了气的皮球，软了下来。在这个基础上，我分享给他关于人生三件事的思维技巧，对他的帮助非常大。在这次咨询之后，他用这个技巧管理自己的想法和情绪，学习状态和生活状态有了突飞猛进的变化。

了解青春期的一些特点后，你对自己有了更多的了解。很多同学意识到一些问题的存在，试图去解决，但发现将头脑里懂得的道理落实到实际行动上没那么容易。所以，我再为你提供一些思维技巧，让你可以轻而易举地把生活中各种烦恼转化成自己的资源，轻松地解决问题。这些小小的思维技巧就像"创可贴"，当你受伤或烦恼时，找出它们就可以得到安抚，快速找到解脱方向。

例如，当你看不惯其他同学的做法时，总想给对方提意见，你会面临很多挑战，甚至激发矛盾。同学们在一起做作业或上课时，有人会发出各种各样奇怪的声音；有人自己不学，还干扰别人。有时候，你觉得老师不如自己所愿，老师是另一个样子应该有多好。你被这些事情干扰，会发现自己的心思跑了，学习不能专注，内心很乱，情绪很烦躁，严重影响自己的状态……这样的烦恼普遍存在于很多青春期同学的身上。为了帮你解决这些烦恼，我介绍非常实用的"人生三件事"技巧给你。

人每天会遇到很多事，从早晨起床到晚上睡觉，不知道会有多少事。人们被这些事牵扯，忙来忙去，感觉没有自由、没有玩的时间，所以心里总是很烦、很急。现在，你先去找一个笔记本，翻开一页，分为左右两部分。在左边把一天里遇到的所有事情写下来，有多少写多少，将想到的都写出来。然后，在笔记本右边划出一个区域，分为三个层次，写上三件事——自己的事、他人的事、老天的事。接着，想一下从早晨起床到睡觉，你遇到的哪些事属于自己的事，哪些事属于别人的事，哪些事属于老天的事。让自己安静下来，在五分钟内把笔记本左边写的所有事快速写在右侧对应的部分。然后，你看一下自己每天忙的事，经过这样的整理会发生什么。

哈哈，你会发现，在自己的人生里，最多不过就是这三件事——自己的事、他人的事、老天的事。你细细区分一下，这是一件很有趣的事。

哪些事是属于自己的呢？例如，吃饭、睡觉、穿衣服、心情好坏、学习好坏，还有运动等。

哪些事是属于他人的事呢？例如，别人怎样学习、成绩好坏、走路的姿势、跟同学的态度、对烟酒的态度、跟父母的关系、在路上跟谁打架等。

还有哪些事呢？请你把它们一一列下来。

哪些事是属于老天的事呢？老天的事就是我们无法控制和管理的事情。例如，四季更迭、天气冷暖、日升日落，这些都是老天的事。除自然界以外，还有比我们更大的老师、父母、社会、国家，这些都属于老天的事。老师的教学水平和能力，学校的管理方式，父母的生活状态、工作情况、管理你的方式等，这些都属于老天的事。想一想，在你的日常生活中，还有哪些事情应该是老天的事，把与你相关的、对你有影响的、你无法更改的、无法回避和抗拒的事一条条地列出来。

在完成属于自己的"人生三件事"清单后，再来分享一下你的感受。

我们继续往下进行。

在分清三件事之后，在做事的过程中，我们需要用怎样的态度去对待不同的事呢？请在笔记本新的一页最右侧写上对应的态度。例如，对待自己的事，用怎样的态度合适？应该用一个怎样的词来形容？努力或尽力？对待他人的事，用怎样的态度比较合适？他人吃得饱不饱、睡得好不好，对方用怎样的方式记笔记、做作业、抄袭，这些事跟你是怎样的关系？面对他人的事，我们应该怎样做？你过去替他操心过吗？你想去管他、帮助他吗？现在，你发现那是他的事，你用怎样的态度与他相处比较合适？面对他人的事，你可能要尊重对方。每个人都是平等的，每个人都有选择的自由和权利。所以，对待他人的事就是尊重对方。接下来，如何对待老天的事？天气变化、父母感情好坏、父母对待我们的态度、老师教学的方式、国家制度……所有这些我们都改变不了。虽然我们很想改，可能一直在问为什么，但我们知道自己真的改变不了。对改变不了的事，我们只能接受。所以，面对老天的事，最好的态度是接受。

当你看到这三种不同的态度时，接下来就要理清自己生活中的事了。

（1）在过去的生活中，你分得清哪些是自己的事、他人的事和老天的事吗？

（2）你主要把时间和精力用在了哪些事情上？你把注意力用来改变老天，或去关注其他人，还是把大部分时间用来做自己应该做的事？

（3）当你分开三件事之后，对待不同事情的态度跟原先的态度一致吗？

很多同学可能发现，过去自己被困扰的本质原因是：把注意力放在应该尊重的不想尊重、应该接受的不愿意接受、应该臣服的没有去臣服上，所以用错了力，用错了方向。你过去可能多管闲事，不务正业。所谓多管闲事，就是把精力大部分用在去看别人怎么样，看老天怎么样，没有把时间和精力用在自己应该做的事情上，你没有真正尽力，没有为自己负责。当你不能负起自己的责任时，你就改变不了别人，帮助不了别人，也无法撼动老天。你做了很多无用功，所以你很不自信，内心混乱和纠结，甚至好心帮人，结果办成了坏事。你想帮同学改变与父母的关系，或帮同学改变跟他暗恋的女生的关系，但发现都做不到，反而被误会。你会觉得自己总是给别人添麻烦，心里有苦说不出。现在，通过梳理，你终于找到了答案，也终于知道如何调整自己的注意力和精力，让自己真正做更有价值、更有意义的事，也真正让自己的人生效率更高了。

什么时候需要用这个技巧，帮助自己理清自己的混乱状态呢？

每当你觉得最近跟周围的人、事、物发生矛盾时，都可以坐下来理一理、想一想：让自己矛盾、痛苦的事到底是谁的事？假如是我的事，那我要尽力去找人帮忙。总之，我要想办法解决这件事。假如不是我的事，是他人的事，那我要尊重别人以自己的方式过自己的生活。假如都是老天的事，那我只能尊重和接受了。所以，有烦恼时，是自己做这件事的最好契机。当你不能确定自己相应的态度是否合适时，可以坐下来做这个练习。你还可以每天早晨起床后快速对一天要面对的事进行分类：今天有哪些事是自己的事，我可以怎样尽力做？今天有哪些事是别人的事，应该尊重别人的选择？今天有哪些事是自己必须臣服的，只要接受就好？

例如，学校有你不喜欢的老师，过去你总是跟他对抗。你对他不满，他也一定看不上你，这会影响到彼此的情绪。现在，有了这个方法，你可以对自己说："他比我大，他是我的老师，我听他的。"当你放下对抗，变得柔软时，你会发现自己跟老师的关系不知不觉变好了，你对这门功课的感觉也变好了。当你心里不再盯着别人，觉得别人可怜，要怎样拯救别人时，你知道对方一定有自己的方式去照顾自己。当你真的信任对方时，你会发现他对你的态度会转变，你跟他的关系也会变好。当你以这样的态度面对别人、面对老师、面对你改变不了的生活时，你会发现用在自己身上的时间越来越多，也越来越专注，你的工作效率越来越高，越来越有自信。

有一位名人曾经说过："人生最大的烦恼，是用 99.9%的时间做自己不应该做的事，然后用 0.01%的时间替别人做他应该做的事。"我们好好地审视自己，可以发现自己过去也是这么滑稽：一直在忙与自己无关的事，却没有精力做与自己相关的事。

有一句箴言这样说："请赐予我平静，去接受我无法改变的；请给予我勇气，去改变我能改变的；请赐予我智慧，来分辨这两者。"分辨的能力就是增长智慧的过程，就是整理自己思维的过程。这个思维小练习威力无穷啊！当你感到困惑时，一定要试着做一做。

青春期需要做的决定

邻家的女孩进入青春期之后，变化非常大，身材匀称，皮肤白皙，穿什么衣服都好看，我总是忍不住赞叹她的青春自然美。她的妈妈却总是一脸焦虑，一说起来就是女儿学习不主动、不用心。她说女儿爱打扮，总是用手机，爱干家务，做手工，看闲书，聊闲天，都是跟学习无关的事。大人说话，她总是插嘴。"净做没用的事"，这是妈妈抱怨女儿的口头禅。妈妈认为女儿只需做一件事——学习，提高考试成绩。可是，她不明白，青春期的女儿面对扑面而来的崭新的世界，有太多的事情要学、要面对。她面对的是自己的未来，她要学习应对的是整个世界。

作为未来的社会人，她需要为自己的生命做很多决定。可以说，在她面对的课题中，学习是最不重要的事。除学习以外的事，都会吸引她的注意力，她都渴望去了解，渴望得到引导，不断提升自己的思维能力、行动能力。这些需要是青春期的孩子都有的，急需父母、老师等成年人理解、引导和示范。

青春期要做的决定，关乎孩子未来如何面对社会和人生，绝对不是学习成绩可以代替的。

当你步入青春期时，就开始从一个懵懂无知的小孩逐渐成长为有担当的大人了。当你逐渐掌握各种自我管理的技能，明白自己需要做的和要真正关注的事时，你就可以慢慢提升能力，成为自己青春的主人。在青春期需要面对哪些课题？需要为自己的成长做出哪些重要的决定？当老师和很多成年人忽略这方面的引导时，你一定有很多的困惑和茫然。现在，让我带着你，来探索一下你内心深处的渴望，明确自己真正想要的是什么，看看自己当下正处于哪一步。

下面这张图是"生命之轮"，它意味着"生命完整与圆满"。是每个人内心追求和渴望的，也是每个人在世间生活都要面对的。生命之轮的轮子若要转动起来，必须是圆的，圆的前提是每个部分组成的"辐条"代表的课题都需要有相应的能力，并且要均衡和等长。辐条长短不一，扭曲的轮子转不起来。所以，每个生命从来到世界到离开世界，就是要在这些方面进行探索、经历和做点什么。

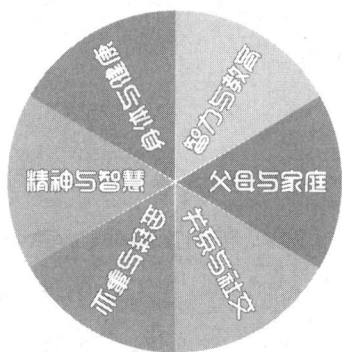

这个生命之轮代表每个人生命中非常重要的六个部分。

1. 身体与健康

生命最重要的是身体与健康。身体健康对每个人来说都是"1"，其他因素都是后面的"0"。假如没有身体健康，无论拥有多少财富和事业，拥有怎样的人际关系都是没用的，所有生命最需要在乎的就是身体与健康。从青春期开始，人就要把如何对待身体与健康放在自己的内心，如何运动、如何饮食、如何保持身体健康是每个人都必须考虑和安排的。

然后，让我们按顺时针顺序来看其他内容。

2. 智力与教育

每个生命都面临生生不息地学习和接受教育的任务。一个人从幼儿园到小学和初中，再到高中和大学，毕业就职后还要面对各种各样的培训教育。接受教育是人一生的重要组成部分，终身学习、终身教育是每个生命的必需。基本的生活技能、思维扩展、情绪智能的提升等，都需要不断通过学习获得。所以，关于学习成长，跟教育有关的课题，绝对不是为了考大学、找工作这么简单。一个人只有学习、接受教育才能适应不断变化的世界，只有持续学习成长才能获得全面的生命营养。所以，从青春期开始，为自己的人生做好持续终身学习的决定，是每个人必需的。

3. 父母与家庭

所有人都必须在乎与父母的关系。每个人都追求幸福，生活幸福主要源于家庭关系的和谐。幸福的家庭会让人舒服，有足够的安全感。假如父母经常吵架，或冷战分居，就会影响孩子内心对亲密关系和家庭幸福的理解。经常有中学生告诉我："我心里一直暗自决定，将来有了自己的家，一定要足够幸福，一定要比父母更珍惜幸福！"也有同学告诉我："看到大人们都不相亲相爱，我就不相信爱情了。我不相信有幸福的婚姻，也不相信有亲密的亲子关系。所以，我长大了，不结婚，不生孩子。我不让孩子到这个世界受苦。"这些年轻的生命不断地思考家庭伦理，思考亲子关系。他们太在乎家庭的幸福和安全，害怕重蹈成年人的覆辙。但是，只要从深层探讨家庭的课题，孩子们就会改变决定，充满信心地期待家庭幸福。

4. 关系与社交

进入青春期后，你会发现自己与成年人的心理距离越来越远，跟同龄伙伴越来越近。你渴望友情，将注意力更多地放到同学和同龄人身上。各种各样的伙伴友情在生命中占比越来越大，这种平行的人际关系逐渐取代以往与成年人的垂直关系。这是未来与同事、合作伙伴等的关系雏形。这是每个青春的生命都要经历的部分。同伴关系会满足娱乐、社交等需要。大家一起出去玩，进行各种各样的游戏和娱乐，会满足归属的需要。这也是互相学习、互相支持的必需。社交是青春期课题的重要组成部分，交怎样的朋友、做怎样的朋友、如何才能获得更亲密的友谊，这些都是你要选择和决定的。

5. 金钱与事业

关于对金钱的使用与追求，是青春期的孩子都会面临的问题。孩子每天都会涉及如何获得金钱和使用金钱的事，向父母"伸手要钱"既感觉理所应当，又感觉被动。毕竟父母的钱赚得不容易，而自己有很多要满足的渴望，需要很多钱。所以，孩子们不得不思考：我未来从事什么职业才能养活自己？属于我的事业和使命到底是什么？我要如何寻找自己既喜欢又擅长，可以为他人服务的事？当下怎么规划自己未来的事业，才不会被金钱控制？金钱与事业是父母必须提早跟孩子讨论和规划的课题，以推动孩子自我负责和主动成长。

6. 精神与智慧

关于精神与智慧的课题，实际上是"世界是怎样的，我跟世界的关系，我为什么要来这个世界"，是每个生命与更大系统的关系的问题。这是非常重要的生命课题。经常有同学问我："我为什么要学习？我为什么要活着？"这是一个生命追寻生命的意义，追寻精神价值的表现。关于意义和精神，是人类专属课题，往往在青春期之前就开始萌发，甚至有的孩子 4～5 岁时就会提出这些问题。这两个问题就像人类几千年来都在问的"我从哪里来？要去向哪里？"一样，人们一直都在探寻答案，青春期的孩子这样的探索尤其明显。倒是很多成年人忙于生活，渐渐不再寻找问题的答案。有的人工作风生水起，事业辉煌，财务状况良好；有的人生活艰难，勉强养家糊口。但是，无论如何，怎样对待金钱、对待职业和事业、对待与世界的关系，人们都有不同程度的探索和体验。对物质与精神需要的关系、自己梦想与理想事业的选择、用怎样的方式与世界连接，这些都是需要青少年思考和面对的。

以上六项包含完整生命的基本要素，是一个人从青春期开始就要面对的课题，是青少年成长的重大任务。相比之下，学校的学习任务是小菜一碟，呵呵。所以，青春期的孩子会有点心不在焉，手忙脚乱。当然，父母更加力不从心，引导孩子去做这些决定，确实是他们不懂，也不擅长的事。

你可以观察一下：到目前为止，父母的生命之轮是圆满的吗？他们的每个部分都发展得够好、够均衡吗？你羡慕的偶像或榜样，他们的生命之轮是完整的吗？你有没有这样的想法，等自己长大后让自己的生命之轮每项都是满分？假如你真有这样的愿望，那一定要明白：

未来的圆满不会在你长大后自动实现，你必须从现在开始储备能量，早做决定。

青春期就是一边探索，一边了解真相，一边储备能量，围绕以下六个部分做决定的过程。

（1）面对自己成长和教育的问题。不管自己今天是几年级学生，也不管到底学习开不开心，都要决定：只要活着就必须不断地接受不同的影响和教育，就要不断地扩展自己，一定要通过持续学习来完成。一种学习是在学校里的学习，还有一种学习是在学校之外，用自己的感官体验参与的学习。即使你可以逃避学校的学习，也永远逃不掉在生活中的成长和扩展学习。你要用坚定的态度面对成长这件事，用开放的心态接受自己必须接受教育这件事。

（2）跟同伴的关系，跟同龄人的交往问题，包括与同性和异性的关系。你准备交什么样的朋友，准备成为别人怎样的朋友？你做了决定，就基本明确了自己的身份。你也许会成为社会上的混子，或成为学习的佼佼者；你也许会成为受欢迎的人，或成为让别人操心的人。你的交友决定了你要过什么样的生活，也决定了你未来的生命状态。你会成为主流社会中非常有特色的人，还是成为非主流群体中有特色的人？你需要做决定并学习交往技巧和能力。

（3）跟父母之间的关系。你会成为父母的朋友，还是成为与父母不停争斗的对立者？这要由你决定。前面的章节谈到每个人的生命营养主要来源于父母，假如与父母对立，得到的营养可能狭隘和扭曲；假如跟父母相处和谐，身后就会有两座大山一样的坚强后盾，护持着你前行，为你源源不断地输送营养。况且，你与父母的关系会影响你未来与其他成年人的关系，如与领导的关系、与其他权威人士的关系等。所以，与父母的关系健康顺畅是非常重要的。

（4）怎么面对"这一生为何而来"这个问题。你准备一辈子被别人安排被动地生活，还是发挥自己的潜能，主动贡献自己的力量，实现自己的梦想和使命？

（5）照顾好自己的身体和健康。你需要别人提醒你吃什么、几点睡，还是主动对别人的不良嗜好和诱惑说不，主动拒绝可能损害身心健康的习惯？

（6）发展自己的兴趣爱好。你是把自己的兴趣爱好变成生命未来的乐趣，还是打发时光、体验玩物丧志的自我否定？把兴趣发展成乐趣，将乐趣发展成能力，由能力支撑自己的志趣，做自己擅长并喜欢的事，为他人服务，使其成为自己未来职业和使命的立足点，这样的决定会让你一生享受喜悦和幸福的奉献过程。它的诱惑力很大，赶紧从现在开始吧！

青春期是一个长达十几年的成长过程，在这个过程中会发生很多事情，会有很多你要面对的挑战和机遇。你并不需要负重前行，但要明白，为了体验生命的圆满和完整，必须从此时开始学会承担自己的责任。你要明白，面对外界的一切人、事、物，你需要自己做选择和决定。一切都是体验和成长的过程，而有准备的选择和成长会让你显得主动而从容。只有有准备的松弛感，才会让你享受到自由！

青春成人礼

你想过什么是成年人吗？《青春修炼手册》这首歌曲人们耳熟能详的歌词提到"装乖、耍帅，换不停风格""因为自信才能把我照亮""这舞台的中央，有我才闪亮，有我才能发着光"。这些都是青少年对未来无限的向往和期待。那么，什么样的标准才算长大成人呢？

我问过年轻人同样的话题，印象最深的一句话就是"成年人是自由、责任和创造的综合体，当可以同时驾驭这三者时，我就成人了"。这句话很理智，很全面。有人渴望自由，以为成年就自由了，却忽略了自由的前提是自律，只有真正自律才能真正自由。所谓自律，是可以为自己负责任，可以自己管理自己。成年人代表责任，就是真正担当起照顾自己的责任。带着这份负责任的自由，创造未来无限的可能。

我在青少年成长动力营和青少年导师班课程里，设计成人礼和接受祝福的仪式，让学员体验成人的庄严感和神圣感。古代孩子十几岁时，不论男女都把头发扎起来，家人会举办庄严的仪式，让孩子明白要为成人做准备。

现在有些地方，如福建一些地方，12 岁生日是很隆重的。家族成员聚集起来，在盛大的宴会上，让 12 岁的孩子行成人礼。近年来，有些地方开始回归传统，也以成人礼教育孩子。有些学校会为年满 16 岁的学生举行成人仪式。在高考前，学校通过成人仪式激发孩子的责任感，让学生的高考复习更好、更有效。但是，如果只停留在形式上，走过场，没有真正进行心理建设，没有改变培养措施，那么仪式后一切照旧，孩子还是不洗袜子、不做饭、不理家务，仍然被父母精心照顾，哄着去学习，啥都不用管，生活回到原样，成人和独立遥遥无期。所以，有人终其一生都没有完成真正的成人仪式。

到了大学，很多人仍然被父母照顾。更有甚者，很多人结婚后都没有成人。心理学领域流行的词"妈宝男"，就是指那些生理上成熟的男人，结婚生子之后，还像妈妈的宝贝一样。这种现象屡见不鲜，不只男生，很多女生也是这样。她们看似已经长大、生理成熟到可以结婚做妈妈了，但心理上还是小女孩，停留在小女孩做梦的年龄。如此，社会上出现了许多有不同表现的"巨婴"，他们不能自食其力，一味躺平，以啃老为生。这些人生理上与妈妈分离，但心理上的断乳并没有完成。

近年来，随着物质条件越来越好，社会上又出现另一种趋势——心理幼稚化的能量卡顿和停留。很多四五十岁的人，心理年龄停留在未被满足的青春期，在天真地玩年轻，表现出许多与其生理年龄不符的特征，却无力承担相应的风险。社会的物质文明已经提高，人的生存条件更好，人们不需要艰难狩猎，随时面对生死存亡，不需要强行通过心理断乳来完成成人仪式。所以，很多人表现出在心理上不能真正独立。例如，有人成为单位员工之后，看个人心情，不开心就不工作了，不能兑现工作承诺。有很多企业负责人感到苦恼，一个人开着宝马车来应聘低薪工作，随时都会因为不高兴而开车走人。还有很多结婚生孩子，已为人父母的人，心理还没有成熟，根本不知道怎么陪伴小孩，对孩子教养缺失。这种现象林林总总，不胜枚举。

有前面讲的内容作为基础，你一定已经明确自己要承担责任、学会自律，在心理上必须长大断乳。所以，完成属于自己的青春成人礼变得非常重要。这个仪式是象征，是宣告："我将长大，我要自己承担生命的责任，为自己的生命负责。只有真正长大，才能担得起未来的责任。"

传说在公元前 3000 年，村落里每诞生一个男孩，所有人都会很开心。这个男孩被他的父母祝福，父亲每天去打猎，母亲每天在家里照料他。母亲走到哪里，男孩就跟到哪里。孩子在心里认为，母亲是我，我就是母亲，因为他还觉得自己在母亲肚子里，跟母亲是一体的。慢慢地，他一点点长大，会自己走路，有了很多要好的小伙伴。大家在村落里捉泥鳅、下河上山，玩各种游戏。

男孩慢慢长大，力量越来越大。有一天，他发现村落里的所有女人都在很神秘地搭建新的窝棚。某个夜晚，所有人都入睡了。半夜，他突然被剧烈的声音吵醒。母亲不停地喊："快起来！快起来！有人入侵我们村了！"这时，他看到一些戴着很大面具的野人冲进家里，面具上是狰狞的图案。野人从母亲怀里夺走了他。村里很多家庭，9～12岁的小男孩就这样被掳走了。那些野人背着男孩们走了很远的路，到了一座山上，将男孩们放在篝火旁。一群野人围着篝火跳舞，非常疯狂地吼叫。这些被迫离开家的男孩瑟瑟发抖，不知道应该怎么办。狂欢结束后，野人们把面具摘了下来，男孩们惊讶地发现戴着面具的野人原来是他们的父亲。他们大喊着冲向父亲。父亲告诉儿子："之前跟你一起生活的母亲，不是你的亲生母亲，你要跟我在这边生活一段时间，然后我带你去找亲生母亲。"一群男人带着这群男孩，在山林里学习各种生活技能，如砍柴、狩猎，教会他们基本的生活技能，还有各种关于大自然的知识。例如，在什么情况下要下雨、在什么情况下要刮风、怎么躲避猛兽等。山林里很多年纪大的老人，不断把这些经验传授给男孩们，男孩们在这种环境中慢慢长大，越来越适应环境。他们学会了打猎，不怕挨饿受冻，学会了制作船只和划船的技术，逐渐掌握了各种各样的生存技能，体格也非常健壮威猛，像他们的父亲一样。

有一天，父亲对男孩说："我也不是你的亲生父亲。"男孩很奇怪："谁是我的亲生父亲？"父亲说："有一天会有人带你去找亲生父母的。"男孩们充满期待。这一天终于到来了。所有的男孩都被告知，明天将有人带他们去认亲生父母。男孩们很兴奋，当晚睡得很安稳。天亮之前，他们被山林里年纪最大的老人叫醒了。一群人开始爬山，爬到很高的山上。慢慢地，太阳出来了，大家看得到大地，也看得到蓝天。当太阳升起，光芒万丈时，山林里最有资历的老人告诉男孩们：

"去看吧！天和地就是你们真正的父母。他们在养育着我们一代又一代人。他们给了我们源源不断的资源和能力，所以我们每个人都是天地的孩子。从现在开始，我们就要回到自己的村落里，好好过自己的人生了。从此以后，你们就是男人了。"这些男孩被授予了男人的标志，下山离开锻炼了他们的山林。当他们浩浩荡荡地回到自己的村落时，村里的那些老人和母亲们都出来迎接。现在，他们已经变了很多，身上穿戴着各种各样的装饰。男孩们看到自己的母亲，刚想跑过去拥抱，母亲就非常伤心地喊："我的儿子死了，我的儿子死了，他变成男人了！"男孩心里非常难过："我的母亲不认我了，我再也不是他的儿子了，此刻我是男人了！"

当他们重新回到自己家里，重新回到这个村落时，他们有了新的身份，不再是小孩，不再只是父母的孩子，而是回到了自然之子这个身份中。残酷的生活环境逼迫他们成为可以照顾自己的男人，这样他们才能保护女人和孩子生存下去。所以，他们以真正男人的身份开始生活了，他们出去狩猎，与心爱的女人组建新的家庭，生下孩子。有一天，他们也会带着儿子回归山林，在那里训练儿子，直到他们长大，再带回来，让儿子也成为真正的男人。

生命就是这样，从遥远的过去延续下来，直到今天。这个故事像神话一般，它的寓意就是男人成人的含义。

让我们再来看一看女孩在古老的过去是怎么生活的。

传说在公元前 5000 年，某个村落里诞生了一个女孩，这个女孩的到来给父母带来很多喜悦。接生婆满脸欢喜地向所有人宣告某家生了一个漂亮的女孩。当这个女孩睁开双眼面对世界时，她的父母都守在身边。母亲用乳汁哺育她，陪伴她成长。女孩一百天时，父亲送给她几份礼物：一缕父亲的头发，代表父亲永远支持女儿现在与未来的成长；一台小纺织机，寓意女儿将来可以有一种技能养活自己，可以生活下去；一个多子碗，这个碗里画着很多小孩，象征这个女孩有女性的特点，以及与女神的关系；还有一枚硬币，祝福女孩将要过上非常富足的生活；最后还有一杯泥土，寓意女孩来到世界，同时拥有天地自然所有的丰盛资源，取之不尽，用之不竭。

这些礼物都象征成年人对孩子的祝福。从古至今，所有长辈都会把最美好的祝福送给自己的孩子，因为孩子代表希望和未来。所有的种族在传承过程中，都会把最好的东西送给后代，同时传授给孩子活下去的技能。家族里的老人是非常被尊重的，因为他们代表智慧，代表历史传承和记忆。所以，这个女孩来到世界后，她得到了非常充分的爱。母亲在陪伴她长大的同时，教会她各种各样的生活技能，教她梳头发，教她摇纺机，直到她能织出美丽的布匹，能做出美味的食物。女孩 13 岁时，村里所有同龄的女孩都被带到当地最有名的月亮神庙里。月亮神庙里供奉着月亮神，里面有一些做服务的义工。大家为这些女孩提供非常舒适的生活环境，等待女孩月经初潮的到来。为月亮神庙服务的义工细心地陪伴着孩子们。她们告诉女孩月经初潮是什么，意义是什么。孩子们就这样在神庙里，一边学习，一边服务，一边做着长大的准备。

直到某天，生命中的第一次月经到来了，整个神庙都为来月经的女孩庆贺，大家在她的颈项上挂满鲜花，送给她很多精美的礼物，为她举办盛大的晚会。所有人都来恭喜她、祝福她，恭喜她从此成为女人，有了可以繁衍生命的能力，有了可以哺育生命和滋养生命的能力。女孩被抬到神庙精心布置的中心场地里，坐在那里接受长者的祝福。神圣的庆典之后，女孩们回到了自己的家里。当她们再次回到家里时，已不再是之前那个懵懂幼稚的小女孩了，她们变成女人了，正式接过母亲手中的纺机，坐下来纺线织布，开始做饭，料理家务，学会照顾自己和服务他人，开始承担属于自己的责任。

女孩在族群中的地位和影响，因为这个重要的仪式被确认。她们新的身份是女人，从此可以像母亲一样为世界孕育、抚育、滋养和服务。她们遇到从山林中成长磨炼回来的男人，男女结合后，新生命出现。家族的生命就这样又一次延续下去。子子孙孙，一代又一代的传承就这样完成。

这是发生在很久以前的关于成人的传说故事。除此之外，某些西方原住民的成人仪式也很有意思。据说，加拿大某些地区的原住民在成人礼给孩子具有挑战性的任务，把孩子在生日之前丢到荒野里。大人告诉孩子："假如两天之后你还能回来，说明你可以活下去；假如回不来，你就被自然淘汰了。"在那两天里，孩子们独自待在荒野中，跟恐惧、野兽、黑暗、饥饿等在一起。两天之后，只要他们能从河里划着船回来，就说明他们已经经过了生存考验，有资格接受独特的生存洗礼了。

如今有很多父母用心为孩子准备成人仪式。例如，一群好朋友举办一个庆典，给孩子献上美丽的衣服或礼物，跟孩子一起唱他喜欢的歌，一起表演成长过程。所有人都会告诉孩子："恭喜你已经长大，恭喜你可以成为为这个家族做贡献的成员。"这是现代版的成人仪式之一。

有的父母给男孩具有挑战性的任务，将其作为成人的考验仪式。例如，当男孩 16 岁时，同龄男孩家庭的父母，一起开会商量，为男孩布置一个有难度的任务。例如："我家后院很大，请在你们的生日之前，建造一个有水的花园。"邻家父母给孩子的任务可能是："后院的园子里需要一套灌溉系统，运用你学到的一切知识，设计一套灌溉系统。能完成任务，就证明你们已经成为男人了。"

男孩们得到父母支持，不断地完善设计方案，并具体施工。在生日到来之前，他们的任务完成了。他们带着父母去自己的花园里参观，讲解花园里的植物，展示设计好的灌溉系统。这个完成过程并不容易，孩子们用坚持和努力向大家证明自己长大了，可以用双手为生活创造新的东西，承担自己的责任。这样的成人仪式也有创意，但与古代人的做法相比，要温和得多、文明得多，挑战也小得多。

不同时代，不同的成人礼，无一例外都是在提醒每个人：成人就意味着每个人有能力面对考验和挑战。在生活中，只有主动迎接不同的挑战，证明给自己看，才能让自己相信，自己已经成人了。很多年轻人分享过自己的成人仪式，最有意义的是生活考验环节；虽然成人仪式中没有猛兽和敌人，但有助于他们应对现代社会看不见的压力，同样考验着他们的生存能力。

看到这里，你是羡慕，还是期待呢？你经历了怎样的成人礼？成人礼对你的意义是怎样的？你还有迎接挑战的冲动吗？你期待经历怎样的成人礼？与父母一起策划一个属于你的成人礼吧。

| 第三章 |

大手小手一起走——与父母相处

与父母的有效沟通

我不记得爱过自己的父母。小时候怕他们，大一点开始烦他们，再后来就是针尖对麦芒，见面就吵，再后来是瞧不上他们，躲着他们，一方面觉得对他们有责任，应该对他们好一点，但就是做不到，装都装不出来，再后来，一想起他们心里就难过。

——王朔《致女儿书》

作家王朔描写他与父母的关系，怕、烦、吵、躲、难过，这几个词把人间绝大多数的亲子关系的不同阶段写绝了，太有代表性了。虽然他生活在 20 世纪 70 年代的军营大院里，长至 10 岁才从保育院回家，跟我们这个时代有很多不同，但"有话好好说"的困难，看起来是跨越时代的通病，到了 21 世纪的今天，仍然是很多家庭求之不得的一种奢望。

青少年在一起时，非常开心地互相打闹、嬉戏、煲电话粥，有说不完的话。一转眼，面对父母，他们立刻脸部冻僵，一脸愤怒和嫌弃的情绪，拒父母于千里之外，让父母手足无措。父母大气都不敢出，一副讨好的模样，又让孩子感觉父母假模假式，更加难以沟通。于是，亲子之间越来越厚的冰山就这样形成。

我的邻居家有一个青春期的男孩，伴随孩子长大的过程，家里的语言战争从未停息。夜深人静时，我经常听到孩子暴躁地大喊："不要你们管！"接下来是父母高分贝的咆哮声，还有东西碎裂的声音，一场战争就这样开始了。我每次在路上看到那个男孩，总发现他一脸阴郁。他的父母总是抱怨孩子越大越不听话，管不了。

青春期遇上更年期，这种日子真的非常考验人，家里人人都不好过。回想自己当年的青春期，我也有过这样的时候，不知道为什么心里就是有怒火，别人一句话听不顺耳，怒气马上就来。这真的应验了"一言不合，拔刀相向"。当然，刀并没有拔出来，但说话的口气、愤怒的情绪像刀一样冲出去，语不伤人誓不休。这样的情绪一定会引起别人的对抗。如果是父母，他们就会感觉自己的权威受到挑战，感觉孩子不听话，没礼貌，不孝顺。他们会被激怒，用更大的声音来压制、训斥孩子，维护他们的权力。结果，双方战火升级，恶语相向，哪句话难听说哪句，直到把怒气宣泄出去，吵得不欢而散，各自受伤流泪，心里结下怨恨，各自孤独疗伤。其实，他们的伤口不会痊愈，只不过是把各自的情绪压下去，成为下一次交战的燃料。

有很多父母说："我很害怕跟孩子沟通，我每天都要观察他的脸色。一言不合，我就得闭嘴，不闭嘴可能当天日子又不好过了。"同时，孩子也很辛苦，感觉天下之大，却容不下自己。他们认为，没有人听得懂自己的话，没有人能听自己好好说话。大人不是说教，就是训斥，或各种威胁。于是，他们逐渐关上自己的心门，不再与父母沟通，因为一次次的失望让他们明白跟父母沟通彻底失效，"躲着走"

的阶段真正到来了。记得妹妹青春期时，我们家每天吃饭的氛围是非常紧张的。本来大家随便聊天，气氛挺好，妹妹突然把筷子"啪"地摔在桌上，起身走了。剩下的所有人面面相觑，不敢出声，不知道是哪句话说错惹到了她。然后，她若干天保持沉默，大家都绕着她走，怕她下一次再无缘由地爆发，带来彼此的伤害。唉，压抑的青春期、纠结的青春期啊，孩子内心有多么纠结、多么混乱，才会活成那个样子。父母们完全不知道怎么对付这种复杂的情况，对孩子打不得，骂不得，怎么办呢？

孩子们在学校也是同样如此。他们感觉老师跟家长差不多，不能理解自己，同学也特别幼稚，跟他们没话说；成绩、各项活动，都会让自己觉得自己干什么都不行。这种压抑常常变成不经意的愤怒爆发，伤人伤己。

我在前面分享过，愤怒是内在激素分泌，冲击头脑和绕过头脑控制的冲动过程。冲动的人往往事后后悔和内疚，更深地否定自己，让自己进入自我否定的低频循环里，时间久了会越来越孤独、越来越辛苦。

到我咨询室的同学经常有以下两种情况。

一种同学是被父母或老师逼着来的。他们的状态通常很糟糕，大部分弯着腰，不抬头，不睁眼，随便大人在旁边说什么。他们就是"我就这样了，你能拿我怎么样"的状态。每遇到这种情况，我不会像他们的父母那样，让他们一定要说话。我只是坐在他们旁边，跟他们保持同样的姿势，陪他们一会儿。当我保持与他们同样的姿势时，即刻可以感受到他们内心的感觉。我只负责把孩子的内心状态描述给父母："虽然你的孩子没张嘴说话，但我能感觉到他内心的郁闷、愤怒、失望和绝望。他曾经尝试跟你们交流过，但效果不好，你们没听懂。

他对跟你们沟通越来越没有信心，所以他关上了心门。现在他不说话，但实际是在用身体告诉我们：我不想理你，我对你没有信心；同时，我内心很孤独，渴望有人能引导我，有人可以支持我。"当我这样翻译孩子的内心状态时，他们的父母都会惊讶我是怎么做到的。他们的孩子慢慢发生了变化，他的身体开始移动，会看我一眼。当他的眼神瞟向我时，我会问他："你已经听懂了我说的话，你知道我是懂你的。你愿意带着好奇心，和我一起进咨询室聊一聊吗？"有趣的是，98%以上的同学会跟我进咨询室，开始我们的对话。这时候，有话好好说就会带来我对他们的帮助了。我听懂了他们的身体语言背后真正的需求和渴望，我将其一语道破，融化了他们内心的坚冰。

另一种同学是主动来找我的。不管他们跟别人沟通多么困难，只要他们信任我，愿意主动来找我，两个人滔滔不绝的沟通就开始了。他们愿意把秘密告诉我，会很兴奋，这世界终于有人听得懂，终于有人可以引导他们了。当我们建立了信任关系时，他们就可以快速得到帮助，变得轻松。他们离开咨询室时，带着坚定的目标和方向，曾经的困扰已经转化为成长的资源了。这就是高质量的沟通。吼叫、冷漠，甚至深层的抗拒，只会推开身边的人，让自己更加孤独，那是无效的沟通。每次有效的沟通之后，我都会告诉对方：实际上，父母真的不太懂我们，毕竟他们不是学心理学的，他们还停留在自己的年代里。如果我们的语言传达的信息太有冲击力，对他们挑战太大，他们接不住，可能真的听不懂，所以我们需要训练有话好好说的能力。毕竟我们比他们年轻，比他们容易接受新信息，比他们更容易改变。

什么是有话好好说呢？下面列举一些你经常说的话，从深层解读你的内心需要，再换一个说法，看一看有怎样不同的效果。

（1）"你别管我！"这句话表面是对抗，深层想说的是"我长大了，我需要一点自己的空间，请你给我一点空间和自由"。这样的解读符合你内心真正想表达的意思吗？假如这样和父母说，他们会不会更容易听懂？你把自己想要的告诉他们，才能推动他们与你一起讨论，怎样的空间和自由更适合你，是吗？这才是有效的沟通。

（2）"别把我当小孩！"这句话背后真正想表达的是"我已经长大了，我需要你对我平等和尊重"。你把自己的需求表达出来，而不只是发泄怒气，这才能让父母明白你真正想要的。然后，你再与父母坐下来讨论怎样才是你希望要的平等和尊重，这不是直奔主题了吗？

（3）"我们的老师非常势利眼，偏心，我瞧不起他。"这句话里有强烈的愤怒，我来翻译，你真正想说的是"我们老师只在乎学习好的人，我被忽略了，我很愤怒，也渴望得到关注"。每个被老师忽略的学生心里都有一种失望和痛苦。但是，这样的评判只会在内心跟老师对抗，不如找机会跟老师聊一聊："我很羡慕成绩好的同学得到你的关注，他们有机会被你提问，与你互动。我也有我的特点和优势，想请老师给予肯定。"当你这样说时，老师会把你推出门去吗？你不再与老师赌气，他会感受到你对他的尊重，当然愿意帮助你了。所以，亲近的师生关系也是由自己通过与老师沟通决定的，不是吗？

（4）"哎呀，这个世界糟透了，到处都是阴暗面。"你这样说，父母、老师会批评你太消极，马上教育你，告诉你世界很光明。实际上，你真正想表达的是"我很想了解真实的世界，我不只想看到世界的黑暗，我也想看到其他的画面，我渴望看到世界的光明"。呵呵，不要说我是你肚子里的蛔虫，比你自己还懂你。我知道，你一点都不消极，你是非常积极的人，你愿意为光明的世界主动做事，贡献自己的力量。

上面对几句话的翻译，一定对你有启发。有话好好说，是把自己真实的需求和期待告诉对方，让对方明白自己真正想说的、想要的，这样才能满足自己的需要。

这样的表达就是有效的、高效的沟通，你可以现在就去练习一下，说出你内心最想说的话。

父母感情不和，我应该怎么办

萌萌高二了，在一所重点高中的重点班。她的成绩一直都好，是一个活泼的孩子，很受同学们欢迎。可是，最近两个月，她的状态越来越差，完全打不起精神的样子，让老师很担心，提醒她的父母带她看心理老师。在父母和老师的再三劝说下，她来到我面前。我观察她跟父母互动的情况，对她出现这种状态的原因猜得八九不离十。我用几句自我介绍吸引了她。来到咨询室之后，她急迫地问我："我爸出轨了，怎么办？""他们两个感情不和，怎么办？""要是他们离婚了，怎么办？"

萌萌在三个月前发现爸爸用手机与另一个女人暧昧。然后，她顺藤摸瓜，抓到了与其他女人私会的爸爸，让爸爸难堪。但是，她没敢告诉妈妈和任何亲人，她害怕妈妈受不了，害怕自己和弟弟从此失去家的温暖，更不能理解为什么一直爱家的爸爸会干出这种丑事。她太痛苦了，所有的压力都一个人扛着，所以根本顾不上学习。她每天在各种恐惧和混乱中挣扎，说自己快崩溃了、快疯掉了，受不了了。

无独有偶，像萌萌这样的孩子太多了，他们卷进父母的情感纠纷中，顾不上学业，无力处理这么复杂的问题，急需得到成年人的帮助。这也是他们在成长中非常需要得到的引导——如何看待父母情感不和？如何面对父母婚姻中的各种困扰？

假如父母感情不和，或已经离婚，我想你一定很痛苦。也许在他们感情不和却继续相处的过程中，你一直有一个心愿，想推动他们复合。你一定经历了恐惧、委屈、愤怒等多种情绪，尝试用各种方法拯救他们。你可能会把爸爸拉回家，或把妈妈带到爸爸面前，促使他们和好。每个孩子都希望爸爸爱妈妈、妈妈爱爸爸。因为他们相爱了，就会有一个温暖的家。但是，你发现，无论怎么做，都没办法帮助两个大人和好，怎么办呢？

当你做这些努力时，发现他们两个人或其中一个人太过分了、太糟糕了，也许是家暴，也许是冷漠，也许是无能，也许是无理取闹，也许是婚外情……你会不知不觉地倾向于爸爸或妈妈一方，你也许会陷入想替他们做主的拯救者心态里。你会建议他们："既然不爱了，为什么还在一起？""既然不爱了，干脆就离婚吧！"也许，他们说是为了给你一个完整的家，要不是因为你，他们早就分开了……这些说法会让你陷入深深的自责，好像掉进了羞愧的深渊："为什么这个锅要我来背？你们过得不好，都是我的错！"

你在潜意识里不断地批判自己，也许没办法专注读书，心事重重，做什么都提不起兴趣，也许顿感孤独，再也没办法跟同学一起欢笑嬉戏，因为你知道自己的家已经与幸福无缘了，自己从此要独自啜饮这份痛苦。毕竟，跟同学说这种事是很没面子的。你强装笑脸，甚至编造谎言，告诉你的同学，你有一个多么幸福的家，你的父母多爱你。在同学羡慕的眼神里，只有你知道自己的心里在流泪、在滴血。从此，你不再相信爱情和婚姻，不再爱自己。

孩子，我知道你内心对温暖的、幸福的家的渴望，我知道你内心对父母的愤怒和绝望，我知道在你的意识和潜意识里，有意无意地在做各种牺牲，想拯救这个家，拯救你的父母。在无奈中，你能做的就是把自己逼到羞愧和自恨的循环中，绞杀自己的生命。

我想对你说：孩子，停止这种无效的、盲目的爱吧，停止潜意识里的自我伤害吧。因为，这一切不是你的责任，这一切与你无关！

不管父母现在是否离婚，或者争执，甚至打架，你都要明白的是：所有这一切都不是你的错！父母打架不是你的错，父母吵架也不是因为你不够好，父母离婚更不是因为你做得不好或成绩不好。这只是他们两个成年人不懂得爱，不懂得婚姻，不懂得相处。这是他们在成长中欠缺的能力，这是他们在人生中要补的功课，跟你无关！

你要清楚，父母与你是两种不同的关系，他们两个人是夫妻关系，你跟他们是亲子关系。夫妻是成年人之间的关系，是家庭中第一位的关系，是需要两个成年人共同经营和维护的关系。这种关系没有血缘相连，是可能断的，是可能分开的。

你与他们两个人是亲子关系。你与他们是血脉相连的，是世界上唯一永恒的，不可否定、不可改变、不可替代的关系。所以，他们可能不是唯一的夫妻，但是你唯一的永远的父母。不管他们是否在一起，你与他们都是永远在一起的。他们传给你的生命、爱、力量，所形成的生命之火，是你永远的财富和资源。所以，你不需要介入他们的关系，更不要怨恨自己。作为孩子，你只能尊重两个大人，体验和经历他们之间的关系，你是没有资格指责、评判、说教他们的。因为，他们是大的，你是小的，你只需做接受生命的孩子，接受他们给予你的无限生命之火，把你自己的人生过得精彩，是你唯一的责任。

你可以在心里想象着父母在对面，你在他们面前蹲下来，从一个孩子的角度去看他们，然后在心里对他们说："你们是父母，你们比我大，无论你们之间发生什么，你们永远都是我的父母。虽然我希望你们能有好的关系，希望有一个温暖的家，但我知道我没有资格要求你们、改变你们。所以，无论你们的感情怎样，你们永远都是我的父母；无论你们的感情怎样，我都尊重你们。"

当在心里完成这样的沟通之后，也许有很多委屈出来，你要允许自己的眼泪流出来。你说完这些话，内心的愤怒和委屈都流动之后，就会得到平静和安宁。然后，你可以把父母的责任还给他们，你只要知道自己是被父母爱的孩子这个事实就够了，其他的都与你无关。你没有犯任何错，你是最好的孩子，你不需要拯救他们。你只需把注意力放在自己身上，为自己学习，为自己负责，去设计每天的生活，提高自己做事的效率，有足够的自信。当你能为自己创造温暖和谐的感觉时，就不再依赖父母了。你现在已到青春期，在心理上已经是成年人的准备状态，更可以慢慢地学会照顾自己。哪怕父母给不了你想要的安全和温暖，你都可以照顾好自己，照顾自己内在的潜意识，让它觉得足够安全和温暖。

所以，放下对父母的期待，也放下觉得自己做错事的自我否定。父母感情不和是大人的事，与你无关，你做自己应该做的事就好了。你应该带着平静的状态好好学习和生活，把父母的责任还给他们。无论在怎样的环境下，你都可以健康茁壮地成长。

当你需要支持时

亲爱的朋友，当你翻开这一页时，可能是被这个标题吸引来的。是的，最近你可能觉得很无力，也许在学习上遇到挫折，也许在跟别人打交道的时候觉得失败，甚至觉得自己无力支撑下去了。所以，你可能会好奇，这个部分会带给你怎样的营养，在这个加油站会获得什么新的能量。你来了，就让我们开始吧！

找一个舒服的地方躺下来，或坐着，让上身保持挺直。你可以闭上眼睛，保持顺畅呼吸，让呼吸带着你快速放松下来，让心里代表放松的颜色自然地蔓延开来，让潜意识又一次陪伴你去体验。

在放松的内在里，你可以看到一个无助的、无力的孩子，他是你内心的自己。你看到他在辽阔的天地之间，显得很无助、很迷茫，甚至有些虚弱无力。他发现自己没有自信，不够勇敢。他发现自己说得多、做得少，说的总是做不到。他发现自己那么缺乏力量。

不要责怪他。是的，他只是想用这样的方式去体验无力的感觉，同时在想潜意识今天可以怎样帮助自己，让他得到自己的力量。当他这样想时，潜意识就不知不觉地开始帮助他了。

不知不觉间，太阳挂在天上，温暖的阳光照射下来，金黄色的能量覆盖全身每个地方。太阳就这样笑眯眯的，什么都没说。这个无力的孩子在不知不觉间打开自己，那是全然开放的状态，就好像每个毛孔都打开一样，贪婪地吸收着太阳金色的、温暖的能量。

你开始敞开自己的胸怀，扩展自己的胸怀，让太阳的能量从头顶，从脸上、肩膀上、后背上，源源不断地进入身体里来。阳光带着天空父亲的所有能量，在你的体内流动，在你的内在开始扩散，补充干瘪的细胞，让你一点一点地充满能量。你大口地呼吸，贪婪地吸收着太阳的能量，不知不觉间充满了力量。与此同时，你脚底的涌泉穴吸收着大地的能量。大地母亲的能量从你的脚底流经小腿、膝盖、大腿、髋关节、腹部、胸腔，向上流动，越过脖颈，进入大脑。大地的能量是深沉的，它们快速地流经你体内的每个部位，充实每个细胞，带给你源源不断的、厚重的能量。你的身体不由自主地张开，吸收着大地的能量，干瘪的细胞涌进了很多厚重而踏实的能量。你内在的那个瘦弱的、虚弱的小孩，在一次又一次呼吸中打开胸膛，张开自己的臂膀，开始感受由下而上的力量，由下而上的力量交织着由上而下的力量。上上下下的能量在你的体内冲撞、流动、互补，滋养着你。不知不觉间，你的身体挺直了，肩膀挺直了，力量不知不觉间就进入身体了。

与此同时，想象在你的身后，父母将他们的手放在你的肩膀上，将能量源源不断地传给你。你的肩膀变得越来越热，越来越温暖。在他们的身后还有爷爷奶奶、外公外婆、爷爷奶奶的父母、外公外婆的父母……一代又一代的祖先，他们都在你身后，源源不断地把家族的力量通过双手传递给每个孩子，最终传递到你的体内。你只要自由呼吸就够了，深深地大口呼吸，让家族的能量进入你的每个细胞。

不知不觉间，你好像长大了，扩张了。你好像真的变成天地之间一棵有力量的大树了。你的脚扎在土地里，头顶伸进天空，后背连接一条源源不断的河流。在天地之间，河流滋养着你，阳光哺育着你，大地支撑着你。你只要吸收能量就好，只要呼吸和感受就好。这些源源不断的能量进入你的身体，滋养和陪伴着你，让你开始充满力量与自信，让你瞬间变得强大。这就足够了。是的，你好像来到生命加油站，油加满了，能量回来了，力量充实了，所有的枯竭感觉成为历史。你又一次被唤醒，又一次知道自己是谁了，又一次知道自己为什么要来了，又一次知道自己的潜意识在提醒你。别急，再做三次深呼吸，深呼吸可以帮助你很好地整理，深呼吸可以让你很好地沉淀，深呼吸可以让你把得到的能量带到更深的记忆里。你做完三次深呼吸，慢慢地睁开眼睛，回到现实中来，迫不及待地想开始新的历程。

实用技巧：与父母和解

我在前面分享过，在青春这条路需要的三大营养和三大资源里，都包含着我们跟父母的关系。假如我们是一棵树的话，那父母就是树根；假如我们是一朵花的话，那父母就是扶持花的底层土壤；假如我们想让自己的青春路走得更顺畅，想有更多的收获，那我们跟父母的关系就是一个非常重要的成长课题。

有很多同学内在郁积了很多情绪，会莫名其妙地冲父母发脾气，忍不住跟他们对抗；不管他们说什么心里都很烦，只想说不，想说不要让他们管。每次看到妈妈婆娑的泪眼，他们又会内疚、自责，但下一次又会忍不住发作。他们有时候评判父母，期待父母关系更好，觉得爸爸没能力，或妈妈太啰唆。他们内心积压了很多对父母的看法和不满，常常会变成怒气发泄出来。但每次发泄后，他们又会觉得后悔，责备自己："怎么这么不孝呢！父母辛辛苦苦把我养大，他们都是为了我好，我怎么能惹他们生气呢？"也许，这样的对话一直在内心折磨着你，你也不知道发生了什么。为什么小时候那么爱父母，现在却觉得他们变了，变得俗不可耐和无比落后。

实际上，父母没变，是你变了。因为你看他们的视角变了，因为你这个生命已经发生变化了。小时候的你是完全无助的，完全依赖和需要父母，依赖他们安全的呵护才能活下来。现在的你快速长大，看问题的视角发生了变化。你具有了独特的思维，有了自己一套全新的想法和信念，以这套全新的想法和信念跟父母面对面时，你会发现你们各自都已经不一样了。这个不一样，让他们变成你理想父母的希望落空了，你失望了。所有青少年都希望自己的父母是善解人意的，像朋友一样平等与和善，能给自己提供所有的资源，并包容自己所有的缺点。你心目中的理想父母是不是这样呢？

但是，现实中的父母往往是有很多缺点和不足的人，他们正面临人到中年各种各样的压力。当然，他们也有各自的人生局限。当你用理想父母的标准来评判他们时，他们一定是不合格的。你越来越有力量，比他们见识还广。在时代潮流里，你比他们懂得多、了解得多；你比他们学东西快，他们好像越来越落后。当他们距离你的理想父母标准越来越远时，你可能会生起瞧不起他们的心。这瞧不起的背后，其实是你希望他们能继续引领你的渴望落空。你希望他们比你分数更高，能带领你。但是，父母确实到了中年，学习能力已经开始下降，怎么办呢？

你的父母就是这个样子，他们不完美，甚至有很多缺陷。你改变不了他们，改变四五十岁的人，跟改变自己相比，哪个更容易呢？你只有十几岁，他们已经四五十岁了，你想改变他们一定很难。只有自己想改变，他们才会主动快速地发生变化。所以，我的课堂上有很多成年人，就是因为受到青少年的挑战，发现再不学习就跟不上了，他们改变的速度很快。但是，即使这样，父母可能还是不如你所愿，怎么办呢？

你改变不了父母，没办法把他们变成理想的父母，那就得接受现实，接受父母给予自己的本质的生命、力量和爱。当我们能得到本质的力量和爱时，我们就可以更有力量，就有力量走向更美好的未来了。

我分享的技巧需要你用身体来做，需要你去体验。当你跟父母站得一样高时，内心和身体的感觉怎样？当你把自己放低时，又会怎样？当你重新回到孩子的状态时，又会怎样？当你在父母面前懂得鞠躬，懂得接受和臣服，真正低头，放松自己紧张的身体时，又会怎样？

你要不要试试呢？我猜你很期待得到父母给予的爱，带着足够的自信和力量走向未来。你太渴望走向未来了，与其渴望，不如现在就行动。接下来，我来示范怎样"接受父母"。

现在，我以一个成年人的身高看着父母。我发现我跟妈妈差不多高，我感觉到妈妈很弱小。我发现爸爸也没有我想象的那么高大。我觉得自己很有力量，心里对他们充满看法，觉得他们不再像我理想的父母那么完美、那么高大。我很失望，很愤怒，更没有力量。现在，我要体验一下接受他们的不完美会怎样。我将膝盖弯曲，蹲下来，面对父母。当我蹲下来时，父母变得高大了；当我蹲下来时，我变小了，父母变得有力量了。我试着让自己更低、更矮一点，坐下来，变成一个小孩。现在，我再去看父母，他们又回到原来高大的样子。他们就这样保护我、支持我、照顾我，我为成为他们的孩子感到开心。我想靠近一点去摸摸他们的脚，摸摸他们的腿，重新成为一个顽皮的小孩。我突然变得开心起来，突然觉得父母还是最好的父母，我变得又有力量了。

我带着这种感觉，再次回到现在的样子，重新看着父母。我对他们说："亲爱的爸爸妈妈，你们是我唯一的、最好的爸爸妈妈，也是最有资格做我爸爸妈妈的人。感谢你们把生命传给我，里面包含所有的力量和爱。你们给我的，我全部收到；你们没给我的，我会自己去创造。我向你们承诺：我会好好地珍惜我的生命，好好地活着。我会做很多好事，我会实现梦想，让你们以我为荣。谢谢你们把我培养长大，请求你们祝福我。你们是大的，我是小的，所以我没有资格评判你们，也没有资格改变你们。我能做的就是让自己长大，过自己的生活。所以，请爸爸妈妈祝福我。爸爸妈妈，我爱你们。"

我用自己的身体表达请求和祝福，接受爱。我垂下头，脖子也放松下来，整个上半身全部放松下来。我用这样的姿势对父母说："是的，你们比我大，我小。你们是我最好的、唯一的爸爸妈妈，你们给了我你们能给的一切。我是你们的孩子，是你们带我来到这个世界的，感谢你们给了我最宝贵的生命。我接受你们给我的一切，也接受自己的命运。同时，我准备好好地长大，一定要实现自己的梦想，请你们祝福我。现在，我知道自己是谁了，我也知道背后的支撑是谁了。"当我靠在父母身上时，我知道他们一直都在，永远都在。当我得到了这份力量和爱时，我觉得足够了，我觉得一切都值得了。同时，前方的梦想在吸引我、召唤我，我再也忍不住了，大踏步地走向未来！

冥想：如何跟父母相处

有很多同学跟我分享，说跟父母很难相处，总是跟他们发生各种矛盾。每次发生矛盾之后，他们内心又很痛苦，责怪自己对父母不孝，同时又觉得委屈，觉得自己并没有做错什么。所以，很多同学问我："老师，这个时候怎么办，我怎样可以冷静下来，跟父母有和谐的关系呢？"如果你有这样的困惑，接下来就跟着我用冥想的方式一起去探索，好吗？我们来看看和父母之间有怎样的关系更恰当。

在开始之前，先喝几口水，以最舒服的方式坐着或躺下来。你的潜意识早就盼着让你自己独处了，早就盼着来陪伴你，进入更深的内在去探索了。我们准备好，就开始这一趟探索之旅吧。

把双手张开，放在分开的两条腿上，让自己可以顺畅而放松地呼吸。在每次向外呼气时，让肩膀垂下来，同时带动身体的每个部位垂下来。感受这种安全而舒服的感觉，好好地感谢潜意识，它这么快就能帮助你放松，照顾自己了。我们又一次邀请潜意识，请求它带领我们去探索：在我们的内心如何跟父母相处，才是最有效的关系呢？

　　当你发出这个邀请时，内心可以看到一幅画面。画面中是你最在乎的、心里一直最爱的父母。是的，你看着他们，他们两个人在你内心是一种怎样的关系呢？他们两个人面对面，还是背对背，或并肩而立。你要看清楚两人的关系。不管怎样，你都要带着好奇继续去探索。当你在心里可以看到父母时，再去看一看自己在哪里。你在他们的前面、旁边，还是后面？你的眼睛跟他们的眼睛有目光交流吗？你和他们的视线谁高谁低？父母的视线比你高，还是跟你一样高，或他们的视线比你低？对，让自己在心里慢慢看清这一切。你一边看，一边就会有越来越多的发现，发现你心目中的父母是怎样的关系，他们是亲近的还是疏远的，他们是和谐的还是对抗的。

　　我猜，当你发现父母是和谐的时，你的感觉会放松很多。当你发现他们是对立的或非常远的、疏离的时，你的心情就会有些沉重。是的，你同时发现，当他们的关系很和谐时，你跟他们就容易进行目光交流。你甚至会发现他们比你高大得多。你看他们需要从低处向高处看，你觉得父母显得很高大，而你觉得自己很小，自己比他们小。也许，当他们关系不和谐、对立或疏远时，你发现自己好像比他们高，你的视线好像要高过父母，甚至有一种俯视他们的感觉。这些发现都很有意思，你不需要去评判，只要看到就好。

　　接着，在潜意识带领下，你继续想象在父母身后分别站着他们的父母，也就是你的爷爷奶奶、外公外婆。不管父母现在的关系如何，他们每个人都有自己的父母。所以，每个人都是他们的父母的孩子，你的父母也不例外，他们也是他们父母的孩子。你在心里看到站在父母身后的他们的父母。当然，你看到在他们的父母面前，他们都变成了小孩，爸爸是爷爷奶奶的孩子，妈妈是外公外婆的孩子，他们两个都变成了自己父母的孩子。你看到这个画面时，感觉怎么样？我猜你会有一种突然放松的感觉。因为你好像看到了一个更大的画面，那就是在你心目中成熟的父母，或幼稚的父母，或有能力的父母，或很无能的父母，他们都是他们父母的孩子，他们都是有根的人，他们也都是被照顾、有人爱的人，他们都是有爱的孩子。

你看到父母给你生命，而他们也是子女。你会突然觉得释然，也许有一个声音从内心冒出来："他们有人管，不需要我操心。"是的，他们有他们的父母照顾，他们不需要你替他们操心。当有这个发现时，你再次看到父母在自己的面前变得高大，而你很自然地让自己的身体慢慢地蹲下来，让自己变小、变矮。你在父母面前重新成为一个小孩，你向上仰望，看着两个高大的人。而当你重新成为孩子时，从孩子的角度去看父母，你又一次感受到他们的力量，甚至是强大的感觉。当你知道有这样的父母把自己生下来，照顾自己长大，还会继续陪伴自己时，你就会突然感到很安心、很安全了。你甚至不由自主地想深呼吸，你的身体感受到由内向外的放松。

当你从低处仰视父母时，就会突然有一个令你很惊奇的发现：终于知道我是谁了，我除了是自然之子，还是父母的孩子。我是被父母一起带到这个世界来的爱的结晶。所以，不管他们有多么不完美，不管他们跟我理想中的父母有多大差距，他们在本质上都已经给了我生命，这就是最美、最宝贵的礼物。他们能做的已经完成了。当他们把生命给我时，也就给了我活下去、继续成长的机会。他们没给我的，我可以自己去创造。我应该放下对完美父母的期待和渴望。我要在这个不完美的世界里创造自己心目中完美的生活。

这个发现会让你如释重负，突然变得无比轻松。

是的，我知道跟父母应该怎么相处了。既然他们生了我，就是我永远的父母；既然他们比我先来，就值得我永远尊重和敬爱。而尊重和敬爱他们最好的方式，就是好好珍惜自己的生命，好好地过每一天，用自己的生命去创造自己想要的未来。父母没给的，我可以自己去创造。是的，放下对他们的抱怨，也放下内疚和自责。父母能给的就这么多，接下来就要看自己的了。

这个念头一起，你就发现自己不由自主地从地面上站了起来。你站在父母面前，恢复现在的身高，可能跟父母差不多或超过他们。这些都不重要，因为你的决定已经非常明确了——带着父母的爱和祝福，去做自己。在临行之前，你深深地弯下了自己的腰，低下了自己的头，让自己整个上半身完全松弛下来。在父母面前，你做出鞠躬、低头，向父母表示尊重的姿势。你完全放松了自己，用这个姿势表示对父母的臣服。你对他们说："是的，我知道你们是我的爸爸妈妈，你们比我大。我知道你们把所有能给我的爱都给我了。我知道生命是你们给我的最大的礼物，我不再渴望更多的东西了，有生命就足够了。我现在向你们承诺，我会珍惜你们给我的生命，我会过好自己的人生，我会去创造更辉煌的未来，让你们以我为荣，让你们以我为傲。爸爸妈妈，请祝福我。爸爸妈妈，我爱你们。"

这样的承诺是发自内心的。你感觉到身体每个细胞都是活跃的，充满力量。当你发出这个承诺时，你可以在心里想象跟父母再一次拥抱，再一次感受到他们的温暖和支持，再一次深深地向他们告别，也再一次感受到他们呈现出的越来越明显的衰老。你知道，自己要做的，就是转过身去，面向未来。你带着父母的祝福和力量准备向前走了。是的，你要走向未来，创造自己的生命历程，以此来报答父母。没有什么是比这更好的孝顺了，没有什么是比这更完美的报答了。

是的，你在内心看到自己大步流星地走向未来，意气风发，势不可当。你找到答案了，你知道潜意识又一次支持你，找到了之前让你困惑的问题的答案。你又一次迫不及待地要睁开眼睛回到现实，去做你真正想做的事。你的潜意识说："慢慢来，还需要三次深呼吸做缓冲。深呼吸之后，你就可以回到现实中去做自己啦！"

恭喜你，睁开眼睛时，一个全新的自己整装待发，勇敢地前进吧！

学习接受与臣服

人在青春期可能经常遇到麻烦，如学习不如意、考试很难、升学有压力，以及学校里各种各样让自己觉得愤愤不平的事。我经常听到很多同学嘴里挂着两句话，一个是"为什么"，另一个是"凭什么"。"为什么要这样管理？""为什么一定要10点钟熄灯？""为什么早晨一定要做早操？"他们嘴里有很多为什么，对很多的管理和规定非常抗拒，觉得不是自己想要的。另外，他们还常常说："凭什么要这样对待我？""凭什么老师可以这样说我？""凭什么父母可以随意误解我？""凭什么命运这样捉弄我？"

每当听到"为什么""凭什么"时，我就好像看到一个形象——一个不屈服、握着双拳，在天地之间梗着脖子怒吼的形象。如果一个人这样长期下去，就会像绷紧的弓一样，一定会折断。这样做一定很痛苦，最后也许两败俱伤，也许自己败下阵来。这种人内心一直想对抗，不屈服，想挑战什么。

当然，不屈服和挑战都是激发我们的力量。但是，如果把力量用来挑战不可改变的事实，最后真的会赢吗？拿一颗鸡蛋去碰石头，谁会碎呢？鸡蛋不管有多大的力量，最后还是会碎掉。所以，我很想和青少年伙伴分享的一个生命智慧是接受和臣服。我想用冥想的方式让你自己慢慢找到答案。

你准备好了吗？准备好我们就开始吧。

先喝几口水，让自己放松下来，躺着或坐着，整个人自由地呼吸。每次向外呼气，都让肩膀的两个顶点下垂，把从肩膀开始的放松带到身体的每个部位。整个身体慢慢地放松，我们可以感受到放松之后身体的柔软和舒服。也许我们感受到肩膀还是绷紧的，当把注意力放到肩膀时，肩膀就开始放松了。也许腿是绷紧的，当你观察到它时，它就放松了。也许内心是紧张的，当你看到它时，它也放松了。是的，你发现让紧张的身体柔软下来最简单的方法，不是提醒它不要紧张，而是看到它，把呼吸送到紧绷的部位，这样它就放松了。身体是这样放松的，生活中很多事也是这样。

有一个关于南风和西北风比谁的力量更大的故事。南风是从南方吹过来的温暖的风，西北风是从西伯利亚吹过来的寒冷的风。它们两个有一天斗法，想看看谁的力量更大。西北风充满傲气地说："当然是我的力量大！你看我所经之处，吹走了地上所有的尘土，带走了树叶，拔起了小树，连房顶都会被我吹掉，所以我的力量是最大的。"南风说："是的，对这些没有生命的东西，你可以毁灭它们、改变它们，但对这个地球上等级最高的人类，你是没办法的。"西北风不服气，说："那我们就试一试！"

比赛的标准是什么？就是看谁最有力量，让地球上的人类可以卸掉自己的武装，脱下自己的衣服，让生命完全袒露出来。标准定好了，西北风就呼啸而来，鼓起了腮帮不停地吹气，并逐步加大攻势，三级、五级、十级，甚至用台风一样的力量冲击路上的行人。人们本能地用衣服把自己包裹起来，更多的人跑到旁边的商店买了厚重的衣服套在身上，还有人跑回家把冬天的衣服找出来披在身上。人们的衣服越来越厚，在天地之间像一个个大圆球一样。西北风毫无办法，败下阵来。

这时，南风出现了，它徐徐地吹着口哨，带着太阳的温度，带着温暖的感觉。走在路上的行人开始出汗了，他们开始把身上厚重的衣服一件件地脱下来。南风继续吹着小调，把来自南方的、温暖的、充满阳光的味道洒下来。路上的行人更加燥热了，他们脱掉身上的一件件衣服。有很多人实在忍不住，把上衣脱光，开始打赤膊。不知不觉间，路上的行人就这样卸掉了自己的武装，把真实的自己袒露在天地之间。南风胜了，用它温暖的力量。北风输了，它不服气，硬要抗争，最终败给了南风。

所以，在这个世界上什么更有力量，是抗拒的力量、说不的力量，还是接受的力量、温暖的力量、臣服的力量？是的，你的潜意识已经有了答案。世界上有很多不可改变的自然的存在，不需要问为什么。就像不需要问种子为什么会在春天萌芽、果树会在秋天结果一样，它们就是这样；就像你不知道为什么春天之后是夏天、秋天之后是冬天一样，你也不需要问为什么；你只需接受我们大脑无法预知的世界。

对比自己大的一切的存在，你只需说："是的，我接受。"接受就是一种柔软的力量，接受就是将抗拒化为整合的力量。接受就是说是，接受就是知道自己有很多局限，知道自己有很多力不从心之处。接受就是不再抗拒，面对身边的所有人、发生的所有事，去接受他们。放下内心的抗拒，你就能看到自己身边存在的人、事、物，就会让身边所有存在的一切跟自己有连接和互动的可能。例如，你只有不再问"老师为什么是这样子"，才能看到老师可以帮助你，有他的闪光点。

同时，我们也知道，发生的就是发生了，没有凭什么。凭什么？谁能给你答案呢？你对抗老天，老天在虚空里，没有人回答你。凭什么？不知道，反正父母比我大，反正老师有一套自己的做法，反正同学有一些自己的想法，我改变不了他们，我对过去发生的一切臣服就好。只有臣服，才能放下对抗之心，才能保全自己的力量，才能用自己的力量做自己想做的事。所以，接受和臣服会让我们保护好自己，不被别人所伤，也不被自己所伤。接受和臣服，就像温暖的南风的力量，总是可以给我们能量。

现在，试着把右手伸出，握成拳头；把左手伸出，也握成拳头。把两个拳头顶在一起，让它们彼此对对方说"为什么？凭什么！"，感受一下谁最痛，结果会怎样。是的，两只手都痛，结果是两败俱伤。那么，现在把右手张开，把左手也张开，将两只手的手指相对合在一起，放在胸前，对一切比我们大的存在说"是的，我接受"，对所有我们无法改变的一切说"是的，我臣服"。

将头再一次低下来，让僵硬的脖颈放松，让自己的身体变得柔软。这种放松的柔软会让你觉得很舒服、很自在，内心慢慢地产生愉快、安全和放松的感觉。你可以带着这种感觉去做自己想做的事，可以带着这种感觉去跟同学们友善地打个招呼，可以带着这种感觉跟父母亲切地沟通，也可以带着这种感觉跟老师好好地探讨难题。这难道不是我们期待的吗？是的，我们不用问为什么、凭什么，只需对所有发生的事说"是的，我接受""是的，我臣服"，然后就可以拿回自己的力量，就可以带着轻松愉悦的心情做所有自己想做的事了，就可以为自己创造青春的喜悦了。这才是真正的强大，是不是？让我们准备好，带着此刻的活力走出自己的小空间，去温暖身边的人，好吗？

再一次，做缓慢的深呼吸。三次深呼吸之后，把这种新的体验沉淀下来，然后让我们活蹦乱跳地开始新的生活吧！欢迎你回来。

爸爸妈妈再爱我一次（咨询案例一）

　　小明是一个初二男生，因为抑郁休学在家。妈妈带他来到我的咨询室时，是 11 月。11 月的广东天气还比较炎热，大部分人只穿着一件 T 恤。我远远看到比妈妈高一头的大男生，佝偻着背，低着头，两手交叉在胸前，跟在妈妈身后。更夸张的是，在这种天气里，他竟然裹着一件黑色大棉袄。

　　当他走近时，我看到他乱糟糟的头发下面那双惊慌失措的眼睛。他像受惊的小鹿一般，不安地打量着四周的一切。我感受到小明紧张不安的情绪，给他倒了一杯温水。一口气几杯温水下肚后，打结的舌头似乎开始平整，他吞吞吐吐地诉说自己的境遇。

　　小学一年级时，父母就离婚了，他从此跟着爷爷奶奶一起生活。小时候，他非常调皮捣蛋，因为一出事，父母就会赶到学校，他就可以见到父母了。随着时间的推移，他搞的事越来越大，却越来越不奏效。父母从最初的怒不可遏到失望，最后到冷漠。他们难得来学校了，小明的心也渐渐从热到冷，再到心如死灰。

　　"父母打你的时候能感觉到疼吗？"我心疼地问他。

　　"不疼，他们终于能看到我，抚摸我了。"孩子低着头，嘴角带着一丝笑意。

　　在孩子的内心世界里，当得不到父母的温暖和爱时，他在潜意识里渴望连接，哪怕是通过打骂获得的连接，也是他需要的，因为他终于可以被父母看到了。父母打骂自己，代表父母在关注、重视自己！即使身体被打得疼痛，也好过得不到父母的关注和爱的心理之痛。当我引导小明看清真相，明白他在潜意识里用这种苦肉计一样的方法，目的是在呼唤父母的爱和关注时，他无声地哭了，哭得那么伤心，身体抽动，不能自已。我默默地守在他旁边，用手轻抚他的后背，告诉他："你哭吧，我懂你。你只是想要得到父母的爱而已，你是一个好孩子。"他哭了 20 分钟，我陪了他 20 分钟，直到他平静下来。

然后，我带着小明做"与父母和解"的练习，使他释放了从小到大对父母忽略自己的不满、怨恨、愤怒等情绪。小明用跺脚、摔抱枕、撕纸等各种方式，疯狂地宣泄内心的愤怒。当他最后瘫软在地上时，那种委屈和悲伤又出来了，他看到了内心对父母深深的渴望，以及被忽略的、爱之不得的伤痛。在他痛哭一场后，我带着他做"接受和臣服"的练习。当他放下对父母的对抗，臣服于更大的能量和命运时，他感觉浑身发热，终于不用穿厚外套了，冰封已久的内心开始松动。当他在想象中向父母低头时，父母和更大能量的祝福源源不断流过来，他的内心自然涌动出爱与感恩之情。

在那一刻，小明体验到了从未有过的平静、喜悦、安定和爱。当与父母重新连接上时，他得到了生命源头的力量与支持。他看到原来爱一直都在，父母的祝福也一直都在！他明白自己可以放下无效的惯性模式，放下用对抗、叛逆的行为博取父母关注的期待，因为他终于感受到被父母深深地爱了，终于体验到了生命之火已在的真相了。

小明终于能放下与父母的纠缠，开始转身面向自己的未来了。走在未来路上的他，是轻松的、快乐的、充满力量的、朝气蓬勃的，是青少年应该有的样子。

他甚至开心地跳起来，做了一个投篮的动作，动作轻松、利落。一个有活力的大男孩毫不掩饰青春的朝气，藏不住的生命力量即刻绽放了！

我为他鼓掌喝彩，他也急迫地想结束今天的咨询。他想赶紧回家，去跟父母说心里话，想去开始学习了。

这是我在咨询室里经历的若干咨询案例中的一个。通过这个案例，你可以看到所有孩子对父母的爱的渴望，所有孩子用自己的本能在潜意识层面连接着父母的爱。

在暑假完成的 100 个家庭"爱在一起"的三天课程中，我设计的"招聘新家长"主题活动震撼了所有的成年人。他们在活动中亲身体验到了孩子对父母的渴望和期待。孩子们以团队方式，建立了 17 个招聘摊位，精心设计招聘海报，把他们经过讨论确定的对家长的要求，毫不遮掩地表达出来。例如，"懂得好好照顾自己，满足自己才懂得养好孩子、不能太自大""身体健康，大专以上学历，至少有一项才艺，不断地学习，海军学员优先""可以和孩子一起玩，三观正，清华、北大等名校毕业，能与孩子共情，懂孩子，会沟通""能听孩子讲话，有时间陪孩子""经济独立，不打骂孩子，给孩子空间，禁止黄、赌、毒，身体健康，高颜值，有特长，爱运动""能帮孩子，愿意了解孩子，三不——不抽烟，不喝酒，不打麻将""写一篇 300 字的报告《我希望成为一名___的家长》""情商高，情绪稳定，支持孩子做喜欢的事，会控制情绪，执行能力强，精通厨艺，做事有耐心，不能动不动就发火，夫妻和谐，家庭温暖"……

带着个人简历的家长们徘徊在每个摊位前，看着招聘条件，自己的学历达不到要求的就不敢去递简历了，才艺要求超过自己能力的更要躲着走了。他们把简历递上去，经过审核之后，还要接受面试，而各种问题应接不暇："您对孩子熬夜玩手机是否允许？""孩子追星，您如何看待？""孩子在青春期谈对象，您怎么看？""孩子在家里说脏话，请问您怎么解决？""您是否同意孩子偶尔请假休息？""孩子伤心时，您是否给予安慰？""孩子成绩不如意时，您怎么安慰他？"……家长回答这些问题，不能一味讨好孩子，没有自己的底线，也不能只讲道理，不近人情。孩子们一路问下去，不讲原则，只会说假话的家长，很快会被识破。家长们突然发现，自己过去惯用的说教、哄骗、讨好等方式，在火眼金睛的孩子们面前完全无用武之地了。有的家长为了表演才艺，不遗余力，满头大汗。

40分钟之后，有的家长获得四张聘书，有的家长则一张聘书都没得到。最受欢迎的家长就是懂孩子们的需要，能给予他们指导，跟他们平等交流，能有效沟通的人。孩子们簇拥在这样的家长旁边，非常客气，也非常尊重他们，让亲生父母看了既羡慕又嫉妒。

现场分享，让家长们和孩子们充分沟通，彼此懂得对方。当孩子们被问到"二十年后，你会被你的孩子选上吗？"这个问题时，他们陷入了思考，然后给出的答案是："我们从现在开始就学习，只有懂自己，才能懂孩子！"

现场掌声不断。这是一个别开生面的亲子沟通互动活动，也是一个重要的亲子教育过程。孩子懂得要求自己的父母，希望父母活得好，不希望父母为自己忍辱负重。他们认为父母活得好，自己就会更有力量。

父母也开始懂得孩子内心深处的渴望——父母懂自己，能跟自己一起玩，尊重自己的爱好。这样孩子就会获得更大的力量和滋养！"做一个有趣的人"是孩子们对父母一致的期待。这个要求看似简单，其实很难做到。一个有趣的人得有有趣的灵魂，得有会玩、会生活的好奇心和求知欲，得不断学习、补充能量。一句话，孩子期待父母用鲜活的生命，不断带领他们前进。无论是主动呼唤，还是在潜意识里做出牺牲，他们用各种方式爱着父母，呼唤父母活得美好。

用躺平来拯救父母（咨询案例二）

天天在小学六年级就辍学了，在本该上学的年纪，每天待在家里不出门。偶尔出门一定要戴着口罩和帽子，全副武装。问其原因，说不想被别人看见。

父母从最初的威逼利诱到七大姑八大姨地劝解，导致天天站在窗台上，以跳楼相逼。于是，父母开始接受现实——只要孩子活着就行，他想做什么就让他做什么吧。父母从此改变了对天天的态度，小心翼翼地观察孩子的脸色，不去惹孩子，变着花样地给他弄好吃的。只要天天有要求，无论是给游戏充值，还是换装备，不管多少钱，父母都马上满足。过去习惯的捆绑式沟通现在变成了一切顺从。虽然父母这样，天天却脾气渐长。他会突然摔东西，发脾气，冲妈妈大吼。情急时，他甚至会动手打妈妈。妈妈总是伤心大哭，爸爸也总是唉声叹气，怪自己养了这个没用的孩子。

天天在家躺了6年之后，在同龄人考上大学时，他开始主动要求见心理咨询师了。当他来到我的咨询室时，我看到的是一个皮肤白皙、缺少光照和体育锻炼的孱弱少年。但是，他的目光坚定、深邃。我知道，这是一个虽然躺平，但大脑没闲着，一直在思考的少年。

我与他的交流还是很容易的，他在家里一直听妈妈手机里播放的我的课程录音，所以对我是有主动接受的准备的。我开门见山地问他，是什么动力让他决定出来找我咨询。

"待不下去了，再待下去我就废了。"他说。

"那为什么是现在？"我问他。

"没有为什么，一直都想出来，但走不动。最近听到你在《青春修炼手册》中的一段话，你说无论发生什么，我都是好孩子。就这句话，让我泪崩了。我决定放过自己，放下我的父母，为自己负责任，一定要走出来，找条出路。"

"你说要放下父母，这是什么意思？"

"我觉得自己待在家里，就是因为不放心他们。他们活得太纠结了，他们活得太累了。我爸爸很可怜，活得窝囊，我妈妈瞧不起他，我也瞧不起他。一个男人，不能赚很多钱，让老婆那么辛苦，像什么男人？我妈妈控制欲太强，管不了爸爸就抓狂，我看不得他们两人冷战的样子。六年级休学时，我实在怕他们两个人打起来，怕他们离婚。我坐在教室里，满脑子都是他们吵架的样子，每天提心吊胆，最后只能待在家里，看着他们。这一看就是六年。

"我的同学都考上大学了，自己除了会玩游戏，什么都不会。我突然明白，无论我再待多少年，他们也不会自动改变。妈妈上了您的课，状态比以往好一些了，他们的关系也有了一些变化。

"我不想再这样待下去了，我要给自己找条出路。"

他一口气说了一大堆。我知道他是真诚的，他的眼睛里闪着泪花。

很多休学在家的青少年其实心理压力非常大，不是很多人想象的，只要不上学，待在家里玩游戏，就是轻松快乐的。真实情况是：他们待在家里很孤独，内心很纠结。他们没有玩伴，同伴都去上学了，即使周末也在忙着做作业或上各种补习班，找不到人一起玩。他们偶尔出门，也会引起各种好奇的眼光和询问："你几年级？今天怎么不上学？"询问的人一脸关心和好奇，被询问的人一脸尴尬，不知道如何回答。久而久之，他们更不愿出门了。

天天也是如此，他长期待在家里，不出门，不与任何人交流。他脱离现实世界，把更多的时间和精力放在网上的虚拟世界里。

"你平常跟爸爸妈妈是怎样交流的呢？"我好奇地问。

天天有点情绪："我很烦他们！自从我回家以后，他们对我说话就跟以前不一样了。我不喜欢他们小心翼翼讨好我的样子！我看不惯他们假模假式、拐弯抹角地问问题。他们太能装了，不敢说真话，不会说真话。我经常忍不住内心的怒气，冲他们大喊大叫，有时候还会打妈妈。虽然每次之后我都后悔，恨自己，一个人哭着把头撞在墙上，但下一次忍不住又会来一次。"

孩子都希望父母比自己强，因为父母是孩子生命中的靠山，父母越强大，孩子越有底气和力量。当昔日高高在上的威严的父母变得唯唯诺诺、毫无底线地讨好孩子时，很多孩子无法接受，不予理睬，更多的孩子会愤怒对抗。他们在潜意识里期待以自己愤怒的力量激发父母本来的力量，让父母以更有力量的方式对待自己。但是，他们暴怒的态度会让父母更加害怕，更加小心翼翼，双方的关系就会陷入恶性循环。父母害怕自己的强硬会伤到孩子，害怕自己的教育方式不对，让孩子想不开。他们也会对自己过去不当的教育方式感到内疚，不知道怎么做才能对孩子更好地进行教育，甚至觉得自己没资格做父母。殊不知，这种低频的能量状态才是对孩子最大的伤害。

作为青少年的你，看到这里，会明白父母们的无奈了吧。是的，他们真的不会按你需要的方式爱你，他们真的不知道如何更有效地爱你。虽然在年龄上已经是成年人，但在心理成长方面，他们是没有得到帮助和营养的，这就是我们必须面对的现实。

很多时候，你用过去的做法想获得期待的结果，但往往是无效的，以暴制暴，最后往往两败俱伤。

你读到这里，应该明白：如果想要什么，就跟父母开诚布公地谈。你可以通过态度的改变，促使他们成长和变化。态度的改变，就是从愤怒的呼唤变成恭敬的请求和分享。当你站在孩子的位置时，就会让他们自动觉得自己有做父母的资格。

作为父母，读到这里，你也会明白家庭成员大小的序位有多重要。无论过去做了哪些不利于孩子成长的事，那都是你当初能做的唯一的最好的选择。你只能接受自己当时的无知无明，你只能带着成长和改变的决心，让自己更深入地学习，了解自己的孩子，真正尽到自己做父母的责任。

你可以闭上眼睛感受一下，在内心的画面里，自己和孩子谁大谁小、视线位置谁高谁低。如果孩子的位置比你高，显得比你大的话，你就要反思在家里发生了什么。你要回到自己做父母的位置，只有居高临下才能具有父母这一角色本身应该有的资格和力量，也才能给孩子真正的引导。只有双方位置得当，教育才会真正产生。不在自己真正位置的父母带着恐惧、自责的情绪否定自己，就是对孩子生命最大的否定，这才是对孩子最大的伤害——我不好，你当然不好，我没资格做父母，你当然没资格做孩子，你当然活不下去，没资格活着。还有什么对孩子的伤害比这样的否定更厉害呢？

天天休学回家后，妈妈因为要照顾他，也辞职回家了。表面看起来是妈妈在照顾他，实际上是他在潜意识里担心妈妈，要待在家里看着妈妈，这样才放心。从家族系统层面来分析，天天承担了原本不应由他承担的能量，以为自己不去读书，就可以在家里看着父母，拯救父母。

青少年，如果你内心深处也有这样的想法，请将它放弃吧。你应该接受自己是小的、父母是大的，相信父母都能照顾好自己，对自己的命运臣服。你把他们交还给他们的父母，做前面讲过的接受和臣服父母的冥想练习吧。只有把父母的人生交还给他们，从你对父母的担心里出来，你才会有力量过属于自己的人生，你才能真正面对自己的未来。

其实我不想死

乐乐是一个高二女生，她的妈妈打电话给我时，语气里满是焦灼和恐惧："乐乐每天都说想死，我实在不知道应该怎么办了！"

我见到乐乐时，有点诧异。乐乐开朗、大方，主动跟人打招呼，外表是青春靓丽的阳光少女形象，看不出有一丁点的问题。

那是一个炎热的夏天，乐乐撩起长长的袖子说："不管再热的天，我都要穿着长袖。"她露出手腕上一排排红色的刀疤，密密麻麻，触目惊心。

"孩子，疼吗？"我心疼地问。

"不疼！"乐乐潇洒地回答。

细聊之下，我才得知，在乐乐初中时，父母又生了一个弟弟。她感到自己被忽略后，开始乱发脾气，各种调皮捣乱。

"激怒父母对你有什么好处？你内心是什么感觉呢？"我好奇地问。

乐乐脸上带着一丝狡黠，笑道："觉得痛快！"

乐乐试过各种方式，发现了一个秘密武器，就是以死相逼。每次闹自杀时，只要看到父母脸上痛苦的表情，她就感受到一种报复的快感。每次有什么要求父母不答应时，她只要以死相逼，父母马上就范。这成为她控制父母的一种方式。

"你真的想死吗？"我平静地问。

乐乐不吭声。

"当你一只脚跨上窗台时，有没有想过只要一打滑，你就没了。这么高，摔下去一定很疼，而且脸朝下，一定死得很难看。"

乐乐脸上有点动容，但依旧不吭声。

"我猜你这种过激的行为，只是在用另一种方式表达对父母的爱。你在无声地呐喊，呼唤父母回到你的身边，看看你，抱抱你，就像你小时候一样。"我继续说。

乐乐的眼泪缓缓地流了出来。

在乐乐的情绪缓和后，我带着她做"与父母和解"的练习。我引导乐乐把所有隐藏的情绪、想说的话都表达出来。乐乐宣泄完所有不满、愤怒和嫉妒后，发现了内心隐藏很深的恐惧——怕不被父母爱的恐惧、怕自己被抛弃的恐惧、怕真的死亡的恐惧……当触摸到内心最深的恐惧时，乐乐表面的无所谓和用以掩饰的面具就开始瓦解了，像刚出生的婴儿般回到妈妈的怀抱里，享受生命最初的爱、甜蜜与温暖。

从此，乐乐如脱胎换骨一般，发生了巨大变化。她明白每个人的身体都是自己的，跟父母无关，跟任何人无关。只有自己才是身体安全健康的第一责任人。不伤害自己和别人的身体及生命，是我们每个人都要遵守的底线。

当再有情绪出现时，她不再用之前无效的语气、语音、语调和态度了，并学会了如何一致性沟通：当（×事情）发生时，我感觉（×

情绪），我希望（具体行为）。例如："当你们照顾弟弟顾不上我时，我觉得很难过，感觉被你们忽略了，我希望你们也能抱抱我，在睡前陪伴我。"当她用这样的状态表达内心的感受时，和父母的沟通就慢慢变得真实有效起来。她与父母的关系不再成为绊脚石，转变为人生助力时，她的人生就真正开始了。

这个案例是我带领中学生探知自己内心深层渴望的若干案例中的一个。青春期的孩子内心有隐藏很深的秘密，也有很多渴望。但是，他们在成长中没有得到有效引导，主动地明确表达出这些渴望。他们在潜意识里本能地用各种方式吸引父母注意。他们往往像小孩一样耍脾气，做出各种破坏性行为，然后自我收缩。如果没有得到父母的及时干预，他们就可能产生严重的自我否定："我没用，我不行，我活着太浪费资源了，太给父母添麻烦了。就是因为我的存在，他们才会吵架，才不开心。如果我不在，他们就会解脱了。"

所以，他们内在的对话就呈现出这样的状态：寻找各种"点券"来证明自己的无意义、无价值，情绪降到能量等级 20 分以下（活在内疚和自责的频率里），表面上也许云淡风轻，甚至表现得讨巧乖顺，内心却如惊涛骇浪。

守护这样的孩子，需要我们能读懂他们所有表面行为背后的深层渴望，呵护他们，在包容他们所有的不羁行为之后，直接说出他们内心深层的渴望，穿越一层层防护，直达他们内心最深处，就一句"我如此生你的气，我不想说我渴望你的爱，我不想说我如此恨你不爱我，我不想说我恨自己如此需要你的爱，我其实就是希望你爱我"就足以让他们坚硬的外壳瞬间破碎，立刻破防。当他们泪眼迷蒙时，不再说任何话，只是把他们抱在怀里，允许他们好好地哭一场。

等到他们不好意思地把泪擦掉，你只需淡淡地告诉他们："你可以哭，哭是正常的。当年像你这么大，我也会哭。真正的勇敢，不是不哭，是敢于承认自己的渴望和脆弱。放心吧，我懂你。"

这就是叛逆青少年所有叛逆行为背后真正的需要。你只有懂得这些，才不会被他们表面的行为迷惑，也才能穿越表面直达他们内心最柔软的部分。他们表面多么对抗，内心就多么渴望，表面多么强悍，内心就多么柔软，知道这些，你就会带着足够的包容和理解，不再纠结他们的表面言行，穿透他们的伪装，直击核心："我爱你，我懂你，让我来抱抱你。"那一刻，他们将放下对抗，融化在你爱的怀抱里，一切冰消水融。

青少年的父母需要读懂子女，他们不想叛逆，他们不想死，他们不想跟你作对。哪怕他们染了头发，穿了耳洞，文了身体，裹在肥大的黑色衣服里，说着粗话，不再读书，半夜不睡，对你不恭敬，甚至不停地激惹你们，你们都只要带着爱看到他们，在内心坚定这样的想法：他们只是在用这样的方式挑战权威，他们只是在用这样的方式呼唤你引领。你只需看着他们的眼睛，告诉他们："我懂你，我爱你，我看到了你在用艰难的方式应对长大的历程。过来，来我的怀里，让我抱着你，告诉你，你是安全的，我陪着你。"

读到这段文字的孩子，也请你如此抱着自己，就像抱一个小孩，抱着内心那个委屈的小孩，对他说："我懂你，我做懂你的爸爸妈妈。别害怕，你只是想尝试、经历和体验这段路程。不管怎样，我都爱你。"

第四章

青春有你不孤单——与同伴相处

在学校被欺负，我应该怎么办

马上还有两个月就要中考了，小玫却死也不肯去学校了。父母不明白她为什么这么做，她也不解释，就是目光呆滞地坐着。本来成绩名列前茅的她现在完全变了一个人。她不出大门，不与人交往，只是偶尔在本子上不停地写着什么，也拒绝给父母看。

直到一年以后，父母偷看了她的日记本，才知道她在学校被同学欺负，霸凌让她实在撑不下去了。她忍受不了孤独，只能躲在家里一个人疗伤。她来到心理咨询室，心中的痛苦才有了宣泄的机会，抚平了长达三年的创伤。暑假之后，她又重返校园，开始了新的学习生活。

学校同龄人中有很多小圈子，两三个人一群，三五个人一伙。相同的兴趣爱好、相似的家境、相近的脾气性格等因素，往往将大家聚在一起。这种关系也会不断发生变化，今天是一伙，明天可能就因为某事分开了，今天跟你好，明天跟他好。这个过程会消耗大家很多能量，也是社交和成长必经的过程。他们嘴上说"好朋友两肋插刀，永远在一起"，朋友之间发生摩擦时，往往感到烦恼。所以，青少年的烦恼很多源于与同伴交往中的各种问题。

在每个班级里，都可能有一些被边缘化的同学，他们不属于任何团体，或被所有团体孤立、排斥。班级同学好像达成了共识，不跟这些人说话，不允许其他同学跟他们交往，公开取笑或捉弄他们。这是变相的霸凌，被霸凌的同学不论是男生还是女生，都呈现出凡事退缩的性格特点和精神状态，肩膀可能缩着，平时在班级里不太敢抬起眼睛看别人，走路也总贴着墙走。用很多同学的话说，他们一看就像可怜虫。他们内心非常紧张和恐惧，通过外在言行充分表露出来。但是，他们越是这样，越招致同学的欺负。

我们曾经讨论过，什么样的人最受欢迎。我们发现有特长的、兴趣爱好广泛的、非常开朗的、愿意帮助他人的、喜欢真实表达的同学，会成为班级里的佼佼者和明星，或所谓的孩子王。青少年的积极性都是属于外向型的，他们喜欢开玩笑，彼此有一些身体接触。你推我一下，我打你一下，用这样的方式表达亲昵的感情。在这种情况下，假如有同学把自己收缩起来，弓着背，低着头，面无表情，别人跟你说话也没什么反应，那么同学们会觉得跟他们在一起不好玩，爱开玩笑的同学甚至会拿他们取乐。一位同学取笑他们，其他同学就会效仿，大家都把他们当成笑料。于是，他们就变成公众取笑的对象。

当变成同学们取笑的对象时，他们就很难跟大家沟通自己的真实想法了。他们越这样越紧张，越不知所措；不知道应该怎样做，也不知道应该怎样说。他们这种紧张的状态又会刺激其他同学取笑他们。他们反抗或不反抗，都不是真正有效的表达。他们不敢哭，也不敢去告状，更不敢当众做什么。他们哪怕偶尔当众发作，哭了闹了，也只会让围观者觉得更好玩，更觉得他们好欺负，并不会真正感受到他们内心真实的渴望和需要。这样下去，他们在班级里就会非常痛苦，感觉非常孤独，没有一个朋友，甚至觉得整个世界都不理解自己。久而久之，他们可能害怕去学校，在学校度日如年的感觉成为他们内心最大的伤痛。

假如你正在经历这种情况，我想对你说："你心里有一个不喜欢的自己。你只有先喜欢上自己，才能被别人喜欢。"这是什么意思呢？就是你要把自己从紧张中释放出来。你可以做些运动，让自己的身体舒展开来，让紧张的双肩打开。

要把自己从可怜虫和受害者的感觉中拯救出来，你可以先从身体改变开始。你可以悄悄在家里进行，也可以做任何自己喜欢做的事。例如，你可以去画画、唱歌、跳舞，给自己一些自由自在的机会。多做这样的运动，多做自己喜欢的事，你就会越来越自信，开始喜欢上自己。

假如内心有对自己的否定，有父母的否定和控制使你产生的扭曲，你需要找一位能帮助你的心理老师，帮助你进行释放和重建，直到你全部接受自己，直到你能充满自信地喜欢自己，也能平等地面对同学。你应该把自己从高高在上的"我好，你不好"的神坛上放下来，真心欣赏每位同学，也把自己从"我不好，你好"的下跪状态释放出来，真正认同"我好，你也好"，以这种平等的态度面对同学。这时候，你再次走进班级时，眼神和表情会不一样。你会自然地平视每个人，不再自视清高，也不再躲闪和畏惧别人。

当你的力量从内心散发出来时，同学们自然会感觉到。当你发生这样的变化时，班级里一定会有一两位同学主动接近你，想跟你聊一聊。当他们主动靠近你时，你可以大方地跟他们聊天，把你经历了什么、希望什么、渴望什么、爱好什么分享给他们，甚至把自己的一些特长呈现出来。这样，那些同学跟你的关系就会慢慢密切起来。当有一两位同学对你的看法改善时，班级里就会有越来越多的同学改变对你的看法。

所以，要让别人喜欢自己，就要先让自己真正喜欢自己，先让自己真心喜欢其他人，这是建立友谊最重要的秘密。

学会保护自己

有些同学不好意思地问我："老师，我有很多难以启齿的话，我不知道应该怎么处理。"每当听到同学们这样的疑问，我就知道他们没有向父母求助。他们害怕父母知道后勃然大怒，怕父母担心，甚至限制自己的自由。他们也不愿意跟同学交流，以为其他同学的水平跟自己差不多，给不了什么更好的建议。

不知道你是否为自己做好准备，有没有给自己设界限、筑篱笆，保证自己的安全，知道在什么情况下应该怎么做。父母常常不好意思跟你讨论关于青春期的很多话题。例如，他们不好意思跟你讲跟异性的关系，怕讲了反倒诱惑你。他们以为不讲，这种事就不会发生。但是，他们不知道你内心有很多事情在翻腾，非常渴望得到成年人的一些引导。父母没有指导，老师也没有关注的话，你怎么去面对社会中各种复杂的诱惑和各种各样危险的环境呢？

无论来到我课堂的是成年人还是孩子，我一直都非常公开和直白地告诉大家哪些事情可以做、哪些事情不可以做。例如，我会告诉所有的青少年，不可以让自己处在健康和安全受到威胁的环境中。例如，不要跟同龄人尤其异性单独待在一个房间里,不要跟一群人去做危险的事情,如吸烟、喝酒,甚至去吃麻醉药品。女孩在夏天的时候衣着不能过于暴露,因为衣着暴露会使很多异性同学和成年男性产生遐想。他们在缺乏控制的情况下也许会伤害到你,所以把衣服穿好,是对自己的保护。男孩不能轻易触碰女孩的身体。女孩不能跟男孩在黑暗、封闭的空间里单独相处。这些都是大家需要知道的保护生命安全的底线。我能举的例子其实也是很有限的。

每个翻开此页的青少年遇到的形形色色的情况也许会超过我的预期。很多新闻媒体曾经报道在国外求学的孩子在异国他乡遭到杀害的新闻。假如这些孩子有更多的自我保护意识,就不会付出生命代价,成为让很多人唏嘘不已的案例。

不管是哪个年代,从古至今都会有一些社会上的成年男性或女性,以变态的方式骚扰青春期的男生或女生。所以,女生需要学会自我保护,男生同样也需要自我保护。我现在教给大家一个自我保护的技巧,这个技巧叫"如果……怎么办"。我举几个例子,请你来回答怎么办。

● 如果你走在路上被别人抢钱包或手机,你会怎么办?

● 如果你在商场排队或结账时,感觉身后有成年男性在摸你的臀部,你会怎么办?

● 如果你在公交车上,旁边的一个乘客把大腿压在你的腿上,你会怎么办?

● 如果你跟同学一起去看电影,其中一个男生或女生悄悄地拉住你的手,你会怎么办?

● 如果同学聚会时，大家都喝了酒，有同学要求你晚上不回家，睡在那里，你会怎么办？

● 如果最要好的朋友最近在秘密策划弄一笔钱来大家一起花，你会怎么办？

● 如果到外地旅游丢了手机，找不到自己住的旅店了，你会怎么办？

● 如果有人告诉你，他有一个发财机会，不需要付出什么代价，就可以每月有固定的收入，只要你出示身份证就可以，你会怎么办？

● 如果老师告诉你，他要给你单独补课，把你叫到他的家里，并把房门锁上，你会怎么办？

● 如果有一个亲人趁家里没有其他人时，想亲近你的身体，你会怎么办？

以上的这些"如果……怎么办"给你怎样的感觉？你感觉这些话题离你很遥远，还是觉得很茫然？有同学回答："如果这样，我会很害怕，不敢出声，也不敢告诉任何人。我会忍气吞声，自己一个人躲在房间里发抖。"如果你也是这样的话，那么我提醒你，这样的处理方式不安全，帮不了你。

除了以上列出来的内容，在你跟同学或网友相处的过程中，可能会有很多超出预想的"如果……怎么办"，到时你会用怎样的方式保护自己呢？现在，请你把这个练习继续做下去，拿出一张纸或一个笔记本，把你曾经遇到过的类似会影响你的健康，或对你有伤害的事情写下来。这些事情可以是你自己经历过的，也可以是你听同学或朋友提及的，也可以是你看到在别人身上发生过的，就这样一口气写下来。你一边写，一边也许就会有情绪流动，那些可能让你害怕、恶心的感觉会出来，很迷茫的状态会出来。不管是什么，把它们全部写下来，写下你曾经遇到过的令你感觉无助、害怕的事情，那些你不敢声张、觉得会让自己丢脸的事情。

写完之后，看着上面列出来的若干"如果……怎么办"，加上你刚才写出来的"如果……怎么办"，在后面开始写你的答案。

是的，应该怎么办呢？有时候，你可以直接喊叫，大声喊出来；有时候，你可以马上打电话报警；有时候，你可以马上拒绝，说"不"；有时候，你可以夺门而出；有时候，你可以事后向人求助，求助的人可以是你信任的好朋友，或你信任的老师，也可以是你信任的父母或某位心理咨询师；你还可以直接打电话给当地青少年热线、妇女儿童保护中心的热线值班人员，他们也许可以给你有效的支持。当你准备好时，再去面对这些现象，知道有若干"怎么办"时，你是可以提前演练和预防的。你可以做好足够的准备，让这种能力变成自己的本能，万一真的发生类似的事情，可以清楚地知道如何拒绝他人，知道如何保护自己。

我预想到的，加上你经历过的事情，都可以让你学习到如何照顾自己。当完全准备好时，你会发现你是有能力保护自己的，你也可以得到社会和所有成年人的帮助。假如你是受害者，可以用合适的方式求助，让一个更大的系统来保护你，让你足够安全，免受伤害。重要的是，不管你遇到过怎样令你尴尬和难过的事，那都不是你的错！所以，你不需要自责，不需要觉得自己做错了什么，你只需找到信任的人倾诉，请对方帮助你找到解决问题的方向。同时，从今天开始，无论外界怎样诱惑、伤害、欺骗你，你都可以用自己的方式对它们说不。你能健康、安全地茁壮成长，这是我的心愿，也是所有爱你的人的心愿。所以，好好地练习这个技巧，从今天开始学习保护自己，学习拒绝别人对你的伤害。你需要记住的是，不管发生什么，你都没有做错什么，你永远是我们最爱的孩子！

学会拒绝

我接待过一些来求助的同学，他们加入了一个不良团体，组团去商场里偷窃。这些同学的家庭条件都不错，不是因为经济压力去偷窃，而是因为有了共同的目标，在偷东西的过程中得到刺激，最后都被法律制裁。我也接待过几位同学，他们每天都聚集在一起抽烟。我也为苏州市的刑事犯罪少年做过辅导，很多孩子向我倾诉，加入不良团体后受到的影响。当三五个人聚集在一起时，他们不知不觉胆子就变大了，觉得天塌下来大家一起扛着，反正都一样。他们就这样被怂恿做了很多坏事。这其实是家长和老师最担心的，他们一直都在担心孩子会走弯路，染上不良习气，受到不良诱惑。

实际上，每位同学都有一颗向上的心，都想做好孩子。但在青春期，同学们有了另外的需求，这个需求就是"我渴望归属于一个团体，渴望有小伙伴陪伴，想像他们一样去冒险，去体验"。

上初中的同学，总体来说进入青春期叛逆阶段，习惯对成年人的世界说不。父母说今天要穿这件衣服，坚决不穿；父母提醒今天多吃点，偏要少吃。他们用这样的方式对成年人对自己的控制进行抗争，想证明自己有独立权，想证明自己已经长大。

我经常给父母们出主意，让他们反其道而行之，不要再告诉孩子们要做什么，而是告诉他们不要做什么。例如，你说"这本书你千万不要看"，只要你这样说，孩子就会悄悄地拿书去看。你说"你今天不要吃饭"，孩子马上转身去找吃的。

面对成年人世界，青春期的孩子开始用拒绝来对抗权威。在跟成年人的连接慢慢松动之后，他们会把注意力转移到同龄伙伴，特别渴望属于一个小团体，因为这样会让自己觉得安全，觉得自己有人照顾，从此不再孤单。

他们进入矛盾状态，一边对成年人说不，一边对小团体越来越依赖。在不知不觉中，他们特别渴望得到在同龄伙伴中的归属感。

有时候，大家因为共同的兴趣爱好走到一起，如一起打球、爬山、远足、读书。但是，有时候，他们很难被正常的团体接纳。当被团体排斥时，他们就会感觉孤单，不自觉地在周围寻找能接纳自己的人。如果一些非主流的小团体在身边，他们不知不觉就会被吸引，几个人凑在一起去厕所抽烟，或谋划去做一件刺激的事，如去商场或超市偷东西。他们心里虽然害怕，哪怕会有"这样不好吧？这是不对的！这是不是不应该？"等念头出来，但还有另一个念头吸引力更大，就是"我跟你们在一起更安全"。所以，小团体成员不断变得紧密时，成员很可能胆量变得特别大，然后去做冒险的事。最可怕的，就是触碰生命底线，做没办法保障自己身体安全和健康的事，往往触及校规和法律，会受到相应的惩罚。不知不觉间，人生从此走上另外一条路，越走越远，难以回头，非常让人遗憾。

所以，在成长过程中，在对成年人世界说不的过程中，你要先准备好让自己对不良诱惑也说不。你有这个勇气和力量吗？你对自己有信心吗？

当别人诱惑你去做一件充满刺激的不安全的事时，你会说不吗？当你根据别人的描述，对成年人酒吧产生好奇，甚至想尝试违禁药品的刺激时，你知道如何对自己的渴望说不吗？当有人威逼利诱，甚至欺负你时，你有勇气和力量对这样的人说不吗？有一些看似非常正派的人，你在交往后才发现是伪君子，或在预谋非常大的破坏活动，你会说不来保证自己的安全，保证不做对社会有害的事吗？还有，遇到喜欢的男生或女生，主动说想抱抱你或亲近你的身体时，你可以对他说不吗？

这些都是在成长过程中可能遇到的事情，在事情还没有发生时，提前谈这个话题，做好预防是非常重要的。假如你在生活中曾经遇到过这样的情况，现在谈这个话题同样重要。在你渴望归属某个群体时，要随时保持警觉，保护自己和社会的安全，能够拒绝。为了保护好自己，不受伤害，从现在开始你就要做好以下四点。

（1）一定要明白，无论你在哪里，遇到什么事情，自己的人身安全和健康都是底线。在任何时候觉察到不安全，你都要开始警觉，做好拒绝的准备。无论如何，一定要让自己安全，一定要让自己健康。

我女儿有两年在加拿大上高中，有四年在美国上大学。在那六年，她正好处于青春期，她担心跟其他人在一起会累赘，所以一直是一个人走天下。无论她只身去加拿大，还是只身去冰岛，或只身去美国西部，我都对她有一个要求："一定要足够安全，保证你足够健康。"这是我对她的唯一要求。她向我承诺，并提前准备好保证安全的措施，而且让我知道。我代表所有成年人和这个世界，也告诉你，生命的底线是保证生命安全。

（2）学会拒绝，在任何环境和场合，在保证自己安全的前提下，要学会巧妙地拒绝。假如对方威胁特别大，那一定要柔软地拒绝；假如对方并没有控制住你，那你一定要有撤退的办法。无论对方对你多么好，你都要知道面临生命危险，是必须撤离的。你还要学会求助，建立自己的支持系统。你的支持系统包括你的父母，或比你更有力量的其他爱你的人。在关键时刻，你要打电话向他们求助，跟他们聊一聊，父母或其他成年人都会愿意陪伴你、帮助你。

（3）在拒绝的同时，去寻找健康的团体，让自己在健康的状态下进入新的团体，学到新的东西。所有团体都是开放的，只要你准备好进入，就会发现在健康的团体中可以找到正向的安全感和归属感，而不再需要依赖让你受伤的团体。

（4）了解社会的安全保护和支持系统，记住报警电话和当地青少年保护热线。在关键时刻，你要第一时间向他们求助。

亲爱的，无论你在哪里，在做什么，请一定记住，安全是最重要的，生命是最宝贵的。你要学会对所有的伤害说不，要拒绝诱惑和某些人对你的不良引导，让自己平安健康地回家。

实用技巧：与他人和解

我们非常在乎自己的同龄伙伴，也很在乎跟同学们在一起的感觉，一旦出现矛盾就会难受。有同学说："我对××非常好，为什么总是被他误解呢？为什么他对我不好？"你越想不通，跟别人在一起的时候越小心翼翼、越不放松，这样就没办法和同学分享彼此之间真实的情感，跟同学的关系就一下子变得复杂起来。这种复杂的情况又会影响到自己的心情，使自己变得焦虑、紧张，不知道如何从这样的状态里出来。

如何面对这种情况呢？我们要大概了解一下别人和我们在一起的意义。朋友之间互相帮助，同时，每个人有不同的想法，有不同的生活环境，所以大家对同一个问题有不同的看法是非常正常的。当我们只是站在自己的角度时，就很难真正了解对方真实的想法。我们不是对方肚子里的蛔虫，怎么猜得到对方在想什么呢？如果猜不到对方的想法，又不能好好沟通的话，怎么办呢？

我教给大家一个非常实用有效的技巧——空椅子技术，就是像下图一样摆放两把椅子，坐在对方的椅子上体会一下对方的感觉，就是常说的换位思考。

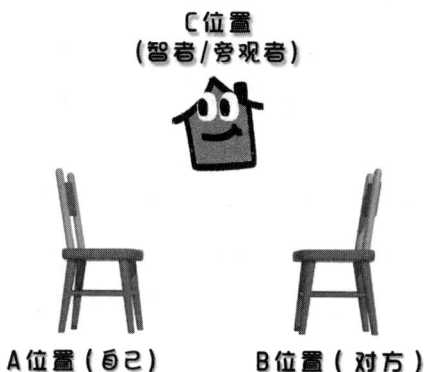

这个技巧重要的是，不仅换位，还要换椅子，怎么做呢？现在，我来做个示范。

我坐在其中一把椅子上，对面的椅子代表我想与之建立新关系的人。我坐在自己的椅子上，体会当我在他对面时，身体会有什么感觉、内心会有怎样的感受。然后，我想象对方坐在对面的椅子上，他穿着什么颜色的衣服、脸上是什么表情。例如，我是小军，想处理跟小明之间的关系。我坐在自己的位置上，想象小明坐在我对面的椅子上，看看他的脸是看向我，还是低着头，或转头不看我；他的身体是挺直的，还是蜷缩的。我有一个很奇怪的发现，越是我们在乎的人，在我们心目中的形象越鲜明。并不需要现实的人真正坐在我们对面，我们的潜意识就可以感受到对方就在面前。现在，我继续想象小明在我对面坐着，我感觉到他对我有情绪，不愿意看我，他的视线下垂，有一种拒人于千里之外的感觉。同时，我感受到自己的愤怒：凭什么这样对我？我又没做错什么！

这就是我想处理跟小明之间关系的原因了，因为我一想到他就很生气，觉得他瞧不起我。当我找到这种感觉时，没办法判断这种感觉是否正确，小明是否真的瞧不起我。接下来，进行第二步。我站起来，离开我的椅子，坐到对面小明的椅子上去，感受一下小明内心到底是什么感觉。当我坐在小明的位置上时，就好像变成了小明。我模仿之前看到的小明的动作，将头扭向一边，视线低垂。当我的身体做出这个动作时，我发现小明的内心感受是"面对他，我很羞愧，我好像没脸见他，所以抬不起头来"。当我体验到小明原来不是瞧不起我，而是对我感到羞愧时，我的内心好像一下子明白了。我带着这个明白，回到自己的椅子上。

我坐在对面椅子上只有短短几分钟时间，在这几分钟的时间里体会到了小明的感觉，这种感觉对我帮助非常大。我突然发现，过去我一直认为他瞧不起我，在他面前非常缺乏自信，刚才竟然感觉到是他对我有羞愧感，觉得对不起我，原来是我错怪了他、误会了他，原来这些都是我的想象。这个发现对我来说太重要了。

当我重新坐回到自己的椅子时，看着对面仍然低着头的小明，内心突然有了不同的感觉。我想告诉他："小明，过去我一直觉得你瞧不起我，刚才坐在你的位置上我才感受到，原来是你对我感到羞愧，你觉得做错了什么。我竟然不知道，原来是我误会和错怪了你。所以，我想真诚地跟你说声对不起！你过去做了你能为我做的，并不欠我，我也对你尽了最大的努力。我们仍然是好朋友，现在我终于把心里想说的话说完了。"

当我看着对面的小明时，发现他开始变了，他不再像之前那样转头、视线低垂，而是抬起头来看着我，并且脸上带着笑容，很像我们最初在一起时的感觉。让我非常难受的心里的疙瘩好像一下子就解开了。我对小明说："我们的矛盾已经化解了，从今天开始，我会经常用这样的练习体会一下你的感觉。我相信，只要我不断做这样的练习，就不会再误会你，我们两个人就可以继续做好朋友。"我想象自己开心地伸出手去握住小明的手，我们又像好朋友一样在一起了。就这样，矛盾很快化解了，这样的练习对我来说真的太有帮助了。

以上就是用来处理跟别人矛盾关系的空椅子技术。有人可以通过这样做顺利与别人和解，也有人在中途可能卡住。所以，除坐在对方的椅子上进行换位思考之外，还有一个扩展的做法——在两把椅子之外增加第三个位置，让自己从一个新的抽离的角度，去体会两个人的关系到底怎样。

第三个位置就是旁观者的位置。我从小军的身份里抽离出来，站在旁边。所谓旁观者清，当局者迷。旁观者跟两个人的关系是一样的，没有觉得哪个更好些。我作为旁观者，看到小军和小明两个人闹得不开心。他们两个人都觉得自己有理，都觉得对方做错了。旁观者的位置也代表智者的位置。智者是一个拥有很多智慧，而且对所有人都很友爱的人。我作为智者，坐在旁边冷静地看着小军和小明，体会他们之间发生了什么，然后去探索解决矛盾的方向可能是什么。

我从旁观者的角度发现：小军太缺少自信，总觉得别人瞧不起他，所以他觉得小明那样的表情是瞧不起他。而小明需要与别人多一些沟通。当两个人出现矛盾时，小明不说话，更不愿说出自己的真实想法，这样更容易让对方产生误会。同时，作为一个智者，我想给小军一个忠告："一个人只有足够自信，才能得到朋友真正的帮助。所以，当你觉得别人瞧不起你时，就要换个角度想，是不是自己瞧不起自己。这个角度会对你有帮助。"作为智者，我对小明的忠告是："跟好朋友在一起，需要有话好好说，需要有效沟通。保持沉默，只能让你们产生更大的误会。"

然后，我重新回到两把椅子的位置上，分别体会了一下。每个人听到智者的建议后，得到什么启发呢？我回到小军的位置，回听智者的建议："只有真正自信，才会找到自信的朋友。"是的，看来我误会了小明。是自己总觉得自己不好，才会觉得别人瞧不起我。要是我觉得自己够好了，就不会误会别人了。所以，我知道我要改变自己，不是去改变对面的朋友。只有这样，我们两个人的关系才会越来越好。我觉得自己明白了很多、清醒了很多，感觉也轻松了很多。

我坐在小明的位置上体会他的感觉，回听智者的建议："跟好朋友要有话好好说，不要沉默，也不要赌气。"是的，过去的我就是这样，有话说不出口，也不想说。但是，越不说，看起来越容易产生误会。所以，我们两个人的关系发展到现在这种情况，也有我的原因。我想接受智者的建议，于是对对面的小军说："对不起，过去是我不好，我觉得说不明白，干脆就不说了，没想到引起了这么多的误会。现在，我明白了，我还可以做得更好一点。所以，我还想继续做你的朋友，我们以后随时随地沟通，不再让误会影响我们的关系，好不好？"以往沉默的小明现在终于可以把心里想说的话直接说出来了，突然觉得非常轻松。他看到对面的小军也露出温暖的笑容，觉得两个人的关系已经改善，还想继续做好朋友。我感受到小明有这样的想法，而且直接表达以后，就迫不及待地想回到自己的位置上了。

最后，我又一次坐回到自己的位置上，重新回放小明刚才对我说的那些话。我感受到他真的愿意和我重归于好，再也不互相折磨和伤害了。这次，我真的可以主动伸出手去，握住对面小明的手。两个人的手握在一起后，真的决定从此做好朋友，彼此帮助，一起成长。

到现在为止，我们与他人和解的目标已经达成了。这个技巧就是这样简单而清晰。

我们再回顾和梳理一下。与他人和解，最好设置三个不同的位置——代表自己的 A、代表他人的 B、代表旁观者和智者的 C。我们需要在每个位置上都坐一坐，体验一下，得到一种感觉，这种感觉可以帮我们与他人实现和解。基本的顺序是，先在代表自己的 A 位置上坐好，去体会 B 的感觉。然后，坐到 B 位置上去体会 B 的感觉，然后从 B 的角度再去体会 A 的感觉，感受有哪些不同，得到新的启发和领悟。假如这样做不能做到与他人和解，就可以坐到代表智者的 C 位置，从第三者的角度去看 A 和 B，分别给他们一些意见和建议。然后，再回到 A 位置和 B 位置，体会他们各自新的感觉。经过很多疏通的过程，把一些话当面说出来，将彼此的期望当面表达出来，矛盾就自然化解了。如此，这个和解就在我们的内心完成了。

每当我们跟别人发生矛盾时，即使对方不在现场，只要我们自己愿意做这个练习，就可以让自己跟对方的关系发生质的变化。无论是跟同学、朋友、老师、父母，还是其他人，都可以用这种换位置的空椅子技术，来实现与他人的和解。你会发现自己的人际关系越来越和谐，越来越多的人愿意帮助你。这正是我们大家都期待的，不是吗？

冥想：释放你的愤怒与委屈

可跟随我的音频引导来完成这个冥想，请翻至本书封底，扫码收听。

当在生活中被别人误会，感觉很委屈或很难过，身边又没有人理解，觉得很孤独时，你也许会用音乐来麻醉自己，或玩游戏，或一个人躲在被子里默默地哭泣。现在，我们可以尝试用新的方法来更好地陪伴自己。当你准备好时，我们就可以开始了。

在开始之前先喝一杯水，然后坐在椅子上，或放松地躺在床上。如果你选择坐在椅子上，就可以把双脚分开，平放在地上，将双手分开，平放在两条腿上，让自己的脊椎保持直立；如果你选择躺在床上，就可以将身体摆成一个大字，全然放松就好。你可以闭上眼睛，也可以先看一遍文字。准备好了，闭上眼睛再来一次。

现在，请把注意力放在呼吸上，无论是先呼后吸还是先吸后呼，都只需在每次向外呼气时，将肩膀放松。随着一次又一次呼气，在肩膀放松的同时，自己的手臂和双手也放松下来，前胸后背放松下来，大腿、膝盖和小腿也放松下来。是的，那种放松的呼吸，让我们整个身体都放松，舒展开来。伴随全身的放松，我们试着把手放在潜意识所在的胸前，对潜意识说："谢谢你，潜意识。谢谢你一直以来对我的照顾，也谢谢你允许我在接下来的十五分钟里，从被伤害的感觉中得到支持的力量。谢谢你陪伴我。"当你又一次跟潜意识沟通时，潜意识里会出现怎样的画面和感觉呢？

无论出现怎样的形象、画面、声音或感觉，你都要继续对你的潜意识说"谢谢你"，然后在内心想象有一个最温暖、最安全的空间。那个空间可以是你喜欢的大自然景象，如海边、草地，或无垠的天空，让潜意识带领你进入这个最温暖、最安全的地方。是的，此刻你被足够的安全和温暖包围着，让自己在这个安全和温暖的环境中慢慢地放松下来。每次呼气，你都会释放出内心积压的感觉、被伤害的怨气；每次吸气，你都会进入体内安抚内心的伤痛；这是深沉而放松的呼吸。

无论你内心积压了什么，都可以通过呼吸将其释放出来。给自己一点时间，来完成这个照顾自己的过程。内心那些被伤害的感觉已经开始慢慢地流出你的身体。你觉得身体开始放松了，觉得舒服了。假如是这样，你就让自己在这种舒服的、安全的感觉里停留一会儿，然后看看画面有没有什么不同，曾经让你受伤的情景或让你生气的某个人是否发生了变化。

神奇的变化发生了，画面不再是曾经让你心痛的样子。我们尝试与对方进行沟通。我们看着对方的眼睛，感受一下内心的感觉，然后试着对他说："你让我很不舒服，你误会和伤害了我。我现在不想压抑和隐藏这种感觉，我想把我的真实感受告诉你。我被你误会，很难过；我被你伤害，也很难过。"当你说完时，感受一下身体有什么变化，假如有更大的怒气出来，那么让愤怒通过呼吸流动出来，直到你觉得平静为止。在这个过程中，你可以跟随身体的感觉进行深长而缓慢的呼吸，直到身体感觉越来越平静、越来越放松。

当你的身体开始平静、放松时，你会发现对面那个人的表情和状态也会发生很大的变化。你可以继续对他说："我内心对你有愤怒和委屈，特别难过。同时，这种难过推动我来冥想，冥想的过程让我学到了很多、成长了很多，让我知道原来所有的伤害和误会，不只是伤害，也是推动我成长、跟潜意识沟通的礼物。"

通过沟通，你发现一切都在变化，因此学到了一个照顾自己的方法和技巧。同时，你得到了一份礼物，这份礼物是从内心生发出来的领悟，也许你领悟到对方并不是来伤害你的，而是借助痛苦来推动你成长的；也许你领悟到对方原来是你的朋友，只是还不知道怎样可以给你更好的帮助；也许你领悟到不能把自己的幸福寄托在朋友身上，需要自己去获取。不管有怎样的领悟，我都恭喜你，我猜现在你对他已经没有那么大的愤怒了，也没有那么大的委屈和伤痛的感觉了，甚至心里有点喜悦了。这是一个很好的自我疗愈和清理的过程，你顺利完成了。

这就是潜意识对你的帮助，让你在被误会和感到委屈之后有新的领悟，也有跟自己完全安静相处的机会。这个过程很美妙，好像在无形之中收到了很多的礼物，收到礼物之后，我们就可以回来了。所以，请你再做三次深呼吸，每次向外呼气，你都可以更清醒一分。当做完三次深呼吸时，你会全然醒过来，在睁开眼睛的同时露出笑容。

好，三次深呼吸，开始了。

恭喜你回来。我们又一次在潜意识的守护下长大了一点。我们就用这样的方式结束今天的冥想，有需要的话，在睡觉前还可以再做一次。

我的性取向有问题吗

小立从初中开始，就成为被同学取笑的对象。男生们总是说他娘娘腔，没有人跟他一起玩。有些女生对他和气些，喜欢他的温和，没有攻击性的状态。他待在女生堆里感觉安全自在。但是，女生们也会合起伙来耍弄他，让他出丑。不管别人怎么对待他，他在表面上看起来都没脾气，从不发火。但是，只有他自己知道，自己内心有多痛苦，不知道自己到底怎么了。

他从小跟妈妈、外婆、姨母在一起长大。他的父亲是军人，难得回家。在三个女人形成的家庭氛围里，他模仿的对象只有姨母和妈妈，她们兴之所至，也把他当作玩具，给他化妆，抹红脸蛋，给他穿花衣服、高跟鞋。他为了讨好她们，也尽其所能地各种耍宝，哄得她们哈哈大笑。

直到上了初中，被同学孤立，他才产生了极大的困惑，不知道自己为什么喜欢跟女生待在一起，不知道怎么跟男生打交道。他甚至不知道自己到底是男生还是女生，这让他的正常生活秩序被打破了，陷入不敢跟任何人说的混乱和羞愧中。

初中时，有些男生正在经历变声，说出话的声调有点奇怪。过一段时间完成变声，这个烦恼很快就过去了。还有些男生可能跟其他男生长相不同，如皮肤白皙、长相特殊。他们都可能被正在生长发育的同学嘲笑。

如果你面临这种情况，那我告诉你，这些都不是你的错。如果你因此怀疑自己的性取向，那说明你很在乎自己的成长状态。你能这么早注意到自己的性取向，是一件非常值得恭喜的事情。什么是性取向？所谓性取向，就是我们在成长过程中，在心理上如何看待、认同自己性别的状态。例如，有些男生虽然在生理上是男性，也正常分泌雄性激素，但在心理上不喜欢男生的粗鲁，更认同女生，喜欢跟女生在一起。这是因为，他们认为跟女生在一起比较温和，没有冲突。这并不是性取向出了问题，他们仍然是男生，只是不喜欢冲突和暴力，完全不需要怀疑自己的性别。

有一个男孩曾经向我倾诉，说他走在路上看到女孩，就忍不住去看对方，心里会忍不住惦记，但又自责不应该看她们，还怀疑自己是不是性取向有问题。我说，这样太正常不过了，被异性吸引，引起一系列反应，但头脑又觉得不应该有非分之想，拼命压抑内在的渴望，这是在用意识压制自己的情绪。青少年压抑青春期正常的性发育欲望，会带来更大的心理压力。

我接待了一个刚结束高考的男生，他的妈妈万般焦虑地带他从外地来咨询。这个看起来大方的孩子羞于表达自己真实的困扰，同时觉得妈妈太紧张了，小题大做，让自己感到自责。妈妈说，高考之后，在他的出租屋里翻出了女性内衣，非常担心他以后学坏，上大学后被人抓住，未来就要毁了。妈妈的焦虑和担心让他在尴尬中强装镇定。

我对他的这种情况进行了解释和分析。

从 3 岁开始，他就离开父母住在爷爷奶奶家。爷爷奶奶为自己的三个儿子照顾七个孙子、孙女。儿子夫妇都在外地打工。

他被迫与父母分离，严重缺失母爱。进入青春期之后，在性冲动激发下，他产生对女性的渴望。但是，他很害羞，并没在现实中与女生互动，又面临高考前的极大压力，在多种压力聚集之下，他用买女性内衣的方式自慰，以此减压。对青少年来说，这是可以理解的。所以，他不是品德有问题，也不是坏小孩，这些评价只会增加他的压力。自责和内疚没有正常通道表达，巨大压力往往会让他在潜意识里更依赖用自己不喜欢的方式减压，使其成为意识和潜意识不融合的人，导致产生更大的挫败感与内在分裂。

在我解读的过程中，他的神情开始放松。是的，他的潜意识因为被读懂而释然。同时，我强调，他只要寻找到另一种减压的方式、另一种缓解性冲动的方式，就不需要依赖这样的方式了。他想去运动，去找同学玩。这时候，他更加放松而有力量了。在父母面前能获得引导和肯定，能对父母有一个交代，让他巨大的心理压力瞬间得到缓解。他需要成年人给他确认——你是正常的、健康的，你是好人，我们相信你可以照顾好自己。看得出来，他太想有一种新的人生状态了。

这是一个关键时刻，他内心的所有慌乱、罪恶感需要得到理解，需要引导，这是对他最好的引导时机。所以，我请他的父母反复对他进行肯定，看着他的眼睛对他说："我们相信你是健康的、正常的好孩子。我们相信你能照顾好自己。我们爱你，永远都在你的身后支持你！"

孩子在父母的认可下流出了热泪，拼命点头。在成长中缺失的性别教育就这么及时完成了，他将带着足够的信心开始大学生活。

所以，成长中的青少年经常因缺少引导，因为各种各样的困惑而怀疑自己的性取向，他们只能自己上网去搜索答案，对号入座，甚至进入同性群体中亲自去体验，鉴别自己到底是怎样的性别。很多人误把自己归为性取向有问题，并带着这样的错误认知长大，活成了"自以为的同性或双性"。在多年的心理咨询工作中，我遇到了太多这样的令人遗憾的案例。在成长中，许多人只是缺少成年人及时的正确引导，让自己的一生成了扭曲的悲剧。

还有一种例外的情况，有的人确实在生理上和性取向不同。关于同性恋，至今并无定论。到底是什么因素影响性取向呢？有的人是生理激素导致，有的人则是因为染色体不同，还有的人因为成长环境中缺少男性，被女性照顾比较多。即使真正的同性恋，每个人的影响因素也各不相同。

假如你也有这样的疑惑或好奇，我给你的建议是：不要那么急着给自己贴标签，还是先带着好奇观察自己，观察自己的生理变化，也观察自己的心理变化。在这个过程中，你需要接受专业的心理支持，获得专业的性别测评，然后才能明确地知道自己的性取向。无论结果怎样，你都要接受真正的自己，你是健康的、值得被爱的。消除困惑的成长都是快乐的，毕竟突破性别区分的人都是值得爱与被爱的，都是生命最美好的呈现。

我喜欢的人不喜欢我

小洪坐在我面前，一脸的沮丧和不自然。这个瘦高的帅气男孩没有一点精神。他失恋了，初中三年一直喜欢的女孩现在上了高中，要跟自己分手了。他无法接受这个事实，学习没精神，连活着都没有兴趣了。

好在他对我足够信任，他请他的妈妈约我咨询，从广东坐飞机过来找我。他从小跟父母分离，住在外公家，一直缺少与妈妈的连接。内向害羞的他一直很孤独。上初中之后，那个女孩与他是同桌。女孩跟他在一起的时光，是他人生中最幸福的日子。虽然女孩很会"作"，三天两头闹分手，但他都能忍受，毕竟他太缺少跟一个人如此亲密的接触。所以，不管女孩怎么闹腾，他都享受与她连接的过程。但是，到了高中，女孩爱上了另一位同学，与他彻底分手了。她看不上他的懦弱、成绩不好。为了摆脱他的纠缠，她转学去了另一所学校。从此，小洪就陷入了绝望中，不能自拔。

我引导他说："跟你在一起的三年里，是我最温暖的、幸福的时光，我感谢你对我所做的一切，我也做了我能做的最好的一切。过去，我把你当作我活下去的支撑；现在，我明白，我跟你是独立自由的个体，我不能操控你，你也不能操控我。我只能带着感恩放下你，把你交还给你的未来和你的父母。"在他号啕大哭二十多分钟之后，我引导他跟自己的父母连接，他才慢慢回归平静，可以放下她了。是的，他在潜意识层面把她当作了自己的妈妈。现在，他与自己的妈妈有了连接，才能放下对方，真正让自己自由。

你喜欢的人不喜欢你，是很正常且经常出现的情况。有人会说："你要大胆去追求，你拼命地追就可以了！"也有人说："追也没用，你把感情放在心里吧！"到底谁的建议对你有帮助？我猜，只有你自己知道，因为只要跟人有关的事就没有标准答案。

当你开始喜欢一个异性时，说明你长大了，这是值得恭喜的。除了喜欢，你可能还很在意对方。如果对方是你的同学，你可能每天的注意力都会被他吸引，忍不住观察对方的一言一行。也许你从小到大都没这样关心过别人，只是因为喜欢一个人，就竟然开始关心别人了。这种心动的感觉，就是你长大之后的独特体验。

不过，你需要明白，你可以喜欢别人，但别人没有必须喜欢你的义务。这就像花园里有非常美丽的鲜花，我喜欢它，但不能把它摘下来带回自己家，因为它属于所有赏花的人。所以，喜欢往往是单向的。你喜欢对方，对方却不一定属于你，对方有权利不喜欢你。

对方也许根本没在意，或不知道你喜欢他。或者，对方也喜欢你，但不好意思说出来。如果是这样，你可以试着写纸条或托朋友帮忙传话给对方。假如你已经做过这样的尝试，对方还是不搭理你，你要知道这只是自己的一厢情愿，只能尊重对方的选择。也许你并不是他喜欢的类型，也许他还没准备好喜欢异性。如果是这样，不论你怎么追，我猜都是没有结果的。即使你勉强追到了对方，也会发现两个人根本不合拍，没有继续相处的可能。你的喜欢，只能变成尊重，尊重对方的选择和决定。

在这种情况下，我建议你把感情收起来，把对方变成心里暗恋的对象。暗恋的意思是，你在心里设置了一个美好的花园，在花园里放了一个自己喜欢的人，可以把自己的情感倾注在喜欢的人身上。借这个机会，你让自己的心有了一个可以安放情感的地方，你会感觉到踏实，也会把注意力放回到自己身上。你也许可以为内心喜欢的这个人写诗、唱歌，让自己青春的心有一个可以寄托的对象。在内心不断跟对方互动的过程中，你的感情越来越丰富、越来越充实，可以有更开阔的眼界。随着慢慢长大成熟，在恰当的时候，也许真的有你喜欢、对方也喜欢你的人出现在面前。那时是真正的两情相悦，你们可以共同创造充满无限可能的未来了。

所以，把自己的感情埋在心底吧！好好守护心里的那个人，好好让自己在这个过程中陪伴自己长大。直到有一天，碰到两情相悦的那个人，你们再一起创造属于你们的未来。现阶段，你对异性的喜欢，是青春激情的前奏曲，也是你去爱一个人的前奏曲。保护好它，让自己带着它去跟更多的生命连接，这样你就会真正长大了。多么美好的事啊，你在美好的爱中长大。

我喜欢的人和别人在一起了

来自杭州的六年级女生小晓坐在我的面前，那瘦弱纤细的手看着让人心疼，惨白的脸上挂着泪痕。妈妈说，半年了，小晓一提起学校的好朋友，就这样哭一次、闹一回。妈妈实在没有办法帮助女儿了，只能把她带到这里来。小晓在班级里的两个好朋友，是她从小玩到大的朋友。小晓很依赖她们，也很信任她们，有什么好东西都跟她们分享。但是，不知道为什么，到了六年级以后，其中的一个女孩挑拨小晓与另一个女孩的关系，让另一个女孩渐渐疏远了小晓。小晓不想失去两个好朋友，用各种办法讨好她们。但是，对方却越来越亲密，让小晓感觉自己插不进去，越来越孤单。她不能接受三个好朋友变成这样的结局，所以在家里一说起来就哭，不愿意再去学校，没办法面对这种情况。

同龄好友关系破裂，影响孩子如此之大，父母们常常不能理解。

他们觉得孩子小题大做，把注意力放在学习上，或随便找一个朋友玩就行了。我止住了小晓妈妈的唠叨，给了小晓有效的带领，终于让她破涕为笑，找到了与好友告别的力量和勇气。她准备重新回到学校学习了。

如果自己喜欢的人和别人在一起了，你可能会嫉妒，内心有种酸酸的感觉。你喜欢的同学可能是同性闺蜜或兄弟，也可能是异性。无论是同性或异性，他们都会让你感觉自己好像被抛弃了。自己孤身一人，这对年轻的你来说也许是一次沉重的打击。我猜你一定很痛苦，也许在痛苦中自责和后悔，觉得自己还可以做得更好。你觉得自己不够好，所以对方才不喜欢你。你也许还会恨把朋友抢走的那个人，觉得他是典型的坏蛋，把你的好东西抢走了。你还可能对原来的朋友心怀恨意，觉得他见异思迁、喜新厌旧。

无论你对自己和别人有怎样的评价，都改变不了你的好朋友开始成为别人的好朋友的事实。那么，这个事实在提醒我们什么呢？

（1）朋友是会发生改变的。朋友是彼此能支持对方的人。之前你们关系好，是因为你可以帮他，他可以帮你，你们两个有亲密的感觉。但是，随着慢慢长大，也许他需要的你给不了，而另外一个人可以给他需要的，于是他们就自然地走到了一起。所以，好朋友是会变的，你发现了吗？

（2）朋友之间的关系是不可勉强的。你也许想过给对方更多好东西，想让他回心转意。但是，你会发现，即使这样做，也没办法让对方重新回到原来的样子。你越想巴结讨好对方，对方越觉得你可怜，没有力量、没有办法真正支持对方。每个人都喜欢靠近温暖、靠近光，没有人喜欢一个比自己还弱的人，不是吗？如果你可怜地祈求为对方做很多卑微的事情，对方更会觉得你给不了他想要的。每个人都会根据自己的需求，选择当下适合自己的朋友和搭档。朋友会变，而友情是相互给予对方最需要的东西。朋友的离开，对你的提醒是，你给不了对方想要的东西。

那么，怎么可以让自己变得更有力量呢？你可以制订一个提升自己能力的计划，还可以更多地把精力放在自己的兴趣爱好上，让自己的某种能力和特点凸显出来。你通过凸显自己的兴趣和特长，让自己成为一个好玩的、有趣的人，成为一个可以给别人带来温暖和力量的人。当你成为一个温暖的太阳时，自然就会吸引某些人，跟你兴趣相投的人自然会靠近你，想得到你帮助的人自然会主动向你求助。这时候，不再是你求着别人对你好，而是你自然吸引跟你同频的人了。这时候，你不知不觉就成为别人的好朋友了，不是吗？

总而言之，当别人离开你时，表示你已经不适合他了。请你带着祝福与对方告别，同时把注意力放在自己身上，拓宽自己的兴趣爱好，提升自己的能力。你应该让自己越来越好玩、越来越有趣，让自己成为一个更受欢迎的人，吸引喜欢你的人主动来找你。这样你的身边就会一直拥有跟你同频共振的人，友情会一直围绕着你，给你带来温暖与支持。这正是你期待的，是吧？

青春期偶像的意义

"嗨，你粉谁？谁是你的偶像？为什么喜欢他？他对你青春生命的意义是什么？"

我问坐在我对面的大男孩，他的眼里瞬间有了光，整个人一下子变得精神起来，眉眼里充满了爱意和幸福。他立刻告诉我，自己的偶像有多么了不起，自己多么喜欢他、崇拜他。他开始讲偶像的各种故事。

最后，他总结说：

"真的，他就是我的生命，他就是我的支撑。没有他，我真的不知道怎么过每一天。我现在每天睁开眼睛就去看他的公众号，每天睡前一定要看完他的动态。我只希望赶紧上完高三，赶紧参加高考，这样就可以去他的演唱会去见他了。父母答应我，只要高考结束，我就可以去看他的演唱会了。老师，你不知道，他就是支撑我高中学习，期盼高考的唯一动力。

"他太赞了、太燃了，站在舞台中央的他帅呆了，我真的爱他！"

我又一次切实地感受到了青春偶像对青少年的巨大影响，是狂热而又真实的影响。这个孩子在偶像身上倾注了自己的全部渴望和理想。

有人说青春总是跟偶像相连接的，每个人在青春期的时候都会有陪伴其成长的、迷恋的某些人。这些人可能是明星或商业精英，可能是自己的父母或老师，还可能是神话小说里的某个人物。

我女儿在小学六年级时，就开始迷恋漫画里的人物。后来，到青春期时，我想帮助她创造一个新的偶像。那时，全国都在上演电视剧《士兵突击》，我觉得这部电视剧很好看，就推荐给女儿，结果她不理我。青春期的孩子一般都不太听父母的话，我不停地推荐，她开始产生好奇，上网去找这个电视剧。然后，她就一发不可收了，开始崇拜电视剧里的男演员，去追片花，还加入一个网络互动吧，每天跟《士兵突击》的粉丝讨论电视剧里的各种情节。

当她如痴如醉地追这部电视剧时，作为妈妈的我在旁边很开心。这部电视剧是正能量的，可以满足她在青春期成长过程中对男性的好奇心，还可以跟随剧情体验充满张力的生命状态、各种情绪的触发，学习人和人之间各种关系的处理。当时，她经常分享剧中的一句台词：

"生命的意义就是去寻找意义。"

就这样，女儿顺利度过了青春期。我这个心理学专业的妈妈设计了这样的环节，让女儿通过追偶像的方式度过了可能会早恋的阶段。跟电视里阳刚有力的男生相比，她看不上身边的男同学，觉得他们太幼稚了。她后来喜欢的歌星和演员在不停地更换，各种各样的偶像伴随着她成长，他们一直影响和帮助着她，给了她父母给不了的影响和支持。

关于偶像和迷恋的话题，在青春期是很正常的。偶像往往是我们心目中的理想形象。每个人内心都有一个理想的世界。偶像身上有吸引我们的，同时我们也渴望拥有的某些特点。因为有了这样一个人，我们向下降落的力量就得到了缓冲，我们无处安放的心就有了一个可以安置的地方。于是，我们开始迷恋偶像，注意力被他们吸引，关心他们的兴趣爱好，在乎他们各种各样的习惯，了解他们到哪里比赛或开演唱会。只要我们的心灵有安放之处，似乎就有力量面对现实世界里的烦恼和挑战。

所以，偶像对青少年非常重要的意义就是，让他们降落的心得到缓冲，使他们的注意力可以分散，不至于被现实生活中的烦恼压垮。但是，假如我们把偶像当作生命中唯一的精神支柱的话，一旦偶像的形象发生幻灭或出现意外，我们生命的高楼就会坍塌了。

有一个高中女生喜欢韩国某个明星组合。她很迷恋这个明星组合，将所有的注意力都放在他们身上，家里贴满了他们的海报。她还跟爸爸做了约定，假如她考上理想的高中，就可以去韩国看这个明星组合。这个女孩为了见到心目中的偶像，学习非常拼命，在短短的半年时间里成绩有了非常大的提升，最后真的考上了期望的高中。但是，在她考上高中之后，爸爸对她说："我好不容易养大的闺女，就这样送到韩国去，万一不回来怎么办？"

她的爸爸食言了，不敢让她去韩国。女儿非常愤怒，然后就一直萎靡不振，没办法去学校上学了，这就是崇拜偶像带来的痛苦。作为她的心理老师，我用了差不多一年的时间才带她慢慢地走出来。在偶像赋予的意义坍塌之后，她需要重新建立生命的意义，需要继续寻找一个可以活下去的理由。她找到了一个可以继续学习的理由，但这个过程非常不容易。

也有人迷恋现实生活中的某些人，如所谓爱上异性。"所谓"指的是，你以为你爱着某个人，实际上是以爱他的名义，支撑自己生活下去。这个人突然离开，好像支撑自己好几年的生命支柱倒掉了，自己感到极大的痛苦。所以，需要重新建立生命的意义，这跟重新寻找一个偶像的意义是一样的。

其实，偶像对每个人来说都是必需的，大家都很崇拜英雄和成功者。在成长过程中的偶像，就好像在我们前行路上的一根拐杖或路标，支持我们往前走。但是，这个跟着偶像走的过程，也是把我们自己的生命意义建立起来的过程。所以，我们要跟随偶像，同时又要感受到，他跟你是有距离的，你并不是为他而活着，不需要因为他的喜怒哀乐，把自己的喜怒哀乐也投入进去。某些偶像对我们来说也许是干扰，并不是真正可以推动我们前进的动力。不是所有的人都值得我们崇拜，某些人也许会把你带到偏离正常生命状态的方向，这是我们需要警惕的。

当有崇拜的偶像时，我们需要了解对方如何做到的独特和精彩，然后模仿他们，让自己的生命也显得独特和精彩。我们还需要知道，所有偶像都不是完美的，我们了解得越深，越发现对方是普通人。这对我们最大的启发是：对方是普通人，我们也是普通人，我们如何可以像对方一样活得独特、精彩，甚至成为其他人的偶像呢？当我们完成这样的转化时，生命中的偶像将成为陪伴我们度过青春期烦恼的重要伙伴。当我们不需要这个伙伴时，就可以放下它，继续登上新的台阶往前走。

我非常喜欢看名人传记，很好奇他们为什么与众不同，我会去了解他们的家庭和过去的经历，想在他们的经历中找到一些可以激励自己的东西。所以，每当有家长或同学告诉我，崇拜偶像或追星给他们带来困扰时，我都建议他们多去了解这个偶像的生平，了解他的普通生活。你对他了解得越多，越会发现你们有哪些相似之处，就知道他真正吸引你的并不只是外在的光环，更重要的是内在的品质。偶像的内在品质才是真正吸引你的力量。

暗恋异性正常吗

小哲的妈妈找到我时，非常着急和焦虑："明年马上就要中考了，他的成绩突然下降了那么多，不知道发生了什么事？"

小哲抬起眼睛，不好意思地看看妈妈，又惭愧地低下了头。

待到跟我单独相处时，小哲才非常腼腆地开始诉说。原来，小哲喜欢上了班里的某个女生，上课的时候会忍不住看她，没有心思听老师上课。下课的时候，他也不自觉地到处找她的身影，一时没见到，就魂不守舍。晚自习做作业时，满脑子也都是她，根本无法静下心来学习，成绩自然一落千丈。

"老师，我这样正常吗？"小哲不好意思地问我。

"当然正常啊！恭喜你长大了！当我们进入青春期时，体内会分泌性激素，出现性特征，同时会对异性产生好感。德国作家歌德在《少年维特之烦恼》里有句话：哪个少年不多情，哪个少女不怀春！"我温和地说。

"可是，我觉得自己不应该这样！我很后悔和懊恼，但又控制不了自己！"小哲满脸痛苦，看得出他真的不能接受自己现在的情况，希望自己这个一向的"好孩子"还能像以往那样，专注学习，心无旁骛。他感觉自己这样是变坏了，完全不能接受自己，更不要说原谅自己了。我在他身上看到了他对父母的愧疚，觉得自己辜负了父母的教诲和爱，因为从小父母就提醒他不能早恋，在完成学业、找工作之前不能谈恋爱。但是，现在自己竟然不听话，影响了学习，当然让父母伤心了。

我分别给小哲和他的妈妈做了关于青春期暗恋异性，是正常发育需要的指导。

青春期孩子对异性的好感、性幻想、性冲动等都来自身体里的性激素分泌。身体的能量是非常巨大的，靠心理的压抑是很难的。很多时候越压，反弹越大；越想遏制，欲望反而越强烈；进而因此懊悔或自责，陷入恶性循环里无法自拔。

那么，我们应该怎么做呢？

首先，我们可以通过做各种运动，如跑步、打球、游泳等，释放掉身体的能量。

其次，我们可以释放自己的情绪。前面讲过的释放愤怒和委屈的冥想，同样适用于其他情绪练习。在进行表达、沟通和清理之后，我们的内心就会慢慢安定下来。当我们引导自己真实地表达出自己的想法和渴望时，就是主动释放压抑的能量，就是对自己真实情绪的接受：我喜欢这个女生，我在心里很在意她，我被她吸引了，我被她的美好特点吸引……这种如实表达可以把压抑的情绪表现出来，让自己感觉轻松和自然。

最后，我带着小哲一起梳理目前的情况：我的角色是什么？我想要什么？我正在做什么？我现在做的跟我想要的是什么关系？这是我在第二章讲解过的"自我管理四问"，适用于任何情况和任何场合。

小哲发现自己的角色是学生，想要参加中考，目标是考上理想的高中，但现在做的事情严重影响了学业。

还有一个关键的步骤，我问小哲："你想让这个女生也关注你吗？你猜什么样的男生比较容易吸引女生的注意呢？"

小哲想了想："帅气、酷、潇洒、学习好！"

"原来我现在做的都是无效的！她根本都不看我一眼！当我学习上去了，既可以考到好学校，又可以让女生关注我！"小哲恍然大悟！于是，他做了一个决定：把对女生的好感放在心底，让自己以此为动力，无论如何都要好好学习，待考上高中之后，增加自己的竞争实力之后，再看自己的感情会不会发生变化。"两情若是久长时，又岂在朝朝暮暮！"他吟出了秦观的词句。哈哈，他与我同频了，我常用这两句词帮助陷入单恋的少年。

这次咨询之后，小哲在学习上没再让父母操心。最后，他以优异的成绩考上了理想的高中。在他中考后，我们又一次见面。我问他："你喜欢的女生注意到你了吗？"

小哲不好意思地挠挠头："有一次模拟考试成绩公布后，这个女生走过来对我说：'好厉害啊！'我突然发现，她也不过如此，我感觉她的神秘感消失了，不那么喜欢她了。"

这就是青少年的特点，情窦初开，对异性产生好感和渴望的情绪来得快，去得也快，有的时候不能太当真。但是，当他们面临情绪和烦恼时，我们又不能不当真。

我们要引导孩子三不做——不逃避、不控制、不否定，三做——面对、清理、转化，这样改变就会在当下发生了。这就是重要的成长契机。

亲爱的青少年们，如果你们也有类似的苦恼，是非常正常的！你们不要骂自己，也不要责怪自己，把攻击自己的力量用来释放、清理和疗愈，这才是爱自己、照顾自己的正确方式。

在青春期，对一个人暗恋，默默欣赏和关注对方，让自己体验温暖、牵挂、揪心的感觉，也是一种非常真实而独特的体验。恭喜你长大了，心变得大了，你的心里可以住下另一个人了。

我渴望友谊

萱萱是一个初一女生，她在父母的眼里一直是一个非常乖巧懂事和听话的孩子，近期跟父母说不想去学校了。父母都无法理解，于是心急火燎地找到了我。

我们见面时，萱萱低着头，双手摆弄着衣服的前襟。她听到我们聊天的内容，偶尔抬头看看我，眼神略显呆滞。

"你有什么想聊的吗？"我问她。

"宿舍里的同学都排斥我，说我不好。我不想再回学校了。"萱萱继续低着头。

"为什么宿舍里的同学不排斥别人，只排斥你？一定是你身上有什么问题，你要反思和检讨自己！"妈妈在一旁大声道。

萱萱的眼睛闪了闪，把头低得更低了，妈妈的话无疑是在她的伤口撒了一把盐。

细聊之下，我才得知，萱萱原本跟宿舍里的某位同学关系很好，不知道怎么发生了误会，那位同学不再理她，还联合其他同学一起排斥她。

"我感受到你内心有委屈、愤怒和悲伤。"我轻声地说。

"是的。"萱萱点点头，眼里含着泪花。

进入青春期的孩子，对同伴的需求排在了首位，渴望自己被某个群体或团队接纳，渴求有安全感和归属感。如果这种需求没有得到满足的话，孩子就会觉得异常孤独、自我否定，觉得由于自己不好才导致没有人喜欢，缺乏自信，遇事退缩，从而导致精神抑郁、厌世，甚至走上自我伤害的犯罪道路，其危害之大无法想象。

有一个女孩，从 9 岁开始就辍学在家，给开杂货店的父母做帮手，直到 11 岁。她缺少与同龄伙伴的交往，每天郁郁寡欢。父母没有时间陪她，就买了一个手机哄她开心。她在手机中，通过"同城推送"功能，认识了同龄的女孩。这些十几岁的孩子在家里无聊，聚在一起玩，这极大地满足了她们对交友的需求和渴望。结果令人心痛，她们相约玩游戏、唱歌、吃饭、恋爱，相互出卖。所到之处，她们遇到同样游手好闲的男孩，男孩女孩在一起，人多力量大，胆子也变大，为了搞钱去偷电动车，为了找人买手机自己去"献身"，被人奸污，然后又发展成被迫卖淫、主动卖淫。11 岁正值花季的女孩就这样走上了犯罪道路。事情发生后，在两年时间里，三位女孩的母亲前赴后继想"捞出"女儿，付出了各种努力，却收效甚微——比起她们的影响力，女孩更感到自己是在圈子里被"朋友"陪伴成长和互相养育的。记者采访时，女孩说："刚休学时，我很想回去上学，因为同龄人都在上学，我一个人在家干吗？我失去了学校里的朋友。我在网络上找到这些朋友，他们更理解我，哪怕他们也会伤害我，但我在情感上需要和依赖他们，这是我唯一的选择。所有受的苦不能告诉大人，他们不能理解我，我需要他们，需要这些朋友。"

这个案例报告让每位阅读者都会心里难过，无法释怀——陪伴和朋友对青少年的重要性，远超过成年人的理解。父母剥夺孩子与主流同龄伙伴交往的机会，他们就会凭本能创造自己的圈子，其影响也就无法控制了。

这个案例又一次为所有的父母和成年人敲响了警钟——孩子需要同伴，需要友谊，需要在同龄团体之中的归属感，请大家一定要重视，重视，再重视！

在咨询中，我带领萱萱做了一个练习，用前面讲过的"与他人和解"的实用技巧。我放了两把椅子，萱萱选了一把椅子坐上，想象她的那位同学坐在另一把椅子上。我引导萱萱把想说的话、压抑的情绪都宣泄出来。这样做完后，萱萱轻松了很多。

然后，我引导萱萱坐在对方的位置上，感受对方的感受。萱萱惊讶地说："原来那位同学是在乎我的！她以为我在背后说她的坏话，所以才生气，不理我。为了报复我，她才联合其他同学排斥我。"

这个惊奇的发现和终于明白的喜悦，推动萱萱与同学实现了和解。

最后，我带领萱萱做未来景象法，让她去看看半年后的自己期待看到一个怎样的自己。萱萱开心地笑了："我看到我身边有好多好多的朋友！我之前只跟那位同学玩，忽略了其他好多同学，原来我可以跟好多同学交朋友!"

这就是体验式练习的魅力,用身体的移动带动内心发生变化,这种神奇的变化是自己可以体验到的来自身体的真实感受,而非头脑里的说教。这种强烈的能量促使人体发生根本的改变,每次尝试都会给当事人带来直接的感受和震撼,认知也自然发生了改变。

所以,当青少年遇到交友困惑时,父母千万不要忽视或轻视他们的烦恼,绝不能只是说教(什么"学习最重要,友谊算个屁"),忽略孩子们友谊纠结之痛,也不能简单处理("不行就换一个")。这是一个陪伴孩子学习人际交往、获得友情的关键时刻,父母一定要找出时间,安静地倾听,了解孩子的困扰所在,用相应的方法和技巧帮助孩子走出困境,帮助他们借机认识自己,提升人际交往的能力。

如果你就是处于友谊之困中的青少年,千万不要压抑自己的痛苦,这是你在成长路上的很重要的一个求助机会。你可以去向你信任的、能理解和帮助你的人求助,请他们帮助自己突破自己的想法和观念,帮助自己释放在交往中产生的委屈、愤怒或内疚的情绪,然后再帮助自己提升与他人沟通的能力。这样你就会借这个机会,更加懂得自己,也更懂得你的朋友,更有能力去获得真挚的友谊。

我帮助萱萱的过程会让你明白:真正的成长是有很多简单有效的办法的,找一位你信任的心理老师,可以让你在温暖的陪伴中瞬间得到解脱,这就是真正懂你的人可以带领你成长的魅力。

| 第五章 |

面对未来，我准备好了

我是差生，应该怎么办

曾经有很多同学向我倾诉，觉得自己是班级里的差生，不知道应该怎么做。当听到这些话时，我能感受到他们很渴望得到老师的重视和关注，内心还有些愤怒和不平。

你是这样的同学吗?

我猜你的成绩在班级里不是最好的，因为成绩不好，所以内心一定会感到自卑，觉得自己不值得被老师重视，是吗? 所以，你遇到这样的老师不是偶然的。这样的老师好像一面镜子，把你内心对自己成绩不好的评价给照出来了。

既然这样，那怎么办呢? 你要先学习喜欢自己，你要先接受目前成绩还不是那么好的自己。每个人在学习这件事上是不一样的。有的人非常擅长和适应学校里的学习状态，不用努力学习，成绩也很好。像我这种非学霸型的人，就非常羡慕学霸型的人。这个差异是天生的，哪怕我非常努力地学习，也没办法像学霸型的人成绩那么好。我们要承认和接受这种先天差异。

在这种情况下，我们对自我的要求就要更高了。因为我们不是学霸型的人，学习天分不是很高，所以要很勤奋、很努力。这样的勤奋和努力，不是为了得到老师的肯定和表扬，而只是想不断地超越自己。哪怕老师没给我们肯定，我们内心都非常清楚学习是自己的事，不是为了得到老师的肯定而学习。同时，一分耕耘一分收获，这种持续的努力一定会带来某些方面的变化，也一定会带来自我肯定。当我们做到喜欢和相信自己时，即使老师不喜欢也无所谓。与此同时，当我们真的喜欢自己时，当我们内心不再对老师有那么大的愤怒和抗拒时，老师也一定会感受到我们的状态，从而改变对我们的态度。

如果你真的很在乎与老师之间的关系，那么建议你现在做下面这个练习。

站在地面上，想象你很在乎的老师站在你的对面，然后感受一下你和老师的视线谁高谁低。你的视线比老师高，还是跟他一样高，或比他低？假如你的视线比老师高，我能猜到你对老师充满了蔑视，对老师非常不恭敬，甚至在挑战老师。一个对老师不恭敬的学生一定得不到老师的关注。你是学生，需要站在学生的位置上给予老师足够的尊敬，这是每个学生都应该做的。你没有做你应该做的，还想让老师关心你、对你好，那是不可能的，你只会让老师对你产生愤怒的情绪。所以，你和老师的关系是错位的，师生关系需要各自站在合适的位置上。

怎么办呢？你要让自己低下来，让自己回到学生的位置。然后，你在心里对老师说："老师，我是你的学生。无论你怎样对待我，你都比我大；无论你的态度是怎样的，你都是大的。你大我小，作为学生，我只能尊敬你。"

当你能心悦诚服地对老师说"我是你的学生，我尊重你"时，你就会改变对老师的看法。当你内心对老师的看法改变时，下次回到学校，一定会发现那位老师不知不觉间变了。老师可能隔得很远就微笑着跟你打招呼，开心地跟你聊天。这是我在这么多年的咨询生涯里经常遇到的案例。只要你实践了，就会发现，当自己发生变化时，外面的老师就会发生变化。这就是境由心转。当我们内心发生转化时，外面的世界就会发生变化。所以，我们应该把关注点放在自己身上。

我期待听到你的好消息。

🏃 我不想上学，应该怎么办

两个双胞胎男孩一脸茫然地看着我，弟弟长得高大圆润一些，他坐下来就急切地问我："老师，我们不想上学，上够了！我对不起父母，对不起老师。可是，我一靠近学校，就全身紧张，感觉身体麻木。我真的进不了学校，怎么办？"是的，他们两个人初一下学期就不去上学了。哥哥长得瘦弱一些，没有弟弟那么主动，但也点头附和："我也不想上学。我觉得学校学不到我想要的东西。我也不喜欢老师对待学生的态度。虽然老师不骂我，但骂其他同学就跟骂我一样，让我难受。我待在学校里学习不进去，回到家看着父母欲言又止的样子，看着他们焦虑的眼神，我很恨自己。但是，真的，老师，上学太难受了。"

他们两个各自倾诉自己在学校的各种难受经历。我观察他们是否相互影响，相互模仿，是否互相借势，可以待在家里玩游戏，不上学。但是，倾听的结果让我明白，他们两个人相互独立，互相影响并不大，也许不是同卵双生子的原因吧。他们有不同的爱好，一个喜欢沉思，读历史类、哲学类书籍，一个喜欢动手，写游戏程序。所以，父母为他们找了不同的教育机构，接受培训。他们每天跟着父亲去单位上班，坐在爸爸的办公室里自学。

我收集了相关的资料，明白这对兄弟跟很多初中生一样，凭本能恐惧学校的学习。但是，他们并不排斥学习，仍然对学习和了解世界有着浓厚的兴趣。虽然其中有成长中与父母关系的困扰，也有情绪困扰，但根据他们的状态，帮他们设计继续学习和成长的路径更重要，让他们放下不能回学校而产生的内疚和罪恶感更重要。

在这次咨询后，这对兄弟在家里接受校外培训。他们体验了一年之后，又主动申请回学校去学习了，一切都轻松自然地完成。当然，这也依赖他们的母亲一直在学习和成长，跟孩子的父亲一起支持孩子进行一年的校外学习体验。

这样的案例屡见不鲜。有同学向我倾诉说不想上学和继续读书，我一般会反问："那你想干什么呢？"你当然可以说不想要什么，但我希望，你在说不想要什么时，一定也要清楚自己想要什么。

一个小孩可以简单地说，这个东西不好吃我不吃，那件事不好我不做。但是，今天的你不是小孩了，你是一个长大的、对自己负责任的人。除知道自己不想要什么之外，你一定要有一个清晰的目标，就是自己想要什么。所以，你一定要静下心来好好想一想，给自己做个规划。如果你真的不想读书和上学了，那你到底想要什么？你想自己去创业，还是去打工，或去流浪，或去做其他的事？

我们有时候会选择逃避，远离痛苦的感觉。为了逃离痛苦，我们不敢面对自己内心真正想要的东西。但是，在所有成长的过程中，一定会有各种不如意和痛苦。我们选择逃避一条路，换条路也会有痛苦。假如你找了一条目前觉得好走的路，未来可能还会经历痛苦，那怎么办呢？

这么多年来，我接触了很多不想去读书的、辍学在家的同学。有的同学在家里天天玩手机、玩游戏，过着晨昏颠倒、非常痛苦的日子。直到发现这种生活也不是自己想要的，他们就从家里走出来，开始新的生活。我也看到有人不想去学校、不想读书，待在家里找到新的方向。例如，他们把自己独特的生命经历写成公众号文章，成为一个粉丝众多的网红，从此建立自信，可以赚钱养活自己，也有了对未来人生的规划。这也是给自己找到了另一条出路。

所以，我从来不会强迫某位同学一定要待在学校里，一定要去读书。我一定会帮助痛苦的同学找到一个客观的方向，那就是一定要去找自己喜欢的、擅长的，无论多么痛苦也要走下去的路。只要你愿意去尝试，就会发现路上会有很多人支持你。假如你没有找到这条路，也不愿意做任何尝试，那我猜你只是想逃避，待在幻想里。逃避是解决不了问题的，幻想也代替不了现实。你如果不会游泳的话，无论是待在江河湖海或游泳池里，都没办法游到远方。

我们可以不去学校，可以不读书，但我们一定要有面对痛苦，找到自己擅长、喜欢、适合的成长之路的能力，然后坚定不移地走下去。假如这条路找到了，就会有很多人支持你。假如这条路没找到，我建议你去冥想，重新整理自己。整理好自己后，你再集中精力去做现在最容易做、最可能做的事，也就是回学校继续读书和学习，并继续寻找你想做的事。

每当接待休学在家一段时间的同学来访时，我都会感受到他们渴望回归社会，以及在休学时期的自我反省。这些体验和经历也是他们学习和成长的一种方式。他们走了一条与绝大多数同龄人不同的路：一个人在封闭的空间里孤独地自寻出路，这也是一种沉淀、一种历练，所以他们注定与坐在教室里的同学有不一样的视角、不一样的体验。

他们所经历的都是有分量的人生。他们有自主性，有独自面对人生的思考，所以当他们想走出来时，我与他们的交流就变得非常有效了。我把他们带出困境，引导他们，带着感恩的心，接受自己待在家里的时间。这也是一种特殊的学习方式，也是一种有质量的学习和成长，让他们积累了同龄人不具备的经验，也因为这种特殊的体验，他们更理解同样在学校学习困难的学生，他们更容易帮助与他们有相同经历的人，这就是将痛苦转化为资源的特殊人生体验的意义。

不管怎样，我都会帮助每个探寻学习之路的人，因为一个想为自己生命负责的人，一定会找到一条适合自己的路，我坚信！

冥想：面对考试和挑战

可跟随我的音频引导来完成这个冥想，请翻至本书封底，扫码收听。

很多人会告诉我面对考试时各种各样的紧张和焦虑。有的同学面对中考或其他大型考试时非常紧张，从而影响正常水平发挥。有的成年人说当公司有很重要的任务安排给他时，就会像考试一样如临大敌。所以，当我们面对考试或其他挑战时，如何让自己在放松、专注的状态下呈现最好的状态，就非常重要了。让我们通过简单有效的冥想完成自我状态调整。同时，我需要提醒的是，冥想不是做一次两次就有用的，一定要把它变成一个新的生活习惯。例如，每天睡觉前可以通过冥想调整自己，也可以每天早上起床后先做冥想再学习，一定会有非常显著的效果和收获。

接下来，让我们开始。

你可以选择躺着，也可以坐着，脊椎保持直立。双脚分开，平放在地上；双手分开，平放在两条腿上。然后，把注意力放在自己的呼吸上，每次向外呼气时，肩膀下垂。让从肩膀开始的放松慢慢地进入你的手臂、双手，慢慢带到双腿、双脚，慢慢让放松从头到脚笼罩你的身体。在这个过程中，你可以一直保持深厚而绵长的呼吸，每次向外呼气时，都把胸中积压的焦虑、紧张的情绪彻底释放出来。在慢慢放松的过程中，你的身体开始感受到平静。当你越来越平静时，你的潜意识自然会觉得很安全。

我们就在心里跟潜意识进行交流：

"谢谢你，潜意识！谢谢你一直以来对我的照顾，也谢谢你陪伴我经历了很多次考试、面对很多次挑战，让我越来越有经验、越来越有力量。今天，我想邀请你陪伴我做一次更深入的冥想，让我可以从这种焦虑和紧张的状态中放松下来，让我可以跟考试和焦虑的关系有所改善，好吗？"

当完成这样的邀请时，你感受到潜意识给你怎样的回复和信号？潜意识里有什么样的画面、声音或感觉？无论怎样，你都对潜意识说："谢谢你。"

当潜意识已经准备好陪伴你去面对接下来的冥想时，你的内在会自然涌现出关于考试的形象。每个人对考试的感觉是不一样的，每个人的潜意识浮现的考试形象也是不同的。有人用自然界中的植物形容考试，也有人用动物或某种景物形容考试。你通过潜意识给你的信号，可以在内心看到某些信息，或听到、感觉到某些信息。无论你看到、听到、感觉到什么，都接受它，对它说："谢谢。"

现在，请你在心里看自己，看自己穿着什么颜色的衣服、脸上有怎样的表情。同时，请你看对面的考试。它长得怎么样？你用怎样的东西来代替或象征考试？有人说眼前的考试像恶魔或泥潭，有人说心目中的考试像狮子、老虎或蛇。不管出现的是什么，那都是你的潜意识认为的考试的象征。当你面对它时，内心有怎样的感觉？紧张、焦虑、讨厌，或愤怒、委屈？是的，从小到大，你经历了很多次考试，每次考试都让你提心吊胆。你渴望有好成绩来证明自己，渴望得到好成绩获得父母的表扬，渴望有好成绩让同学对你刮目相看，渴望自己的名字写在班级的光荣榜里。因为这些渴望都没有被满足和实现，所以你的心里积压了越来越多跟考试有关的情绪。原来平常的考试慢慢被你的痛苦给妖魔化了。让我们试着用面对面的方式，去跟这些被妖魔化的考试的象征进行沟通吧。

面对心里的考试的象征，我们不想再压抑自己，也不想再逃避。所以，我们准备把心里的想法说出来告诉它。让我们看着对面的考试的象征，对它说：

"你代表我心中对考试的感觉，我讨厌你，我不喜欢你。我的生活被你控制。因为有你在，我失去了自由；因为有你在，我没有好日子过。所以，我讨厌你，你最好离我远点，最好不要再让我看到你。"

当你把心中积压很久的这些话说出来时，有怎样的感觉？我猜你一边说一边不由自主地做深呼吸，就好像在不由自主地释放和宣泄。假如身体有需要，你就让自己慢慢完成吧。

深呼吸之后，你也许会觉得身体麻麻的、头晕晕的，就好像有很多新的能量开始在体内流动。让自己完成这个过程，同时感受一下对面考试的象征发生了怎样的变化。它们的颜色、形状和大小有什么改变？你会神奇地发现，当你在内心完成这段对话时，对面考试的象征竟然也跟着发生了变化。它也许变得更小或更大，也许颜色变得更淡或更深。不管它变成怎样，你都是可以跟它沟通的。你跟它不断沟通，它就会不断发生变化。

原来它并不是你过去以为的是一个恶魔，它也不是你的敌人，或想来伤害你、控制你。它会随着你的话语而发生变化。这样一来，你和它的关系就不再是敌对关系，好像变成了伙伴关系。它能听懂你的话，而且会自动做出变化。我们继续尝试对它说：

"当我说出内心真实的想法时，你竟然发生了变化。原来你不是来控制我的，也不是来伤害我的。原来你是可以跟我互动的。"

当你说完这些话时，心情变得怎样？你也许会轻松很多，也许忽然觉得它没有那么讨厌了。是的，当你真的有勇气去面对它时，你和它的关系就会发生变化。

请继续看着对面考试的象征，同时想象在它后面站着你的未来，那个你可以实现梦想的未来。我猜，你的注意力一下子就被未来吸引去了。你甚至会感觉身体里有很强的动力，促使你迫不及待地扑向未来。可是，考试还挡在你的面前。每个学生都不喜欢考试，但没有哪个学生不喜欢未来。未来充满吸引力，在等着你，在召唤你。怎么办？你不跟考试搞好关系，就没办法走向未来。所以，我们继续看着考试的象征，对它说：

"既然你不是来控制我的，也不是来伤害我的，那么，你挡在我和考试之间，我知道你的存在对我是一种检验，也是一种训练，让我可以有更多的知识和能力，也让我有更大的勇气和信心。这些知识和能力、勇气和信心都是我走向未来必备的资源。所以，我现在不想再抗拒你，我想请你帮助我，我想跟你和解，我想改善跟你的关系。"

当你说完这些话时，看看考试会发生什么变化，也许它的大小、颜色、形状都发生了变化。我们继续对它说：

"你是我走向未来必须经历的一个部分，你在用特殊的方式磨炼和训练我。只有经过这些考验，我才会更成熟、更有力量。所以，我承认你比我大，我比你小。我想对你说的是，我接受你对我的考验和磨炼。我准备低下我的头，不再跟你对抗，我用低头的方式对你说是，我接受你。我接受你用你的方式来打磨我、训练我。"

让自己跟随身体的感觉，把头低下来，再一次放松自己的脖颈，对陪伴自己若干年的考试说是。不再对抗，放下内心所有的抗拒，完成这个接受和臣服的过程。别着急，你的身体会有自然的反应，知道要做多长时间和做到什么程度，所以完全听从和相信身体的带领。

直到觉得自己真正身心合一地臣服和接受了考试，再慢慢抬起你的头。当你再一次抬起头来时，也许整个人都会变得轻松很多。是的，当你平静下来，再去看对面的考试时，也许会发现一个完全不同的形象。它也许会变成你最喜欢的一个动物，或你最爱的一个小伙伴，或你最爱玩的一个玩具。不管它是怎样的形象，你都跟随身体的感觉走过去，跟它在一起，手牵手，或相互拥抱，或把手搭在它的肩上。你跟随内心的动力，跟它一起大踏步向未来奔去。

你的大脑也许还没有反应过来，但身体已经自动完成了这个过程。当考试作为你的伙伴，跟你一起走向未来时，你会发现自己很踏实、很坚定，充满自信。是的，考试本来就是你的伙伴，打磨着你的能力。一次又一次考试就好像生命之路上的一个又一个站台，你跨过一个站台就走到下一个站台，每向前走一步，就更加有力量、更加自信。你在身体里看到那个充满希望和信心的画面，看到你跟未来拥抱在一起，一起走向前方，让这个过程自然完成吧。

你要在这个美好的感觉中停一下，让内心完成这个沉淀的过程。一个重要的关卡已经过去了，未来人生路上其他的挑战带给你的恐惧和焦虑已经释放了。每次挑战就像一次考试，你将它经历过了就成长了，多一次经历就更成熟一些，直到你成为一个身经百战、越来越勇敢和有力量向未来奔跑的勇者。这就是考试和挑战带给你的礼物。收到这份礼物，就是我们应该回来的时候了。让我们深深地吸一口气，再慢慢地吐出来。做完三次深呼吸，慢慢地睁开眼睛，让我们回到现实，回到这个房间里。恭喜你，你从考场和挑战的路上回来了，收获了更加自信的、更有力量的自己。

实用技巧：学习考试策划书

每当重大的考试之前，很多同学可能比较混乱，总是有各种各样的焦虑和担心，担忧自己临场考不出真实水平。每年的四五月份，很多学校开始进入考试季的考前辅导期。人们每年都说中考、高考要给学生减压，但好像学生的压力越来越大，整个社会一起体验考试的各种焦虑。我每年春天都要接待一大批要参加中考、高考的学生，还有迎接职称考试和各种资格考试的成年人，他们都处在极度焦虑的状态。

面对考试焦虑时，你可以通过做深呼吸、多喝水的方式减压，还可以接受考前减压辅导。你还可以为自己写一份学习考试策划书。你之所以对考试产生焦虑，是因为你对考试结果有期待。假如期待特别高，超出自己的现有水平，你就会焦虑；假如你觉得自己稳操胜券，就没有那么多焦虑了。我们可以看看每年对各地中考、高考状元的专访，可以发现这些人每天都在正常运动，每天正常看电视、听广播，生活非常有序。他们对自己的目标心中有数，所以足够放松。为了让自己心中有数，在考试前做策划非常重要。现在，请大家来写一份学习考试策划书。

请拿出一张 A4 白纸，把它三等分，左边的位置是我们现在的学习状态和成绩，中间是我们将要设计和规划的，右边是我们期待的考试目标。我们准备根据自己的实际情况来完成它。

现在先写日期，在右边写上期待的考试日期。例如，日期是 202×年 6 月×日，明年高考的第一天；从现在到 202×年的 6 月，算算有几个月，把这几个月的时间写在中间部分。

然后，填写左边部分。想一想到目前为止，你过去的综合水平、综合成绩是怎样的。例如，你现在是高三学生，刚刚入学，在为明年的高考做准备。到目前为止，你要迎考的所有科目加在一起的总分，是多少分呢？全国各地的考试科目是不一样的，分数计算也是不一样的，所以我没有办法给你一个参照值。你可以根据自己的综合能力，评估一个综合水平；不要取最高成绩，也不要取最低成绩，取一个平均数。例如，我现在的综合平均分数是 360 分，那就在左边写下 360 分，在右边写 202×年 6 月×日完成高考之后期望的目标 390 分。360 分和 390 分两个分数相减，差 30 分，我把这个分数差值写在中间部分。

分解一下现阶段 360 分是由哪些科目的分数组成的。例如，科目包括语文、英语、数学、物理、化学，或生物、化学和历史、地理。如果语文平常可以考到 120 分，数学可以考到 100 分，那其他科目还需要多少分？总之，将所有科目分解之后，合起来就是 360 分。你把这些科目的分数一项项地分解出来，再看白纸上右边期待的部分。例如，明年高考期待语文多少分？有的人希望继续保持 120 分，有的人希望考到 125 分，根据自己的实际情况做决定。把目标分数 390 分也分解，语文多少分，数学多少分，其他科目多少分，把它们都分解出来。

做完总的分解后，我们来看看目标差距。例如，语文现在 120 分，距明年高考目标 125 分有 5 分之差。这 5 分之差可以从哪里得到呢？

是从语文基础知识部分、写作部分，还是从应用能力部分得到？你要知道具体的提分点在哪里。有人说，我的基础知识一定要强化，要多做题目，提高 5 分的可能性是比较大的。那么，把语文的 5 分写下来，它的提升点在于基础知识。还有人说，我的几何部分不行，只要我强化几何训练，数学就可以提升 20 分。这样，我就知道要提升的 20 分是从数学的几何部分出来的。当知道分数的提升点在哪里时，我就越来越心中有数了。其他科目也是依此类推，找到现在的能力板块和未来要提升的板块。

白纸的中间部分，就是具体从哪个点来提升。假如我想在语文基础知识部分提升 5 分，那就要问自己每天需要做什么才能持续提升，在高考时可以保证至少提升 5 分以上。例如，每天多做两套卷子，或每天多朗读一篇好的文章，或每天多写一篇作文。总之，一定要把提升的分数跟你每天做的事结合起来。每天多做一点点，就是在为提高分数做准备了。这样就会觉得心里有底，同时明确，只要日积月累，就一定会在希望提升的方向上有大的收获。这样，当我们每天做题目时，就会清楚自己在靠近那 5 分，就不会觉得是被别人逼着、被安排做题目或训练，就会带着喜悦，自觉自律地来做这件事了。

还有一种情况，就是你现在的分数跟你目标的高考分数差距太悬殊。例如，现有的平均分数是 360 分，期望高考考到 460 分，中间有 100 分的差距。我建议你再慎重考虑一下，因为 100 分的差距比较大，这个目标可能超出了你的实际能力。在现实生活中，越是重大的考试，考的并不只是平时的知识积累，更重要的是我们的应变能力和心理素质。所以，很多人觉得在重大考试时维持平时的水平都非常难，更多的人不能正常发挥，没办法考出平时的水平。通过短短的不到一年的时间，要在正常发挥的情况下提升 100 分，你心里有数吗？

你可能回答"心里有数"，因为你过去只用了两分力，接下来会铆足劲用十分力。你把100分分解在每科里，只要用把劲就可以把分数提上来。那么，我恭喜你。做规划对你来说太重要了，因为你可以激发自己的潜能，在几个月里保持突飞猛进的状态，最后一定会得到满意的高考成绩。或者，你会说不行，平时已经用了七八分力，现在面对高考，最多再增加一两分力。如果看到这100分的目标害怕的话，那么我建议你慎重考虑，不要给自己定100分的高目标。当你在适中的位置时，就可以准备充分，减少焦虑，会正常或超常发挥。

假如你现在的分数跟目标分数差距超过50分，那么就要好好斟酌，规划好应对的策略；假如差距在50分以下，高考复习就会处于比较轻松的状态；假如现在的分数已经达到390分，给自己定360分的目标的话，反倒会影响自己真正水平的发挥。所以，焦虑曲线是一个倒U形，期待太低时，不太焦虑，能力无法提升；期待过高时，过于焦虑，难以发挥出正常水平；只有保持在中间的状态，才是适当的焦虑水平，最容易让自己正常或超常发挥。

那么，如何订立目标呢？正常的目标就是力所能及的目标，而不是越高越好。分数越高越好是一个混乱的目标，并不是一个有效的目标。所以，在中考、高考之前，我建议用一张纸完成自己的学习考试策划书，跟各科老师沟通一下，说说自己的想法，听听老师的反馈和建议。老师也许会让你提高一点目标，也许会建议你降低一点目标，可以给你一些具体的指导。有了老师的支持和建议，加上自己全力以赴地投入，这张学习考试策划书就可以让自己保持适当的焦虑水平，专注应对考试。当你能胸有成竹、有序地按照自己心中的计划面对考前复习时，你一定会是考试大军中最淡定的人之一。

我每年都用学习考试策划书帮助很多前来咨询的同学。神奇的是，每当做完这个练习时，都会有同学告诉我："老师，我好像能看到我的考试分数了。"我说："赶紧把它记下来，等到你真的拿到成绩了，我们核对一下！"奇妙的是，每年都有同学很开心地打电话给我："老师，你知道吗？我真的考到了当初策划和预期的那个分数。"这个就是真正的心想事成，也就是心中有数了。

怎么样？开始策划吧，让你在考试过程中稳操胜券。下面是一个学习考试策划书的模板，你可以参照它制作自己的学习考试策划书。

学 习 考 试 策 划 书

现状		差距		期待目标：	
今天日期：		剩余天数：	天	考试日期：	
综合总分：		分差		期待总分：	
各		各		各	
科		科		科	
目		目		目	
名		名		名	
称		称		称	

分析：
1. 选择3个最想要提高的科目。
2. 分析每个科目想在哪个部分提分、能提多少分。
3. 期待的目标是否要重新调整？
4. 针对这3科的具体行动计划是什么？

其他总结：

冥想：认识潜意识

可跟随我的音频引导来完成这个冥想，请翻至本书封底，扫码收听。

我想带大家认识一位新朋友，这位朋友非常神秘，平时我们基本不知道它，也看不见它，更不了解，但它无时无刻不在陪伴着我们。它的力量很大，充满巨大的能量。但是，因为不被我们了解，所以它的巨大能量还远远没有被开发出来。当它的能量全部发挥出来时，我们每个人就变成了真正的巨人，这位朋友是谁呢？

我们可以回顾一下过往的经历，你有没有过头脑中突然冒出一个灵感，突然知道老师要写的题目或答案，结果真的是这样，就好像你有提前预知的能力一样。你原本计划出门去买东西，但不知道怎么内心觉得别扭没出门。第二天，你看到关于车祸的新闻报道，地点就在你计划出门的那条路上，车祸时间正好是你计划要出去的时间。你感叹自己幸好没出门，好像自己被一种无形的力量保护着。

有位同学告诉我，他经常梦见被别人追赶，在梦里怎么跑都跑不快。突然，他一着急，从梦中醒过来，浑身大汗，感觉很累。过一段时间，在某个特定的状态下，这样的梦又来了。还有人总是梦见自己要从高处掉下来，在很大的恐惧中突然惊醒；也有人说自己总是梦到考试，在考场找不着笔或纸，想不起答案是什么。

大家做过这样的梦吗？梦境就像真的一样，你在梦中感觉非常辛苦。

经常出现的梦、预感和灵光乍现，这些现象都跟我们的潜意识有关。我想带你认识的这位新朋友，它就叫潜意识。我们解题，明确知道条件、因果和结论。每天出门去上学，我们知道要走哪条路，在哪里拐弯，然后怎么进学校，最后如何坐到自己的课桌旁。所有这些我们能清醒觉察和认识到的就是意识。

现在要介绍的这位新朋友，是你平时意识不到的，它藏在我们的意识下面比较深的地方。好比一个房间，在地板上面都是可以看得见、摸得着、感受得到的东西，这个就是意识；在地板下面就是潜意识。例如，北方很多平房会有地窖，地窖里储备着土豆、白菜等冬菜。地窖的盖子平时是关着的，在需要的时候才打开，人们顺着梯子到下面去拿土豆和白菜。我们的潜意识就好像藏在每个人心灵房间的地下室，不要以为它藏在地下室里黑乎乎的，看不见，摸不着，就不存在。相反，它的能量是非常巨大的。

有人说，在生活中，意识所占比例只有 1%～10%，潜意识占 90%～99%。我们没有注意到它的存在，但它一直都在做无名英雄，每天保护我们生活必需的内分泌，守护我们的健康，照顾我们的消化、吸收、饮食等各方面。例如，现在问你今天吃过饭了吗，你能明确地指出你吃进的食物在身体的哪个部位吗？你可能会摇头。是的，食物都在肠胃里被消化吸收，它们可能都转化成了营养，进入全身的每个细胞。那么，谁在做这件事呢？你的大脑没有指挥和安排这件事，是潜意识在做。当我们躺在床上睡觉时，既不会担心天花板掉下来，又不会担心床塌，这也是潜意识在保护我们的安全。

所以，潜意识这个朋友，真的是无名英雄，默默无闻地照顾着我们，使我们的意识可以像一个在前线冲锋的战士一样后顾无忧，只要往前冲就好。我们认识了这位新朋友，就可以把它慢慢从地下室里请出来，请它跟现实中的意识手牵手。这样可以让我们在成长过程中更轻松，可以有更多的体验和心想事成的机会。

你可能开始好奇了。是的，我在青少年成长动力营里一直会带领同学们学习跟潜意识沟通。每当同学们学到与潜意识的沟通技巧之后，就会非常灵活地把它应用到学习和生活里，应用到跟别人打交道的过程中。这样，他们就会发现自己不再孤单了，把自己身心内在的巨大力量开发出来，让它变成陪伴和照顾自己长大的忠实小伙伴。

既然我们已经准备认识潜意识，那就先来认识一下潜意识工作的特点。潜意识像我们大脑的右半球一样，主要以形象、画面、声音这些非逻辑性的形式在发展和工作。这样的工作方式需要一个前提条件——安全，如同一个活泼开朗的小孩一般，最需要的是放松。只要感觉到紧张，它就会收缩和隐藏起来。如果你想让它出来跟我们一起工作，就要给它创造足够安全的和放松的机会。

那么，怎样让自己快速感受到安全和放松，跟潜意识顺利连接，邀请它陪伴我们一起工作呢？最简单的方式就是先喝几口水。我建议大家不要喝饮料、咖啡和茶。让自己放松下来，喝上几口水，能量就会快速在体内流动。

喝完水之后，可以做深呼吸。有的人不会深呼吸，像小狗喘气，是急促和紧张地呼吸；还有人憋气，这也不是深呼吸。真正的深呼吸是深深地吸气进来，然后慢慢将气吐出去。每次深呼吸，你都可以用鼻腔吸进最多的气，然后缓缓地让体内多余的气通过嘴巴慢慢呼出去。一般来说，做上两三次深呼吸，我们的身体就可以放松了。当身体放松下来时，心就会安定；当心安定时，我们的安全感就增加了；当我们的安全感增加时，就可以邀请内在的潜意识："你看外面挺安全的，要不要出来逛逛或聊聊天？或者，我们一起来玩个游戏？"当身体真的完全放松时，潜意识就可以在准备好时，用它的方式跟你一起互动了。

每个人有不同的潜意识反应，与潜意识互动的方式也许是通过画面或好玩的形象。有同学说潜意识是一个小娃娃或人参果，还有人说潜意识是一片绿草地，或小猫小狗。有的人看不到潜意识的形象，但能听到一些声音，如潺潺的流水声，或很美的轻音乐；还有人既看不到画面，又听不到声音，但身体会有感觉，会觉得胸口一下子松下来，或身体某个部位忽然一热，或某个地方突然有释放的感觉，或感觉全身很舒服。这些都是潜意识在跟我们互动，是在交流中很重要的信号。

所有视觉、听觉、感觉信号，都是潜意识在听我们召唤，愿意跟我们一起玩耍，一起通过放松冥想的方式来达到我们想要的目标。意识和潜意识手牵手合作，就可以把潜意识巨大的潜能激发出来，可以让我们在放松和愉悦的情况下，不知不觉地完成目标。

我们在什么情况下需要跟潜意识沟通呢？有的人用跟潜意识沟通的方式调整睡眠。例如，考试前焦虑紧张、学习压力很大睡不着觉，我们就可以跟潜意识沟通，做放松冥想，让自己快速进入睡眠。也有人在重要任务之前非常紧张，用潜意识的力量让自己放松。

跟潜意识互动，既可以用来调整睡眠，又可以用来调整学习状态；既可以用来处理伤痛，又可以用来调整自己的心情。潜意识可以发挥的作用无限大，所有用过的同学都反馈：越用越熟练，谁用谁知道，充满无限的奥秘与神奇。你是否越来越期待与好奇，想见识一下自己的潜意识呢？假如可以的话，让我们现在就开始吧。

在开始之前，先喝几口水，以最舒服的姿势躺着或坐着。如果你现在坐着的话，就可以把双腿分开。双手不要交叉，也不要放在背后，而是分开放在两条腿上。这样的身体姿势就是开放的状态。需要注意的是，放松不是瘫或软下来，放松是直而不僵的状态。所以，脊椎是自然挺立的，想象自己的脊椎是直立向上的，让自己的头不向后仰，也不左右歪斜，保持正常的平视状态就好。脊椎直立，说明我们的胸腔和身体是垂直的，可以保持呼吸畅通，让我们越来越有精神。假如身体侧歪，呼吸很难畅通，就很难完成后边的练习。

现在，将双脚分开，平放在地上；双手分开，平放在两条腿上，保持脊椎直立。然后，把注意力放在呼吸上。你可以先吸后呼，也可以先呼后吸，在每次向外呼气时，肩膀下垂。肩膀下垂时，让身体慢慢开始放松，让这种放松的感觉慢慢地伴随呼吸落到自己的双臂、双手，慢慢地落到自己的胸腔，落到自己的大腿、膝盖、小腿，直到双脚。所以，经过两三次简单的呼吸，你就从头到脚开始放松下来了。

当你放松时，身体会更畅快地舒展开来。每次向外呼气，肩膀都更加放松。不知不觉间，你的身体从头到脚完全放松了下来。当你真正感觉到从头到脚的放松时，你已经为第一次跟潜意识连接做好了准备。现在，请你伸出右手放在胸前。手按在胸前，代表潜意识所在的地方是有温度的，有接触的实在的感觉。然后，继续将手按在胸前，对潜意识说："谢谢你，潜意识，谢谢你一直以来对我的照顾。今天之前我不知道你的存在，直到今天才开始认识你。感谢你一直以来对我的保护和照顾，让我长这么大。谢谢你，我想请你让我看到或感受到你，可以吗？假如你准备好了，请给我一点信号，无论是视觉、听觉，或身体感觉信号都可以。我对你充满好奇，请让我认识你，好吗？谢谢你。"

当你说到这里时，尝试感受一下自己内心或头脑里出现了什么画面、声音，或其他的感觉。静静地去感受，无论是什么，无论是怎样的信息，你都带着好奇心去观察和感觉。无论有没有回应，或怎样的回应，你都对它说："谢谢你，潜意识，谢谢你接受我的邀请，让我认识你。"你也可以对它说："谢谢你，提醒我，我还没有完全放松。

你还不相信我，还没有让我认识你。这个提醒对我很重要，谢谢你。"

当你表示完感谢时，内在出现的信息又发生怎样的变化呢？色彩、形象和强度变化了吗？如果有变化，恭喜你，你发现你的潜意识多么忠实和配合你；如果没有变化，也要谢谢潜意识，谢谢它如此真实地保护你。当潜意识觉得不是十分放松时，就不会出来。它藏得很深，继续在保护你。

让自己再一次说声感谢，然后做两次深呼吸。每做一次深呼吸，让自己更深地放松，用更深的力量把自己带回房间，在两次深呼吸之后回来。你可以把手放下，感受一下现在身体有什么感觉。你是紧张还是放松？你的心情变得怎样？你好像身体和心情都更放松，头脑也更清醒了，是吗？

在与潜意识沟通的过程中，需要注意两个重点：第一，要深呼吸；第二，向潜意识表达感谢，不断地跟潜意识说"谢谢你"。当你的潜意识觉得安全，觉得你真的喜欢它，它真的放松时，就像一个调皮的婴儿一样，它一定会用它的方式来认识你，与你沟通。这是我们第一次认识自己的潜意识，第一次尝试跟自己的潜意识沟通。假如你刚才收到非常明显的信息，说明你们已经连接上了，恭喜你；假如你刚才没有收到任何信息，这也是非常值得恭喜的，说明你的潜意识还需要继续考验你一段时间，直到它觉得足够安全，才会出来跟你见面。你愿意跟它继续沟通，让它帮助你把潜力激发出来吗？

你可以随时随地，或根据自己的需要，让自己用十分钟到二十分钟的时间进行冥想。冥想的时间可以在每天中午或晚上睡觉前，让自己在冥想中入睡。你还可以跟你的同学分享冥想的方法。它可以给我们的生活带来改变，只有尝试和体验了才知道。让我们一起再次开启奇妙的人生之旅吧，带上你的新朋友——潜意识，好吗？

冥想：从心选择

有些同学给我发信息："老师，我接下来面临非常痛苦的选择。大学马上就要毕业了，我到底应该去考公务员、考研究生，还是自主创业呢？眼前三个可能性都有，我到现在也定不下来，太焦虑、太纠结了！每条路都有好的地方，也都有弊端。我难以取舍，到底应该怎么办？"

每当听到这样的问题时，我都会告诉对方：你选择时，也许是用大脑思考判断。大脑总是权衡现实中的利和弊，但最后会发现现实中的利和弊都差不多，所以难以选择。人就是这样，当只有一条路时，无路可退，就只能往前走；一旦出现两条以上的路，就会纠结，想找最好的，但会发现生活中没有最好的。假如还有第三个、第四个选择，那就更难选择了。

我们可以试着用冥想来放空头脑，不再执着于头脑中的是非利弊，而是听听内心的声音，跟随自己的内心去选择。让我们以非常放松的姿势坐着或躺着，把自己的身体打开。如果是坐姿的话，把双腿分开平放在地上，把双手分开平放在两条腿上。你可以闭上眼睛，做三次缓慢而深长的深呼吸。

当你闭上眼睛时，注意力开始回到自己的内心，把心从周围的繁杂和喧嚣里慢慢地收回到自己的身体里。每次向外呼气时，从肩膀开始放松，到手臂、双手，再到双腿、双脚。是的，让自己放松下来。快速放松的过程是你的潜意识支持和配合的结果。所以，再一次邀请潜意识帮助你，对潜意识说："谢谢你，谢谢你一向以来对我的照顾。现在，我面临人生重大的选择问题，想请你允许我在今天的冥想中有一些发现、做一个决定，让我在未来的人生路上真正实现自己的价值，做最好的自己，可以吗？"

当你向潜意识发出邀请时，感受一下它用怎样的方式给你回应。它给你相应的画面、情景，还是某种声音，或身体的一种明显的感觉？无论是怎样的回应，你都继续对它说："谢谢你，谢谢你陪伴我，做今天的这个探索。"你再一次感谢潜意识，感受自己是不是更加放松。当它让你更加放松时，继续对它表示感谢。

现在，请潜意识把你带到妈妈的肚子里。是的，你好像一颗小种子，在妈妈的肚子里安家了，吸收着妈妈给你的营养，一点一点长大。你感受一下这颗种子进入妈妈的子宫时带着怎样的期待，准备经历一个生而为人的过程，他想来看看这个世界，还是做一个学生去进修，或用某种技能为这个世界服务和做贡献？假如有清晰的信息，那么恭喜你；假如没有，那么不要着急，我们可以慢慢寻找答案。

一天又一天，他在妈妈的肚子里越长越大，肢体越来越健全，周围的空间也越来越显得局促。慢慢地，这个空间变得越来越小，快容不下他长大的身体了。他开始有点着急，想离开这个狭窄的空间，想去一个更宽广的世界，想到更宽广的世界去实现自己的梦想。他的期待越来越强烈。终于有一天，经历痛苦的出生过程，硕大的孩子要通过狭窄的通道生出来。他的柔嫩皮肤和骨骼经历着挤压的过程。尽管很痛，他依然决心要出去，迫不及待地要去一个更大的世界。这种动力最终促使他钻出了那个狭窄的空间，他终于可以自由地呼吸了。他的身体来到了更大的空间。他终于艰难地出生了，这是一个了不起的开始！

这颗种子变成了一个鲜活的生命，来到一个无限大的空间。他被大家欢迎，被柔软的被子包裹，被大家祝福。他开始了生命中无数个第一次：第一次吸吮妈妈的乳汁；第一次睁开眼睛看这个世界；第一次感受妈妈的味道和大自然的气息；第一次伸出手去抓某个东西；第一次踢腿去触碰某个玩具；第一次翻身，开始换一个视角看这个世界；第一次爬行，向不同的方向，每爬一步都可以看到新的东西。每次都不容易，但他很坚强地完成了许多第一次。他第一次离开妈妈去幼儿园，跟一群陌生的小朋友和老师在一起；第一次在外面午睡和吃饭；第一次作为小学生坐在教室里，一坐就是 40 分钟；第一次跟同学吵架；第一次站在台上演讲。很多很多第一次陪伴着这个鲜活的生命慢慢成长。他被动地经历着要应对的一切，生命的本能推动他慢慢长大。

许多第一次，让他开始从小学走到初中。在初中，他又经历了很多第一次：第一次考试垫底；第一次考试成绩被大家羡慕；第一次面对中考忐忑不安；第一次跟异性打交道，感到羞怯、激动和喜悦。许多第一次把当初那个小肉团变成了一棵小树，又变成了一棵大树，直到这个快速成长的生命来到一个岔路口。这个岔路口通往不同方向，一条路足够安全，是被别人保护、设计好的一条路；另一条路充满未知和新鲜的刺激；还有一条路也是未知的，没有人提前设计，也没有现成的路标，但好像就是他这一生必须要去体验的、内心最渴望走的那条路。这条路有很多变化，有时候很宽阔，有时候很狭窄，有时候很平坦，有时候很崎岖。

这三条路都通向遥远的未来。现在，你已经长大，站在三条路面前，开始犹豫不决。到底哪条路才是你这一生要走的路？在那条最安全的路上，有很多人陪伴你，他们设置好了路标。每站都有人守护，给你配备了足够的给养。一切都有人为你安排好了，你会走得轻松和顺利。但是，你需要付出的代价是：你没有自己选择的权利。你像一只木偶一样，被很多人操纵。感受一下自己的内心，你对这条路有怎样的反应呢？渴望？迫不及待？踏实？不情愿？其他的感觉？

　　或者，你根本就不看这条路，你的目光在那条新奇的、充满刺激的路上。这条路充满未知，上面有鲜花，有很多新奇的玩具，也有很多诱惑，你的内心有反应吗？你的内心有渴望吗？它迫不及待吗？你准备去走了吗？或者，你听到另外的声音："这也不是我想要的，我不只是来玩的。"

　　你跟随内在的声音，它把你带到了另一条路面前。这条变化多端的路充满未知，但很吸引你，上面写着"梦想和使命"。在这条写着"梦想和使命"的路上，好像没有什么人可以陪伴和照顾你，但有一些人、植物或动物在等着你，等着你让他们的生活有所不同。那里也许有很多植物需要你去照顾，也许有很多动物需要你去陪护，也许有很多人需要你带领和帮助。这条路上也有很多路标，每个路标代表一个阶段，每个路标都只是过程，不是终点。大学只是一个路标，不是终点；研究生、博士生也不是终点，它们只是这条路上要经历的站台，通向未来的使命和梦想的站台。

　　你感受一下自己的内心。它兴奋吗？激动吗？渴望吗？迫不及待吗？是的，三条路在你眼前展开，你的大脑现在可能一片空白，你拥有的只有内心的感受、强烈的渴望和期待。虽然有些犹豫和怀疑，但你明显感受得到你的内心带着身体在完成转身的过程。在不知不觉间，你的身体跟随内心在移动。是的，放下头脑的控制，跟随内心的带领，无论它把你带到哪条路上，你都可以去尝试一下。你可以先去体验安全，感觉足够安全之后再用自己的力量打破安全；你也可以去体验好玩，玩够了再去寻找生命的意义，寻找你的使命和梦想；你还可以直接走到梦想和使命的路上，无论经历什么，都勇往直前。

　　无论内心带你做怎样的选择，都跟随它。你可能会发现每条路都不是孤立的，也许和别的路之间有连接点，还有一些岔路。你可以待在安全区里，也可以一边玩一边探索，还可以专注探索自己的使命。当你的内心看到这么多可能性时，也许整个人会突然变得释然。是的，既然每条路都可以通向未来和远方，也许当下可以做的就是不纠结。你应该跟随内心的带领，去每条路上走一走，因为你才是路的主人。无论你走到哪里，无论走得多远，任何时候你都可以拐弯，换一条路走。你可以把在每条路上获得的营养、看到的风景、积累的经验都沉淀下来，变成走另外一条路的向导和指南。

　　当看到这些时，你的内心好像马上安定了，身体也安稳了。你突然明白，所有的纠结都在头脑里，放下纠结最好的办法是放松，跟自己的内心在一起。此刻，你是安心的，安心地跟随内心现在的选择。所以，无论当下选择哪条路，它都是最好的、最适合你的，好好地享受路上的风景和体验。你什么时候想转弯，跟着内心转动就好。既然我们这一生都是为了体验和经历，那么多一些体验就多一些财富，多一些经历就能帮助我们更好地实现梦想和使命，是吗？

　　放下纠结，让内在安心。在内在安心的状态下，全然地去接受眼前可以接受的一切。假如你还是学生，就在当下安心地吸收你需要的知识和技能；假如你已经在实习，就在岗位上好好地吸收所有的经验。除当下以外，没有什么是真实的。所以，当下能全然安心地去体验和经历，你就是在选择，就是在为自己的未来做选择。最好的选择就是跟随你的内心，跟随内心的带领，在最安心的状态下去做决定。

　　此刻安心的经验就是你今天的收获和体验。未来是一刻又一刻的当下连接起来的轨迹，所以，不要去抓未来不可见的一切，让焦虑、混乱的内心在此刻安静下来。在安静的状态下，你才能做出最好的决定。此刻，你的内心安静了，你的选择自然就有了，是吗？没有一条固定的路，每个人在每个当下都有不同的决定和选择，重要的是选择要跟随自己的内心，跟随内心平静、喜悦、安定的感觉。

你体验到了，是吗？恭喜你，你知道了这个选择的秘密，就把它好好地用出来吧。从今天开始，每当遇到相似的困境时，你都可以重新回顾这个重要的冥想，它每次都会把你带到真正有能力做选择的一刻。心安了，选择就来了。现在又到画句号的时候了，让我们再做三次深呼吸，好好地沉淀这种喜悦和坚定。三次深呼吸结束，回到现实中，我知道，一切都妥妥的了。

冥想：探寻大自然

这个世界最美妙、最伟大、最强大的是什么呢？有人说最伟大的是力量，最强大的是弓箭。弓拉开，将箭射出去，可以捕猎，也可以穿透坚硬的盔甲，所以最强大的是刚强的力量。真的是这样吗？今天，我带领大家去探访一下大自然，因为我们每个人都是自然之子。当我们了解大自然时，就知道大自然里到底什么最有力量了。假如你觉得最近学习压力很大，觉得每天的环境都很喧嚣，那么我们可以在睡觉或学习、考试之前，给自己十几分钟的时间，听听大自然的声音。踏上探访大自然之旅，你愿意吗？

让我们从放松身体开始，让自己以最舒服的姿势坐着或躺着，做几次深呼吸，在放松的呼吸带领下，全身都被放松的颜色笼罩着。你跟潜意识沟通得越多，越熟悉这个环节，就会发现放松下来是只要想到就可以即刻完成的过程。今天，我们就是去找放松的感觉，就好像曾经去郊外春游一样，用最愉快的心情放松地走着。今天，我们想去寻找的是在大自然中什么最有力量，什么是无所不能的。

我们带着这样的目标，来到了一片草地。光脚踩在草地上面，痒痒的。这么坚硬的土地，那么柔弱、那么小的种子竟然可以从里面钻出来。有力量的一定是小草，是吗？也有人说不对。小草之所以有力量，是因为它被水浸润了，水让种子萌发，让它的生命力可以爆发出来。这样它才能从土里钻出来。所以，最有力量的并不是种子，而是给它营养的地里的水。真的是这样吗？我们循着地里的水看过去。

水没有形状，也没有颜色。如果水变成露珠，它映着天空的颜色；如果水变成河流，它映着岸边的绿草和白云的颜色；如果水在我们的水杯里，它映着水杯的颜色。水可以变成大海，无边无际；水可以变成我们眼中滴下来的泪珠。那么，到底水是大还是小呢？水到底是强还是弱呢？有人不服气，说大树才是最有力量的。一棵百年老树生生不息，可以开枝散叶、四季结果，风吹不动，雷劈不倒，所以大树最有力量。这是真的吗？让我们继续探寻。

大树之所以如此有力量，是因为它有深深的根。它之所以有深深的根可以伸向远方，是因为有那些水的吸引。水有多远，树根就可以延伸到多远。吸饱水的树根充满活力和营养，可以源源不断地把营养输送给树叶和果子。所以，百年老树依赖的仍然是水。所以，谁更有力量呢？是水。水在最低的地方，水在洼地里和肮脏的东西混在一起。它甘居于这样的地方，甘居于所有人都不愿意去的地方。给水一个大的容器，它就变成一个大容器里的水；给水一个小容器，它就变成小容器里的水；它可以随时随地变化，应对外界的变化。它从不说一定要成为什么，一定要像什么。它不问为什么，也不问凭什么。它就这样顺势流动。它甘居于别人之下，同时滋养万物，承载万物，让万物充满无限生机。同时，它还隐去自己的名字，让人们赞叹树的伟岸，赞叹花的清香，赞叹草地的宽广。假如不去探究，你不会想起水的存在。它在默默地承载并成就万物。它变得无所不在、无所不能。每个人都需要水，每个人身体里70%都是水。人们靠水生活，水是人们赖以生存的重要物质。

我们走在奇妙的大自然里，看到凶悍或灵巧的动物，它们食肉或食草，甚至可能毁灭其他生物。它们拥有如此强大的力量，探究下去还是因为有水的存在，只有水才可以让动物在生物链上存活下来。天上的云在提醒我们要下雨了，万物都在用它们跟水的连接，提醒我们：在大自然中，最刚强的并不是最有力量的，最柔软的才是真正有力量的。

江海成就了高山深谷，河流成就了草地和平原，最柔软的水带给我们新的启发。大自然这位老师告诉我们怎样才可以生存得长久、怎样才可以跟万物共生、怎样才可以成就更多的不同的存在。你接受这个答案吗？这个答案对你有启发吗？

是的，最有力量的莫过于水，最有力量的是柔软。你愿意让自己在最有力量的水面前，得到现在对你最有启发的提醒吗？假如愿意的话，今天的大自然探访之旅就有结果了。也许从今天开始，每当你喝水，看到河流、大海和云朵时，都会有不同的发现，会有不同的感悟。假如是这样，那么我们已经有收获了，可以返程了。

做几次深呼吸，每次深呼吸都把我们带回到更清醒的状态。在三次深呼吸之后，我们柔软地醒来，放下斗争，很放松、很舒服。欢迎你回来。柔软的水在你内心流动了吗？流动了。那么恭喜你。

冥想：连接自然的能量

很多同学跟我分享，说在大自然中徜徉时，水的柔软会带给他们很多启发和遐想。他们很喜欢在大自然中阅读、感受和领悟生命的过程，因为这一过程很温暖、很放松、很舒服。那么，我再一次带领大家，作为自然之子，重回大自然，去感受大自然的丰富和美丽，探寻在这个过程中还会有一些什么意外的发现。

在冥想之前，你可以戴上耳机，或告诉身边的人，保证在接下来的十几分钟之内不被任何人打扰。你可以把手机调成静音或关机，给自己一个足够安全和放松的时间及空间，还可以在睡前做放松冥想。你准备好了吗？

让自己以最放松的姿势坐着或躺着，可以闭上眼睛，让自己跟随呼吸，再一次从肩膀开始慢慢放松下来，感受从肩膀开始的放松。这种感觉快速地流经全身的每个关节、每个细胞。代表放松的颜色自然地笼罩着你，你开始把注意力放在自己内在的世界里。是的，你的潜意识又一次非常欣喜地陪伴你，准备开始这次探索旅程。

当你完全放松下来时，你的内心自然呈现出自己最喜欢的大自然的风景。你看看自己是在海边，感受沙滩和海浪；还是在绿色的草地上，一望无垠的大草原无边无际；或在崇山峻岭前，看着陡峭的大山和向上蜿蜒的小路。不管心目中的大自然是怎样的景象，你都带着好奇继续向前走，打开心灵之眼，去看看这个无限丰富的世界。是的，你可以看到地面和天空，还可以看到天地之间有无数的存在，包括植物、动物和很多场景，也许是亭台楼阁，或蜿蜒的小路，或宽阔的桥梁。目光所及之处，你跟每个看得到的东西进行连接。你也许蹲下去闻一闻草地的味道，青草沁人心脾的清香倏地一下就进入你的鼻腔。你也许回头看一朵小花，这朵小花竟然有精细的构造，花蕊、花瓣和叶片完美地组合在一起。你也许去抚摸大树粗糙的树干，手指刺刺麻麻的感觉，可以感受到斑驳的树皮上记载着风霜雨雪。

当打开所有的感官进入大自然时，你可以闻到不同的味道。你可以听到鸟鸣和流水的声音，甚至还有远处人们说笑的声音。你可以触摸到不同的东西，柔软的、粗糙的、坚硬的，或滑腻的。你来到奇妙的大自然的花园，也许有些好奇：这里面到底谁最厉害？到底谁最强？你也许还会好奇一棵小草怎么可以有自然舒展的坦然。难道在大树面前，小草不自卑吗？它只有一岁，而大树已经活了几百岁。它也没有坚强的树干、树枝，谁踏上去都会让它受伤。难道它不自卑吗？难道它不害怕和恐惧吗？你也许也在好奇：大树活了这么多年，但只能待在固定的地方，不能像鸟儿一样飞到远方，去看看远方的风景。跟小鸟比起来，大树不自卑，没有遗憾吗？大树成百上千年只停留在一个地方，只能看同样的风景，难道不厌烦吗？

你带着这么多好奇，想进一步去探寻答案。但是，小草无言，不懂你的困惑；大树沉默，不明白你为什么会有这样的想法。小鸟飞得很快，叽叽喳喳地落到树上，又飞向远方。你带着自己的问题，不知道谁会给你答案。在过去的生命体验里，总是有人不停地提醒你，把你跟别人对比，比谁更强，更有资格活下去，你要比别人更好才算成功。但是，来到无垠的大自然，你突然发现没有人跟你有相同的困惑，也没有人给你现成的答案。

在无奈之中，你在草地上坐了下来。你观察一棵小草，试着用自己的双手模仿小草的叶片，自然地伸展出去，体会小草到底有怎样的感觉。当你自然地舒展双手模仿小草时，好像突然有了领悟："我为什么要跟大树比呢？如果我是一棵草，我就是用这样的方式，在春天变成绿色，经历夏天的繁华，到秋天变成黄色，到冬天把根收回到地里。等到明年，我再一次让自己的茎叶放松地舒展。这就是自己呀！做自己多么美妙，做自己多好啊！我为什么要跟大树比呢？大树有大树的选择，大树有大树的历程。既然我是小草，那我就安心做自己就好。是的，我虽然柔弱，别人的双脚踏过我，叶片会折，但只要我允许，就会有新的叶子再一次萌生出来。每年我都会经历从绿到黄的过程。每年我都看似一样，但在越来越粗壮的草根底下藏着越来越多的营养。所以，谁能说我始终是同一棵小草呢？每年我都在成长，都不一样。我感谢太阳给我阳光，感谢雨水将我滋润，感谢大地深藏的所有营养，我只要把给我的一切吸收进来，做好自己就够了。"这样的领悟使你感到新奇，你好像第一次从这样的角度去体会这个柔弱的生命。

你也许还会好奇大树会怎么想，它是不是羡慕小鸟既可以在树上筑巢，还可以在天空中自由翱翔。你带着好奇，开始用手去触摸大树露在地表外面的粗糙的树根。斑驳的树根被动物踩踏过，也被很多人坐过。树荫遮蔽了很多路过的行人。当你用手去触摸大树的树根，顺着树根向上感受粗壮的树干，以及每根枝条时，倏地一下，你好像跟大树也产生了共振。你不由自主地伸开双臂，抱着大树的树干。在拥抱大树的过程中，你好像感受到了大树的心愿："是的，我已经在这里待了很多年。有人说我太老了，有人说我太笨了，有人觉得这么多年待在一个地方会很烦，但你们不是我，怎么知道我想要什么呢？谁说我是一棵很老的大树，我每天都在生长，每天都是新的，每天都不同。几百年来，我每天都在经历不同的风景，都在体验不同的故事。有人来来去去，有动物靠近我又离开。我从小小的种子变成了嫩苗，从嫩苗变成小树，又从小树变成大树。我每天都在跟天地交流，每天都在享受新的生命，每天都在用树荫给路过的行人遮蔽阳光，用树干给小草和虫蚁遮挡风雨。我有这么多事情要做，干吗要去羡慕天上飞的鸟儿呢？我的树根这么稳，牢牢地抓着土地，我越来越靠近太阳，这一切非常美妙。天和地多么宽容，允许我活这么久，允许我有这么多新的体验，我不需要去跟任何其他的存在做比较，做自己就好。既然这个地方需要一棵树，那我就安心做自己就好了。因为我的存在，土地变得更有力，水土不会流失，小鸟在我身上安家，小草和很多生命在我旁边长大。既然我有自己最大的使命，做自己就好了。我很忙，忙着做自己；我很忙，忙着用自己来装扮这片土地。"

大树的心声被你听到，你又有了新的领悟，这让你有了新的收获。你突然明白，原来大自然就是这么丰富而美丽。它有一个无限巨大的空间，可以包容万物。它允许所有的生命用自己的方式自然成长。它从来不会要求树都长成一个样子，或要求草长成树的样子。它对万物没有要求，只负责提供空间，让每个生命自然成长。

因为有众多不同的、丰富的生命，所以大自然丰富多彩。每个季节都有不同的风采，每个季节都不可以替代，每种存在都不能相互掩盖。既然大自然如此宽厚和包容，允许万物生长，允许万物用自己的节奏和方式生长，那么作为人，我要怎样生活？我也许不需要跟任何人比较，不需要跟任何人竞争。每个人就像天地之间存在的万物一样，有各自的空间和特性，就好像散落在天地之间不同形状和色彩的钻石一样，我们都有自己的使命。既然这样，那我们还去比什么、争什么，还去恐惧什么呢？只要我像小树和小草一样，把根扎下来，把所有的营养吸收进来，把注意力放在自己身上，好好地成长就够了。我要让自己变成一颗独特的钻石，任何其他钻石都无可替代，用自己的方式反射太阳的光，用自己的光芒装点这个世界。是的，我来到大自然，大自然做了我最好的老师。我找到了自己一直感到困惑的问题的答案，我也成为大自然中一个独特而美丽的生命。我又一次认识了自己，看到了自己，也通过自己认识了其他的存在。树有树的用处，草有草的能量，每个人都有自己的贡献，我只要做自己就好了。我要做独特的自己，回报小草、大树和大自然带给我的所有启发。

这个发现和收获也许会让你感到欣喜，你好像第一次如此真实地看到自己的价值。在大自然这所学校里，你终于看懂了自己，明白了自己。这次大自然的探险之旅带给你非常美妙的意外收获。你可以带着从大自然中得到的收获，回到自己的身体，带着被启发的新的力量进入梦乡，好好地休息。或者，你可以慢慢地完成三次深呼吸，深呼吸是一个沉淀的过程。沉淀之后，你睁开眼睛，带着收获的喜悦，做你现在最想做的事情——带着欣喜开始创造，创造自己。

实用技巧：梦想画板

你最早的梦想是从什么时候开始萌发的？你的梦想得到别人祝福了吗？你也许在很小的时候说长大了想去卖冰激凌，引来成年人哄堂大笑，他们把你的梦想当成一个玩笑。他们的嘲笑也许让你开始害羞，慢慢把梦想藏起来，不愿意让别人知道。但是，你的内心又有一种涌动的能量，让你对未来和想做的事有美好的期待。你也许尝试与父母讨论，但他们总是简单应付你："你就做梦吧！"在成长过程中，你也许慢慢觉得自己没有资格谈论梦想了。

假如现实生活让你觉得不满意，人生又没有梦想来推动改变的话，你有没有想过，为什么要学习、为什么要天天起床去上学？很多年轻人对我说："不愁吃又不愁喝，每天的生活已经够好了，为什么还要去学校接受磨炼，要去考试和写那些永远写不完的作业呢？"他们觉得什么都没意思，而没有梦想，就没有动力往前走。

相反，也有很多励志偶像。例如，一个河北农村少年，因为被演员梦推动去北京做北漂，最后成为明星王宝强。他之所以改变命运，就是因为他有当演员的梦想。为了实现这个看似不可能的梦想，他跑到少林寺去学习武术。不管受了多少苦，他都坚定地往前走，最后改变了自己的命运。这是广为人知的故事。除此之外，还有那些有竞技梦的人实现了自己做运动员的梦想；还有喜欢玩游戏的人慢慢地成为游戏高手。远方的梦想像探照灯一样吸引我们往前走，只要敢做梦，就会有动力。梦想如此重要，我们不怕别人嘲笑，做一个梦想的画板非常重要。

我女儿9岁时，有一个周末，她躺在床上懒洋洋地晒太阳。我叫她起床："还不赶紧起来学习，躺在床上，将来怎么办！"她随口说了一句："将来我到美国农场上晒太阳。"我心想，这么懒的家伙只会晒太阳，这是做妈妈的第一本能反应。但是，我马上一转念：一个孩子敢到美国农场晒太阳，这也是一个远大梦想啊！于是，我问她："如果你想到美国农场晒太阳，那你准备怎么去美国呢？你需要懂英语，要懂植物知识，还要有足够的能力。你准备怎么活下去？"她说："我到美国农场晒太阳，我做农场主，让别人帮我干活。""如果让别人帮你干活的话，那你既要懂生物知识，又要懂得如何经营，还需要很强的管理能力，那怎么办呢？"她说："那我就学呗。""怎么学呢？""我要学好英语、生物、地理，将来到美国就不会迷路了。""既然你有这样的梦想，又规划好了如何实现，那就画张画吧，把你在美国农场晒太阳的场景画下来给我们看看。"

她发现我没有批评她，反而和她一起编故事，就很开心地爬起来，找出彩笔画了一张画。画里一个人戴着一顶草帽，躺在金黄色的麦田里面，四肢摊在地上晒太阳。我把这张画贴在客厅的墙面上，不管谁到我们家来，都向别人介绍："看看，这是我们家女儿的梦想，她长大了要到美国农场晒太阳。"这话说的次数多了，慢慢就变成了她内心接受的梦想。后来，我去她的学校给同学们讲课时，讲的主题也是梦想。她分享了自己要去美国农场晒太阳的梦想，同学们纷纷报名："我来帮你养兔子，我来帮你养公鸡，我来帮你割草……"大家一起参与和支持她的梦想，就是这个梦想支持女儿上了初中。到高中后，她成为学校环保社团的团长，还在学校申请到了一块绿地，每天带着社团的同学们种南瓜、土豆等植物，率先实现了做"农场主"的梦想。

半年后，她得到了加拿大一个农场主的资助，得到全额奖学金去加拿大的世界联合学院（UWC）上学。整个过程非常不可思议，好像是从一个玩笑开始的，结果又好像在情理之中。这件事的关键就在于梦想画板的神奇力量。我曾经用梦想画板帮助一个不讲卫生和做事拖沓的小学生变成了一个非常爱干净、非常自律的少年，也用这样的方式帮助沉迷于网络游戏的同学变成了主动回学校上学的少年。所以，改变自己不是靠别人说教，唯一可以吸引你的就是你的梦想。你准备好了吗？

拿出一张 A4 白纸，放在面前，问自己："我真正想要的未来的画面是什么？"你可以用黑笔或彩笔，可以用右手或左手画，不用在意画得好不好，也不用在乎别人是否笑话你。重要的是，你从现在开始准备好为自己的梦想画一个属于自己的景象。你要让内心最渴望的画面涌现出来，然后用笔把它画出来。画完之后，写上今天的日期，写上你的名字和梦想。请你把这个属于自己的梦想画板装裱起来，贴在床头或挂在客厅的墙壁上。你可以画一幅更小的画，放在铅笔盒或笔袋里。你还可以把梦想画板扫描一下，变成自己计算机或手机屏幕的桌面。

总之，不管别人怎么对待你，今天你都准备认真对待自己，把自己心中梦想的画面画出来、展示出来，向世界发出你的第一个声明："我要实现这样的梦想！"当你主动发出这样的声音时，就是主动向世界下了一个订单，你想对得起自己的一生。你想从现在开始把你的梦想昭告世人，接受所有人的祝福。恭喜你！从今天开始，你开始为自己的生命负责任了。你要好好珍惜生命里的第一个梦想画板，把它贴在目光所及之处，不管是早晨睁开眼睛还是晚上睡觉之前，都能在第一时间看到它。让它陪伴你，让它激发你内在的动力，让它帮助你实现梦想。

实用技巧：梦想计划书

跟随我的视频课程可以同步进行操作，请翻至本书封底，扫码收看。

梦想对每个人来说意味着动力和方向，意味着要更多地跟外在的世界互动。一个人如果能实现梦想，就会对这个世界做出很多贡献。例如，想飞上天的莱特兄弟不断地观察研究，最终发明了飞机，改变了世界的交通方式；爱迪生经历成千上万次失败，终于发明了电灯，给黑暗带来了光明。梦想对人类的自我改造至关重要，让我们不断拥有更好的生活。对每个人来说，梦想就是我们这辈子为什么而来。我在前面分享了梦想画板，如何把我们内心的画面跟现实生活连接起来呢？现在，我就讲一下学习的第二个技巧——梦想计划书。

请你拿出一张 A4 白纸，把它左右对折，然后再对折一次，一张纸就四等分了。在这张纸的左下角写上现在的日期和你的姓名，再画一个小人，这个小人代表你自己。你要去哪里呢？在右上角画一个标志，这个标志也许是太阳，或自己最喜欢的一种象征，总之把未来梦想要实现的那个点放在右上角。从左下角到右上角有足够的空间，再来画两条线代表从今天到梦想实现的路，这条路就是梦想实现之路。

有人说他有梦想，但问他哪一天实现，他却不知道，从来没想过。如果你没想过，那就是在做白日梦了，白日梦绝对不是梦想。如果想把梦想变成现实的话，就一定要在右上角写上大概的日期。假如实现这个梦想要 20 年，那就写下目标某年某月某日。一个年轻人曾经跟我对话，他说未来要做苏州最大的网吧吧主。我问："什么时候？"他说："没想。"我说："不行，现在来想想。""二十多岁吧。""二十几岁呢？二十一岁也是二十多岁，二十九岁也是二十多岁，你准备二十几岁？"他想了半天："二十四五岁吧，我现在十四五岁，到二十四五岁是十年的时间，我准备十年之后成为苏州最大的网吧吧主。"知道具体时间，就明白从现在到未来这条路有多长，这一点非常重要。

"从现在开始到真正实现梦想，准备分几个阶段完成呢？"我又问那个年轻人。他说："既然有十年时间，那我在这十年里先把初中读完，再去读高中，高中毕业后考取计算机相关专业。大学毕业拿到父母给的钱，我就可以去开网吧了。还有一个方案，就是读完大学后再工作两年，正好十年，我有经验了，也可以开网吧了。"他做了这样的规划后，好像变得更清醒了。

所以，请你问自己：梦想的实现要分几个阶段呢？你可以按照初中、高中、大学来分，也可以按照年段来分，还可以按照自己的方式来分。每个人都是不一样的，完成以后就知道每个阶段要做什么了。为了实现梦想，第一个阶段要先把基础知识学完，第二个阶段是提升技能，第三个阶段要储备资源，第四个阶段就是实现梦想。如此一来，这条路就开始变得更加真实和有层次地递进了。

如果要实现梦想，你还有哪些资源？谁可以帮助你？哪些人、事、物可以支持你？把这些信息也写下来，写得越详细越好。你写得越详细，对自己越了解，管理自己就越容易。你一定要多想，哪些人会喜欢你、支持你、帮助你和推动你。例如，你能想到的资源是：你很年轻，你还有足够的时间和机会；如果父母知道你的梦想的话，一定会全力支持你。把所有想到的都写在左上角。

然后，你需要思考，为了实现梦想，这条路上有哪些东西对你来说是阻碍，你的哪些习惯和特点是实现梦想的阻碍。把阻碍写在梦想计划书的右下角。阻碍也许是你容易懈怠，或比较懒，或没有记性，也可能是知识不够、技能不够等，总之把可能的阻碍写在右下角。

接下来，你再问问自己：实现梦想，以什么作为标准呢？例如，你想做一位好老师，什么样的老师是好老师呢？好老师也许是得到某些证书，或学生取得好成绩，等等。总之，你一定要有梦想实现的具体标准。

现在，再来检视这张梦想计划书，左下角是现在的日期，右上角是梦想实现的日期和标准，左上角是你所有的资源，右下角是你所有的阻碍。然后，把通往梦想实现之路的具体计划写下来。你准备做什么，把阻碍清除掉，把资源用好？你的具体行动方案是什么？例如，你初中毕业一定要考上某所中学，高中毕业一定要去某所专业大学，大学毕业一定要参加怎样的实习，然后为自己的梦想实现打下基础。假如有了一条这样明确的梦想实现之路，恭喜你，你的梦想计划书就可以变成你未来的行动指南了。

有了梦想计划书，你再不需要依靠别人催你读书、做作业了，因为你知道这是自己要做的一件事，因为梦想是你自己要实现的。你在为自己学习，你会义不容辞地成为梦想计划书的实现者。你每天都想到它，每天都去实现它，每天都为它增添色彩的话，到了梦想实现的年龄和时间，哪怕你的梦想没有实现，你都可以非常骄傲地说："我走过了一条非常充实、负责任、充满自信的生命之路。"你可以骄傲地告诉所有人："我的梦想实现之路就是自我人生管理之路。"那是非常值得赞叹和钦佩的一个过程，是吗？

接下来，请你把梦想计划书具体化、完整化，把它贴在床边，推动和指导自己每天的生活。梦想就在你手中，你准备好了吗？

| 第六章 |

青春的烦恼

被同学嘲笑怎么办

小杰是一个小学五年级男生，对同伴之间的关系非常敏感。有时候，因为同学的一个眼神或一句话，他就会跳起来吵吵嚷嚷："你是不是看不起我了？你为什么嘲笑我？"言语上的挑衅又会带来身体上的推搡，激发更大的矛盾。因此，他经常跟大家不欢而散。

"我真的很想跟同学有好的关系，但不知道为什么，怎么那么多人嘲笑我？"小杰痛苦地抓着头发。

"你通常在什么情况下被同学嘲笑呢？"我好奇地问。

"我踢球踢空、打球打到脑袋、唱歌唱不好、数学题解不出……"小杰一口气举了十几个例子。

"你被嘲笑的时候内心是什么感觉呢？"我继续问。

"我很生气，很想打他们！"小杰嘟着嘴巴。

"听起来，你好像还有点委屈。你也不想这样，你也很想做好，为什么没有人理解你？"我温和地看着小杰。

"是的，我想证明我也能做好！"小杰抬起眼睛看着我。

"通常什么活动或项目，你能做得很好呢？"我继续问。

"我画画很好，我会背很多唐诗，我知道所有昆虫的名称和种类，我会几种游泳姿势……"小杰一口气道出，如数家珍。

我在一旁数着手指头："哇，你擅长十几种活动哦！太棒了！当你在做这些活动时，是什么感觉呢？"

"我很开心，很骄傲，很自豪！"小杰的脸上挂着得意的表情。

"那么，当你带着骄傲和自豪，再来看自己不擅长的踢球、打球、唱歌时，有什么新发现吗？"

"不擅长就不擅长呗，我去做我喜欢的事就好了！"小杰甩甩头。

"如果同学又嘲笑你做不好，怎么办？"

"那我就不跟他们计较了！"小杰微笑地看着我。

最初让小杰非常困扰和痛苦的问题，就这样被小杰自己解开了。他发现应对嘲笑最好的方式不是去解释或反击，而是不去计较，去做自己开心的事，去看到自己擅长的、让自己有自信的地方。

很多时候，当感觉某些方面被别人嘲笑时，其实是因为这些方面自己也不满意、不自信，因此会更敏感别人对自己的评价。例如，当你觉得自己很矮、很黑，并觉得自己丑时，听到别人说矮、黑、丑，就会感觉很难受。你感觉被歧视、被嘲笑的心理深处实际上是对自己不接纳，觉得自己太差，觉得自己不行。因此，你对别人的言语过分敏感，甚至把别人的玩笑当成嘲笑，所谓"说者无心，听者有意"。

所以，解决问题的根本是：接纳自己，接纳自己的不完美，相信自己可以创造美好的未来。把他人的嘲笑转变为提升自己的机会，看看自己可以主动做些什么，可以在哪些方面进行调整，变成自我成长的动力。

【给父母的话】

进入青春期的孩子渴望得到认可，对自己要求很高，开始变得敏感，将别人的玩笑认定为嘲笑和讽刺，会感觉伤了自尊、没有面子。其根源是不接纳自己，对自己有不满意、不自信的地方。

父母可以做的是：充分鼓励和发现孩子所有值得肯定的地方、做得好的地方；帮助孩子建立自信；接纳自己的不足和不完美；陪伴孩子接受完整的自己，并主动提升自己。

跟同学吵架了怎么办

雯雯是一个初二女生，平常有一个很要好的朋友，两人一起上课、回宿舍，形影不离。某天，两人因为一点事情发生了争吵。起因是雯雯答应周末去买同款发绳送给朋友，结果连续两周都忘记了。朋友说她骗人、小气，两人越吵越凶。

雯雯哭得很伤心："我不去学校了！我再也不想看到她了！这个世界没有人能理解我！我不想活了！"

这时候，我用第四章讲过的释放愤怒和委屈的方法，帮助雯雯释放了委屈、悲伤和愤怒的情绪。之后，雯雯变得轻松、平静了很多。

"你想不想知道朋友的真实想法？要不要跟她沟通一下？"我引导雯雯。

"可以。"雯雯点点头，她很期待解决和朋友之间的问题。

这时候，我用第四章里讲到的与他人和解的技巧，用两把椅子帮助雯雯和朋友进行和解练习。雯雯一坐在对方的椅子上，就诧异地说："原来朋友在乎我啊，所以她也很难受。"就这样，通过练习，雯雯顺利完成了跟朋友的和解。

在学校里，我们每天都和同学在一起，难免会有些小摩擦、小误会。如果和同学闹矛盾或吵架的话，怎么办呢？

首先，不要急着找对方解释，因为彼此都有很多情绪和误解，越解释越可能激起更强烈的冲突。

其次，先觉察自己的情绪和感受，可以用前面介绍过的方法和技巧，帮助自己释放、清理和疗愈，直到情绪变得轻松、平静为止。

最后，看看自己各种情绪背后的信念是什么，改变情绪背后的想法和观点，让信念发生变化，借机让自己进步和成长。例如，觉察到自己有后悔、愤怒、委屈等情绪，愤怒背后的信念可能是"对方不应该这样做"。当你明白每个人（包括对方）是独立自由的个体，有权利决定自己怎样做，自己只能接纳时，愤怒的情绪才会自动转化。当你可以这样做时，就拓展了自己的信念和内心世界。

两个人之间有矛盾，通常是因为双方的想法、观点及信念很多时候不一样，任何想改变或控制对方的企图必定引发冲突。没有两个人的想法是完全一样的，就如这个世界上没有两片相同的叶子一样。我们只有接纳对方的不同，不执着于自己才是对的，友谊才有继续的可能。

需要提醒的是，不是所有吵架都是自以为是的吵架。有时候，吵架是表达观点的一种方式，通过争吵、辩论的方式，提升自己表达观点的能力。

另外，不是所有吵架过后都一定要跟对方和解，跟自己和解是首要的，而且更加重要。例如，在第四章"我渴望友谊"的案例里，萱萱就发现她可以跟很多同学做朋友。发生过的所有事情都可以给自己增加体验，帮助自己探索内在的世界。

【给父母的话】

孩子进入青春期后比较冲动、控制力差，友谊的小船可能说翻就翻。敏感的孩子会被激起很多情绪，感觉像天塌了一样，这是非常正常的情况。当孩子处于这种状态时，父母不要嘲笑孩子的言语和行为，要给孩子宣泄情绪的时间和空间，这样才能更好地让孩子成长。

另外，自己面对冲突时内在感觉是怎样的，会害怕与他人发生冲突吗？你会迷茫，不知所措吗？当你处于不稳定状态时，是无法带领孩子从冲突里出来的。父母的自我成长和学习非常必要，只有父母有能力为孩子示范如何处理冲突，才能帮助孩子实现在这方面的成长。

被同学孤立怎么办

浩浩是一个小学五年级男生，每天下午妈妈去学校接他时，总是被同学们包围："浩浩今天又打我了！浩浩今天被老师批评了！浩浩在宿舍午休又说话了……"

每当同学们七嘴八舌地向妈妈投诉时，浩浩总会恼羞成怒地解释，急着制止同学们，往往引起同学们的哄笑："噢，我们都不跟你玩啰！"然后，同学们一哄而散。

一旁的妈妈也觉得没有面子，除了批评和指责浩浩，也想不到其他方法。

浩浩站在我面前时，眼泪都快出来了："他们都欺负我！他们都不跟我玩！"

"是的，我感受到你内在的委屈、悲伤和愤怒。"我带着浩浩做了情绪宣泄和处理。

等浩浩平静后，我引导他抽离出来，用旁观者的角度去观察："想象你面前有台电视机，屏幕里播放着你和同学们之间发生的一切，你看到了什么？"

"我看到同学们都不喜欢浩浩，一起排斥他。"

"是什么原因让大家不喜欢浩浩呢？"我引导他继续探索。

"他喜欢用手戳别人，老是去碰别人的身体，大家觉得很烦。"

"所以，浩浩有一些习惯让同学们不舒服？"我继续向他确认。

"但我喜欢大家！我想跟大家更亲近，所以才去戳他们的腰、摸他们的手……"浩浩的眼泪又快要出来了。

"所以，你用大家能接受的方式，去表达你的亲近，这很重要！是吗？"

浩浩抬起挂着泪痕的脸，用力点点头："嗯！"

接下来，我们一起探讨和规划如何跟同学相处，用什么样的方式让别人更舒服，也让自己更容易被接纳。

浩浩的转折点，是他站在抽离的角度，发现自己的小动作让同学们不喜欢，进而被孤立。难道在之前没有同学反馈过不喜欢他的小动作吗？不是，很多同学反馈过很多次，他也清晰地知道这一点。那么，他为什么没有改变呢？那是因为他内心不接受和对抗。

再往深处探究，是因为他被父母定义为"多动症"和"问题孩子"。他抗拒这样的评判，与父母和同学对抗。同时，他也不喜欢这样的自己，不接纳这样的自己。但是，他的内心又无比渴望被同学接纳和友谊，所以内心非常混乱和纠结。

浩浩这种情况是被动孤立，还有一种情况是自己主动选择的孤立，就是自己觉得跟别人不一样，特立独行，怕在合群过程中被淹没了，不想合群，所以保持与众不同。这种人表面看起来是跟互动对抗，实际上内心是恐惧和不自信，害怕别人比自己强，害怕被别人看穿。所以，他们把自己包裹起来、收缩起来，把自己困在狭小的范围内，这样才会感觉安全。

不论是被动孤立还是主动孤立，在本质上都是不接纳自己，不喜欢自己，跟自己对立，从而跟别人对抗。怎么办呢？我们可以做一个练习，把右手放在胸口上对自己说："我深深地爱和接纳自己，即使我不完美。同时，我的明天会更好。"大家可以每天做这样的练习，从自我改变开始，真正喜欢自己、爱自己，接纳自己和别人的优点与缺点，在接纳的过程中发现自己跟别人差不多，彼此都是一样的生命。一个人只有接受自己不同的特点，才会接受别人不同的特点，这样与别人相处就容易多了。

【给父母的话】

孩子小的时候，父母就是天，都以父母的意见为主，口头上经常挂着一句话："这是我父母说的。"进了学校后，他们开始接受老师教诲，口头语变成"老师说的"，再大一点进入青春期，口头语又会变成"我同学说的"。青春期的孩子对同伴的需求胜过对父母的重视，他们更重视同伴的意见和态度。

特别是孩子进入一个新的学校或群体，渴望得到安全感和归属感。一旦被群体排斥或孤立，他们受到的打击是非常大的，犹如五雷轰顶。特别是刚转学的孩子，融入一个新群体会更具有挑战性。

所以，对父母而言，给孩子关怀、理解、陪伴孩子一起解决问题非常重要，而不是站在孩子的对立面，和问题一起打倒孩子。

同时，父母应该给予孩子更多的爱和接纳，父母的爱能让孩子有充分的安全感，是孩子爱自己、接纳自己的源泉。孩子只有感受到什么是无条件的爱，才能知道自己是被爱的、值得爱的，也才能做到爱自己。一个人自己被接纳和爱，才能去接纳和爱别人。

被霸凌怎么办

洋洋像动漫中的乖宝角色，戴着遮住脸的长发套，长睫毛扑闪着，她穿的淑女装是有多重花边的娃娃装。她因为在学校被同学霸凌，遭受冷暴力，而离开学校待在家里。

作为老师的妈妈，最初完全不能理解她："为什么人家只欺负你？你就是太窝囊了！"直到她做噩梦，出现惊厥反应，妈妈才不得不重视起来。这时，孩子已经完全无力面对外面的世界，彻底躺平在家里了。

我通过讲授课程和个别咨询，陪着她和她的妈妈。经过一年多的时间，她才慢慢走出伤痛，返回学校读书。

近些年，校园霸凌的话题愈来愈热，身边的案例也屡见不鲜。校园霸凌分为肢体霸凌、言语霸凌、性霸凌、关系霸凌、网络霸凌等不同类型。

（1）肢体霸凌包含打、踢、捏、掐、绊，以及吐口水、揪头发、反锁房间、扒衣服等对被霸凌者身体进行攻击的欺凌行为。

（2）言语霸凌是使用伤害对方心理的语言，如恐吓、威胁、辱骂、嘲讽、叫绰号、勒索金钱、恶毒评论、中伤、恶意戏弄、散布谣言等，对同学进行欺凌。

（3）性霸凌是让受害者在性别认同或性上感受到生理或心理上的不舒服及痛苦。

（4）关系霸凌是指在同一团体中，联合其他成员孤立、排斥、无视被霸凌者，如同宿舍、同班或同学校的同学之间。

（5）网络霸凌是指利用网络传播谣言，污蔑、毁谤被霸凌者。

我曾经遇到一个小学一年级男生，他从入学起就开始欺负班上的其他同学，用铅笔扎同学的脸和身体、踢同学的肚子、掐同学的脖子，等等。我经常看到同学的父母上传各种孩子受伤的照片，肢体霸凌带给孩子们很多伤害。

当班级老师向我求助时，我提醒老师："一个不尊重别人的人，一定不会尊重自己。你们要小心这孩子的心理状态。"果不其然，几天后，老师又向我求助：他除了伤害别人，还出现自残行为，想从窗户跳下去。

我还遇到一个初二学生，被班里同学孤立，没有人跟她玩，导致学习成绩下降、不敢去学校，产生严重的自卑和无价值感，遭遇关系霸凌。

新闻媒体曾经曝光过一个中学案例，某男生长期被同宿舍男生性侵，还逼迫他吃粪喝尿，这是极端的性霸凌案件。

校园霸凌会给双方带来什么影响呢？

霸凌者在施暴过程中会获得快感，心理逐步变得扭曲。调查发现，小时候欺凌别人的孩子，长大后更容易参与暴力事件、酗酒、吸毒，犯罪的概率更高。很多霸凌者曾经是被霸凌的对象。

被霸凌者可能会留下身体伤害和心理阴影，极度压抑，害怕被报复，不敢告诉家长。他们整日惶恐不安，做噩梦，失眠。被霸凌导致他们自我价值感低，产生抑郁情绪，甚至轻生想法，严重影响其正常学习和生活，还可能会深远地影响到其性格形成及发展。

以下内容，请你一定跟所有孩子分享。

如果被霸凌了怎么办？请第一时间告诉学校、老师和家长，寻求成年人的帮助，不要害怕对方报复。你的恐惧和退缩会成为对方继续霸凌你的理由。如果想避免被欺凌，就不要害怕采取强硬措施。如果失控，就要联系当地的警方和法律部门。某些霸凌行为可能属于刑事犯罪。如果形成了心理创伤，有抑郁、失眠、轻生等状况，就要及时寻求专业的心理帮助。

如何避免被霸凌？

首先，自信是霸凌者最大的敌人。当你昂首挺胸、充满自信地走在校园时，被霸凌的概率就会降低。霸凌者经常挑选看起来软弱、缺乏自信的人施暴。如果缺乏自信，你可以假装自信，训练自己自信，慢慢地就会变得真正自信了。

其次，多结交一些朋友，至少有一两个朋友，在紧急情况下可以请求他们支持。你要融入集体，无论是在学校走廊，还是在回家路上，尽可能不要孤身一人。结伴同行会在一定程度上吓退霸凌者。

你可以当众表达自己为人处世的原则，让周围的人知道你的底线，适时用安全的方式表达自己的愤怒。例如，当有人未征得你的同意，私自拿走你的东西时，你可以明确告诉对方："我不喜欢你这么做，希望你下次先征得我的同意……"如果有人说了一些伤害你的话，你对待愤怒最佳的方式是，把自己的愤怒说出来。但是，如果当时处境比较危险，你就要尽快摆脱对方；如果霸凌者不停地骚扰你，无论你说什么都不起作用，就试着完全无视他，不看不听不回应，让其感到无聊而走开。

最后，不管结果如何，都不要责备自己，不要把霸凌者的过错揽到自己身上。你要时刻谨记自己是一个值得尊重、有价值的人，有能力保护自己，想一想自己应该怎么做。

【给父母的话】

如果你的孩子是霸凌者，请检查你在家里的行为模式。父母是否通过打骂孩子来解决问题？孩子会模仿、学习父母的行为，把侵犯行为当作解决问题的最好方法。上文提到小学一年级打人的男孩，在家里就经常被父亲打，导致他学会霸凌同学。

专制型和放任型的家庭教养方式，通常较易引发孩子在学校的不良行为。专制型父母采用简单粗暴的方式对待孩子，孩子学会用攻击行为霸凌他人，或学会用消极忍受的方式应对霸凌；而放任型父母对孩子无底线地宠溺，会使孩子目无法纪、冷漠残酷，甚至以欺凌弱小为乐。

如果孩子没有被温柔对待过，缺乏同理心，就很容易粗糙地用暴力对待他人，缺乏对他人基本的尊重和理解，意识不到自己的行为对他人造成的伤害。

父母往往是发现孩子问题的第一人，如果没有及时制止，进行严肃的是非观教育，也没有让其承担责任，就会使孩子以开玩笑、闹着玩等心态不断地霸凌他人。

不尊重别人的人根本不会尊重自己，不尊重自己的人也绝不会尊重别人。

如果你的孩子被霸凌，看看孩子是否有这些特质——内向、低自尊、低自信、孤独、胆小怕事、不善于人际交往，以及在回应攻击时表现消极，不敢告诉老师和家长。孩子遭遇霸凌后，通常会表现出抑郁、焦虑、无助感、进食障碍、物质滥用等，甚至出现自残、自杀等倾向，需要父母用心观察孩子，细腻地感受孩子的状态。

如果孩子鼓起勇气告诉你自己被霸凌，千万不要忽略，更不要劝孩子忍耐，不要指责孩子自己有问题，才导致别人霸凌。你要倾听孩子的诉说，了解事情的原委，第一时间给孩子心理支持和安慰，让他在你的呵护下感受到安全和被爱、被支持。你要坚定地站在孩子身后，陪伴孩子度过艰难的阶段；有需要的话，帮助孩子联系专业的心理医生或报警。做孩子最安全的保护者，是父母的第一责任。

找不到朋友怎么办

找不到朋友怎么办？当你有这样的困惑时，我能感受到你内心的孤独、伤感、郁郁寡欢，甚至还有点自卑、胆小，同时能感受到你内心的渴望和热情。

一个人找不到朋友，通常有以下几个原因。

（1）感觉自己不如别人，觉得别人瞧不起自己，不愿意跟自己做朋友。

（2）谁都看不上，觉得别人与自己的期待差距大，没有人有资格做自己的朋友。

（3）曾经被朋友背叛过，受过伤，再也不相信任何人，害怕下一次做朋友又受伤。

前面两个原因表面不同，在本质上一样，都有对友谊的完美期待，期待自己完美，期待朋友完美。这样的人难以接受现实中的巨大落差。世界上没有完美的人，只有接纳自己的优点和缺点，接纳别人的优点和缺点，才能更好地和别人相处，才有和别人成为好朋友的可能。

第三个原因，被朋友伤害过的痛苦是刻骨铭心的。同时，痛苦也可以成为成长的力量与资源。只要愿意面对曾经的痛苦，将伤痛背后对自己的提醒转化为成长的礼物，就会有更多的爱和连接。如果怕受伤，紧闭心门，就会错失更多美好的东西。你可以做我在前面讲过的"与他人和解"的练习，或找专业人士帮忙。只要放下过往的伤痛，就可以创造积极健康的人际关系。

你可以想一想：在自己的交友经历中，曾经的朋友都有什么特点？是什么吸引你去靠近他们，愿意跟他们交往？例如，善良、爱笑、乐于助人，或能理解我。在你身边，哪些同学、邻居、同伴符合好朋友标准？把你想要交往的、喜欢的人圈出来，看看数目是不是挺惊人。你会发现有很多人可以做你的朋友。把标准写下来，按标准去找新朋友。

再想一想：你身边最让你羡慕的、朋友最多的、人际关系最好的是谁？他有什么特点吸引那么多朋友？他身上有哪些吸引你的闪光点？

所以，最好的办法是，让自己也具备那些闪光点，吸引别人主动找你做朋友。例如，让自己的兴趣爱好或一两个特长更突出，主动去帮助别人……不断思考自己能为别人付出什么。当你不断给别人带来价值时，你的朋友一定会越来越多。

【给父母的话】

对青春期的孩子来说，同伴非常重要。同伴之间互动与连接，可以获得安全感和团队归属感，是青春期孩子成长的基本营养。父母帮助他们找到想要的朋友、获得理解和支持、进行有深度的连接，对孩子自我定位和获得认可非常重要。

父母可以为孩子创造一些环境。例如，跟孩子一起筹备生日会或各种节日聚会，或与小区邻居、亲朋好友、同学，约上年纪相仿的几个家庭，一起外出旅游或参加某些活动。在校园之外参加非正式的团体活动，有利于建立轻松友好的同伴关系。

如果孩子在某个阶段突然不想跟同伴交往了，也许是因为某些情绪，也许是在探索或享受孤独，这都是可以的。父母给予孩子足够的包容和耐心，给予孩子必要的独立时间和空间，帮助孩子完成从依赖到独立的转化，对孩子的成长是非常重要的。

另外，父母需要觉察到自己的朋友有多少、自己内在是开放还是封闭的、自己用什么方式与外在连接、自己是否需要朋友。

孩子的问题也许就是父母内在问题的呈现。父母应该主动思考孩子的问题给自己怎样的启示。这也是父母自我成长，给孩子做榜样的重要契机。

对异性有好感怎么办

青春期是人生中非常重要的时期，青少年进入青春期后，身高和体重会迅速生长，身体开始出现第二性征。例如，男生开始变声、喉结突出、长胡子、遗精等；女生开始胸部发育、月经来潮、长体毛等。

除了这些身体变化，青少年还会有心理的剧烈变化。青少年开始有性别认同和性取向意识，对性别的理解更为深入，同时开始萌生对异性的好感与好奇，朦胧的情愫悄然萌发。

"哪个少年不多情，哪个少女不怀春"，歌德在《少年维特之烦恼》中描述过青春期的问题。青少年对异性产生好感是身心正常发育的表现，再正常不过了。

但是，有些同学对异性有好感后，寝食难安，整日整夜满脑子里想的都是对方，没办法静下心来做任何事，影响了正常的学习和生活。第四章讲的"暗恋异性正常吗"里的小哲就是这种情况。青少年面对早恋问题，除寻求专业人士帮助之外，还需要用理智和智慧面对情感。

在以往的夏令营里，在关于性教育的环节，我会和青少年一起探讨。例如，你有喜欢的异性了，选择"暗恋"有什么好处和坏处？选择"表白"有什么好处和坏处？有同学问："我可以表白吗？"你当然有自己的选择权，只要你清晰地知道这些行为可能带来的后果。"如果表白被拒绝，连朋友都做不成！""如果表白成功，只能偷偷摸摸，不能让老师和父母知道，压力太大了！"对不同的声音详细探讨之后，就有同学觉得表白太麻烦，还是把情感藏在心里："我喜欢对方，但不一定要和对方在一起。"

"早恋"为什么"早"呢？可以从以下三个方面来讲。

（1）年龄早。我国法定结婚最低年龄为男 22 岁、女 20 岁，中小学生远低于这个年龄。

（2）缺乏经济能力。青少年在经济上无法独立，生活无法自立，没有能力承担家庭责任，一切为时过早。

（3）身心发育不成熟。青少年身体器官发育还未完善，心理未成熟，过早的性行为和生育会损害身心健康。

早恋的危害包括很多不可知的心理压力、可能影响学习，以及因一时冲动而后悔终身。那么，如果对异性产生好感，应该怎么办呢？

首先，尊重和接纳自己，明白这是自己长大的表现，是身心正常发育的表现，是性别认同正常的表现，也是性取向正常的表现。

其次，当自己对异性有好奇心和渴望靠近异性的动力时，看看自己对哪一类型的异性有好感，对方的什么特点吸引自己，从而探索自己的内在世界。例如：选择比自己更弱小的异性，是否因为自己有一种保护欲？选择高大伟岸的异性，是否因为自己想依赖强者？你可以借此了解自己的性格特点，确定自己学习和成长的方向。青少年对异性感兴趣的地方，往往是自己做不到的地方。例如，自卑的人会被自信的异性吸引，想成为自信的人。

当对异性产生好感时，青少年会通过各种方式了解对方，会站在对方的角度思考自己有什么价值，会好奇男女性别有什么不同，会从书籍或网络中进行探索，所有这些都是长大要经历的过程。

在操作层面，参照前面案例中小哲的做法，青少年可以把这份情愫变成自我提升的动力，待时机成熟，长大成人，经济独立，可以承担家庭责任时，再追逐美好的爱情；可以把精力转移到学习和其他活动中，去做喜欢的事，和其他同学交往，转移注意力；可以增加运动或体育锻炼，释放掉体内躁动的能量，还可以求助专业人士。

【给父母的话】

孩子将情感困惑告诉你，恭喜你，说明孩子对你非常信任！你要珍惜这份信任，不要觉得丢人或指责孩子。如果孩子没有告诉你，那也很正常。孩子不好意思开口，或担心被你否定，这也是他自我保护的方式之一。

回顾自己的青春期，你当年面对身体变化和情感萌动是什么状态？是害羞、尴尬，还是觉得正常？或非常抵触，感到羞耻、恶心？如果你体内有阻滞的能量，请及时进行清理，让自己以开放的状态，坦然面对和接受孩子的各种变化，以此陪伴孩子一起度过身体和心理的动荡期。

如何与异性相处

幼儿园的孩子，男生和女生一起玩，没有太多性别区分。进入小学后，男生和女生开始慢慢分开玩；小学五年级以后，这种情况越来越明显。同学们开始不好意思，刻意跟异性保持距离，或怕同学起哄，基本上是女生跟女生玩，男生找男生玩了。这种表面的分离和对立，恰恰是有分别心理的表现。

男女异性能否做好朋友呢？当然可以，而且有以下几个好处。

（1）女生身上有温柔、细致、耐心等特质，男生身上有阳刚、力量、坚毅等品质。男生和女生交往有利于互相学习、取长补短。

（2）跟异性相处，也是了解和认识自己的途径。青春期同时是同学们自我探索的时期，可以通过交往知道异性对自己的评价，更全面和清晰地认识自己。

（3）在交往过程中可以逐步认识到性别的差异，更好地认识和了解异性，便于进入社会后更好地进行人际交往。

所以，正常的青春期异性交往有积极意义。

如何与异性相处呢？

首先，尊重每个人都是独立的生命，每个人都是父母的孩子，每个人都是平等的。

其次，保持让自己舒服，对方也舒服的与异性交往的距离。不热衷于男女交往，也不要有目的地与异性深入交往。与异性交往要光明正大，不要私下交往，更不要单独相处，避免不必要的烦恼。

最后，明白自己的责任，把握交往的尺度，也就是守住界限，明白什么事情可以做，什么事情不可以做。

例如，不要轻易触碰对方的身体，女生不要跟男生待在封闭的房间或昏暗的角落。不冒犯对方，不打扰对方，更不能突破性的防线。这些界限如同红绿灯、汽车的安全带，不是用来限制自由，而是保护安全。如果对方向你表白，要果断地拒绝，不给对方任何幻想。遇到纠缠，可以求助父母和老师。

总之，在与异性交往的过程中，不论关系怎样，都不能以自己的生命为代价，不伤害自己，不伤害别人，是警戒的底线。

【给父母的话】

父母是孩子的第一任老师，父母和孩子的关系是孩子发展人际关系的基本模型。孩子在亲子互动中学习如何跟同伴及异性相处。父母相处的模式，是以身作则给孩子的示范。

另外，对孩子进行性教育要趁早，可以从幼儿园开始，让孩子通过看性教育绘本，知道男女身体不同，知道如何保护自己。进入青春期后，要让孩子知道警戒线是什么，帮助孩子建立正确的自我防护意识；还可以培养孩子的运动习惯，释放和转化体内的性能量，陪孩子平滑度过青春期。

失恋怎么办

小宇是一个高二男生，期末前失恋了，说不想活了。谈及失恋的原因，他说女孩嫌弃他长得丑，还吃醋他老是跟其他女同学说话。

小宇难过地低着头，说："我长得太丑了！"

我看着眼前帅气的小宇，明白这不是女孩离开他的真实原因。但是，现在探讨这些，小宇是听不进去的，要先处理情绪，再处理事情。我把他内在的情绪读出来："我感受到你现在非常难过，你很悲伤，很怨恨自己，是吗？"

"是的，我非常讨厌自己！我恨不得把自己杀了！"小宇的愤怒情绪出来了。

于是，我用第四章讲到的"释放你的愤怒与委屈"的技巧，引导小宇一步步宣泄情绪，从愤怒到悲伤和委屈，小宇的情绪逐渐平稳下来。

接着，我拿出两把椅子，请小宇坐其中一把，想象那个女孩坐在另一把椅子上，用第四章讲到的"与他人和解"的技巧，引导他做类似的练习，与对方分离，把从这段关系里学到东西留在心里。

做完这些练习后，小宇平静了很多，我再请他平静地看那个女孩。"突然释然了，她也没那么好，太小气、太计较了！"小宇平静地说。

"所以，看起来她不是很适合你，一个不适合的人离开你，你也没什么损失，是吗？"

"是的！"小宇轻松地笑了起来。

所有的失恋都是从最初的暗恋或早恋开始的，暗恋的对象不喜欢自己，或懵懵懂懂开始的早恋匆匆结束，都会让青少年觉得天崩地裂。感情比较脆弱的同学，一旦失恋就会受到很大打击。失恋的痛苦，加上周围环境的压力，可能让他们不堪重负，从而产生一些极端想法和行为。

（1）前面的章节谈到过早恋的原因，青少年生理迅速发育，带来身体和心理的变化，从而对异性产生好奇，总想见到对方，一刻见不到就心烦意乱。这种异性的吸引往往又是短暂的、阶段性的，因为激素来得快，去得也快。其实所有的烦恼都来自生理和心智的不成熟，不懂得什么是真爱，不清楚爱情的规律及责任。既然这样，就把这个青涩的苹果暂时放一放，等到时机成熟时再采摘，也是一种选择。

（2）正确认识和看待失恋这件事，让自己在失恋的经历中学习和成长。失恋只是人生路上一个小小的插曲，是对自己小小的考验。失恋并不是坏事，反而是重新审视自己的机会。从过往的经历中吸取经验，重新调整自己，会发现自己的成长和成熟。

（3）转移注意力，可以去锻炼身体、看电影、旅游，把注意力从恋爱分手慢慢转移到自己喜欢的事，做与自己的兴趣爱好相关的事，或专注更高的人生目标和梦想的实现，以积极健康的心态去创造梦想和未来。有需要的话，可以做以上练习，或找专业人士帮助，将痛苦转变为支持自己变得更好的力量。毕竟，错过了星辰，仍然会迎来太阳，经历风雨才能迎接彩虹。让我们期待每个生命精彩的蜕变！

【给父母的话】

尽管学校不允许青少年谈恋爱，但青少年私下偷偷谈恋爱的为数不少。青少年与成年人对恋爱的定义不一样。他们把偷偷写纸条，或发信息当作恋爱。父母应该全面了解孩子的情况，不要轻易给他们贴上"早恋"的标签。

孩子会早恋，除前面所说的生理和心理因素外，也与社会环境相关。手机、网络、铺天盖地的小广告、有色视频和书籍等，不利于身心健康的低级趣味的东西很容易使孩子产生好奇心。

更重要的是，父母对孩子关心不够，缺乏爱和连接。孩子缺乏归属感和安全感，更容易陷入早恋。孩子在家庭里未被满足，就会在外面寻找情感寄托，获得安慰和支持。

父母应该怎么做？

结合对孩子的性教育，引导孩子正确看待有色视频和书籍。在网络社会，孩子难免受到网络色情的影响。例如，计算机弹出的色情片链接，会让孩子被误导，过度关注性，甚至模仿、尝试，事后可能出现自责、内疚、自卑、焦虑等消极情绪。所以，要引导孩子正确看待色情片。色情片不是真实生活的反映，不是情爱或性爱教科书。如同武侠片里的功夫不一定是真的，言情片里的爱情也不一定是真的一样，色情片只不过是撩拨成年人性欲的东西。作为青少年，过早产生性行为会损伤身体，会让自己难受。所以，主动隔离这样的影响，是自我保护的必要。

父母最重要的是给予孩子充分的爱与关心。孩子跟父母有足够的爱与连接，不需要去外面寻找爱与被爱的感觉，早恋的概率必然会降低。

如果孩子失恋了，父母要感同身受，真正理解孩子此时此刻的痛苦感受，像朋友一样跟孩子交流，安抚孩子的情绪，让孩子从内心感受到父母的理解和支持，陪伴孩子将失恋的痛苦转化为成长的契机。

父母陪孩子认识异性、认识自己，就是陪孩子成人。

被陌生人骚扰怎么办

青春期少年的身高、体重、体型越来越接近成年人，甚至超过成年人。与此同时，青少年的活力与朝气也蓬勃而出，走在街上是一道道亮丽的风景线，非常引人注目。同时，他们稚嫩的脸庞透露出社会经验不足，容易吸引来各种各样的搭讪，可能遇到各种各样的骚扰。

我儿子上初中后，在排队买奶茶时，有陌生人要用他的手机扫码领取礼品；在商场买衣服时，也有陌生人要他帮忙扫码刷单；在国外旅游也遇到外国人要他帮忙接收什么验证码。儿子那时 15 岁，身高1.76 米，已经超过我和他爸爸了，但不谙世事全部写在脸上。只要他单独行动或跟我远离，看似孤身一人时，都会引来陌生人靠近，找他帮忙刷单或各种搭讪。所以，我借机对他进行各种安全扫盲教育。

同时，我要提醒无安全防范意识的青少年注意以下几点。

（1）如果你真的非常同情别人，想帮助别人，请让对方向成年人求助。虽然你长大了，外形近似成年人，但还是未成年的孩子，不具备成年人的心智和社会经验，容易被居心不良的人利用。要知道，坏人的脸上不会写着"坏人"两个字，甚至比好人更像好人。你既要有助人之心，又要有自我安全保护能力。

（2）数字时代，互联网成为被利用的骚扰平台，要注意网络安全，做到"四不"——不点击不明链接、不加陌生人好友、不进入不安全聊天室、不共享个人照片或信息。有人在网络上被骗财物，银行卡与个人信息泄露；有人感情被骗，人身安全甚至性命堪忧。近几年，不法分子通过网络论坛、微信搜索等方式加青少年好友，用网红头像或假照片骗取信任，引诱青少年犯罪，伤害了许多未谙世事的青少年。青少年对此需要有足够的警惕性。

（3）如果被人骚扰，不管是陌生人还是熟人，不论对方用言语攻击、侮辱、威胁，或身体接触，只要感觉到被骚扰或不安全，请直接拒绝，采取自我防护措施，并及时向父母或老师求助，寻求成年人保护。

拒绝他人是需要勇气、智慧和技巧的，请参考第四章讲的"学会保护自己""学会拒绝"相关内容。保护自己的生命安全、身心健康，是最重要的。

【给父母的话】

父母是孩子的第一责任人，当孩子遭遇骚扰时，父母对孩子及时进行保护至关重要。父母要及时聆听孩子的烦恼，及时向孩子提供有力的支持和保护。

父母还要跟孩子一起探讨，如何应对骚扰，如何确定个人界限，知道哪些行为是不允许的。例如，不允许别人随意触碰自己的身体，不允许别人用语言或行为侮辱自己。

父母要鼓励孩子坚决拒绝不合适的请求或行为，可以通过角色扮演或情境演练的方式，锻炼孩子明确表达、主动拒绝的勇气和能力。父母帮助孩子建立在成长过程中的保护和支持系统，是孩子健康成长必要的保障。

父母吵架怎么办

瑶瑶是一个初中生，班主任发现她近期精神恍惚、眼神呆滞，上课经常走神，成绩突然下降。于是，她的妈妈带她来到我的心理咨询室。

瑶瑶低垂着脸，默不作声，还未开口，眼眶就红了："我不知道爸爸妈妈怎么有那么大的脾气，好像不知道哪里有地雷，随时会爆炸一样。"

"我感受到你的恐惧和小心翼翼。"我说。

"是的，邻居的姐姐说听到我们家天天吵架，实际上只是日常说话而已，他们就没有好好说话的时候！"瑶瑶的眼泪又来了，"我上幼儿园时，有一次爸爸妈妈打起来了，妈妈躺在地上一动也不动，我以为妈妈被打死了。"

"我听到你很害怕失去妈妈，当时的你太小了。"

"是的，我不知道怎么办，只会哭，也只能哭。"瑶瑶的情绪出来了，眼泪也出来了，这是小时候累积的创伤。我引导她做了未尽的表达和创伤的释放。

"我讨厌爸爸，我也恨妈妈！我讨厌他们无休止地跟我说对方的坏话！"恐惧的情绪过后，瑶瑶潜在的愤怒出来了。

瑶瑶的情绪像剥洋葱一样一层又一层地释放。在看起来无力的外表之下是悲伤和恐惧，再往下是愤怒，还掺杂着内疚和自责："我怎么可以对父母生气呢？""我怎么能恨父母呢！"她不再压抑，把真实的情绪释放出来，一层层剥离，洋葱内核深处的爱与感恩最后涌现出来。

每个孩子都爱父母，都希望家庭和睦。但是，很多时候，成年人的世界并非我们所想象的那样。谁说爱的表达只有一种方式呢？很多夫妻就是通过吵架的方式连接，表达爱。孩子会痛苦，是因为觉得这样不好，想改变父母，甚至控制父母，让他们成为自己心目中理想的父母形象。我带着瑶瑶做第三章讲的"与父母和解"的练习。当她退回到孩子本来的位置时，真正开始平静和感恩。

当父母吵架或打架时，应该怎么办呢？

你要觉察到自己的感觉是什么、有什么样的情绪，你要觉察到情绪后面隐藏的信念。委屈背后隐藏的信念可能是"父母不应该吵架，应该好好保护我"；恐惧背后隐藏的信念是害怕父母分开，他们分开后没人爱自己了；愤怒背后隐藏的信念可能是自己有力量维护自己的利益，想呵斥对方。

你看到情绪背后隐藏的信念，就能看到自己的局限，改变自己的想法和观点，主动改变自己的信念，从而改变人生。你可以对父母坦诚地说："你们是大人，我是孩子。不管你们的关系如何，你们都是我唯一的最好的父母。我期待你们和平相处，如果你们只会用这种方式来沟通，那我只能接受。同时，请你们多学习，家庭的温暖和安全对我很重要，求求你们。"

假如你做了所有努力，父母还是继续吵闹的话，你可以在内心对父母说："你们是大人，我是孩子，我不能，也不需要干扰你们。你们把生命给了我，也把活下去的所有能力和资源给了我。即使你们吵架，我也可以继续活下去，也可以有自己的幸福和快乐。"

这是把父母的人生交还给他们，建立对自己的信心，发现自己真正是谁的练习过程。

【给父母的话】

对孩子来说，他们最重要的、最在乎的事是父母相亲相爱。因为只有父母相亲相爱，他们才会有安全的家，才有可能活下去。所以，父母争吵时，孩子的内心非常害怕。长此以往，他们会变得胆小，害怕人际交往，也不善于和同学、朋友深交。长期在父母争吵中长大的孩子，感受不到家的温暖，会产生"离家出走"的念头。成年结婚后，他们不知道如何处理与伴侣的矛盾。

所以，尽可能不要用吵架的方式处理冲突，也不要伪装表面和谐。孩子非常敏感，能敏锐地捕捉到家里每丝不和谐的能量，同样会有不安全感。

对伴侣的任何不满，绝不要对孩子倾诉，不能指责孩子某点像自己的伴侣。每个孩子潜意识里都深深地爱着父母，你的批评和指责只会让孩子内心错乱、精神紧张。

不要让孩子做法官，评判父母对错；也不要拉孩子站队，压倒另一方；更不要让孩子做调停员，平衡你们的关系；不要让孩子做传话筒，不要让孩子夹在父母中间，成为调停冷战的工具。所有这些，都会让孩子偏离他的位置，被迫成为拯救者，陷入自我消耗和纠结里，无法活出自己的人生。

父母是自己婚姻的责任人，应该让孩子只做自己。

被父母忽视怎么办

孩子被父母忽视的原因有很多，有的因父母忙于工作，有的因家里兄弟姐妹多，有的因父母小时候没被精心养护过，不知道怎么关注和陪伴孩子。

其实，每个人都可能被忽视过，包括没说出来的话、没被看到的需求。例如，获奖后想表达开心的渴望未被倾听；考试失败或被误解，伤心难过的体验没得到理解，被认为根本不值得难过。

这些被父母忽视的情绪、感受在孩子内心留下印痕，时常感觉孤独、自卑、胆小、不敢与人交往都可能是被忽视之后产生的伤痛。

有了伤痛，应该怎么处理呢？

（1）觉察自己内在的情绪。例如，看到自己的委屈、受伤和难过，承认自己经历和遭遇不公平。你可以通过控诉和释放情绪得到疗愈，而不是当面直接控诉父母。

你可以选择摆放一对椅子代表父母，也可以站在镜子面前控诉他们。你想象他们在你的对面，把你的委屈、伤心、不解充分表达出来。不要压抑愤怒和怨恨，充分表达，用跺脚、撕纸、摔枕头等不伤害自己和别人的方式，将被压抑的情绪发泄出来。就算出现"我恨死你了""你不配做父母"等言辞也是正常的，不必感到内疚。这样的释放就像剥洋葱一样，只有把外在沉重的情绪一层层剥离，内心更深处的爱与感恩才会出来。

（2）看到自己情绪背后隐藏的信念。例如，委屈是因为按理想父母的标准，期待父母能及时关心呵护自己；愤怒是因为父母没做到自己期待的，自己想改变他们。你接受自己的期待，同时要承认，现实生活中的父母只是普通人，他们在每个当下都已经尽力。你要接受父母的无知和局限，相信父母潜意识里有深深的爱，他们不是故意忽略孩子，只是因为不知道、不懂、不会，而做不到像你期待的那样关注你。

（3）主动向父母表达内心的渴望，请求他们关注。例如："我今天把家务做得很好，碗洗干净了，桌子和地板也擦干净了，我希望你们看到我做的，期待你们给我肯定。"

如果你的主动请求得不到有效回应，这不是你本身的原因，你完全可以肯定自己，对自己说："谢谢你，我爱你！"你把自己抱在怀里，好好地拥抱自己。凡是对父母的期待，你都可以自我满足。

建立对自己的信心，照顾自己，不是一两次可以完成的，不能一蹴而就，需要不断学习和练习。你需要一些时间做出努力，需要有改变的勇气，但只要开始，就一定会有收获。

【给父母的话】

再完美的父母，在养育孩子的过程中，也难免出现对孩子情感或情绪的忽略。所以，请你放下因此产生的内疚或自责，看清事实真相，创造改变的可能。

如果孩子的情绪和感受经常被父母忽视或误解，就会在无意中给孩子传递信号："我的情绪不重要""我的感受是错的""我是不被接纳的""我没有资格被爱"。这样，他就会觉得有问题的是自己，而不是父母。

这样的孩子长大成年后，情感体验可能有盲区。他们难以体会自己内心的真实状态和需求，也很难体会别人的感受。这种孤独和疏离会妨碍孩子发展亲密关系，影响幸福指数。成为父母后，他们也难以理解孩子的情感需求。

你当年也许曾经有这样的童年创伤，被父母忽视，请参考上面讲的练习，进行清理和疗愈，或寻求专业心理医生帮助，因为你内心未疗愈的部分一定会成为养育孩子的卡点和黑洞。

自己清理、整合后，再面对孩子。

（1）看见并积极回应孩子的情感需求。当孩子兴高采烈地向你分享他的喜怒哀乐时，不要用"嗯""哦"或几句不走心的话敷衍了事。当孩子邀请你一起玩游戏时，你要带上热情与专注，全然参与和倾听，即便是简单的交流，也会给孩子莫大的鼓舞。

（2）允许孩子表达情绪并表示理解和包容。站在孩子的立场，理解他的感受。当孩子真的被看见、被接纳时，爱和连接才会产生。

（3）关注孩子的心理需求，及时给予肯定。与成绩或技能的获得相比，孩子更需要被关心的是他的渴望和期待。关注孩子这个"人"，而不是在乎发生了什么"事"。

孩子是你终生的事业，父母是你终身的岗位。人生没有什么比这个更重要的事了。

被父母控制怎么办

小磊从小到大都由父母安排一切，小到穿衣服，大到上兴趣班、补习班，以及每天的学习和作业安排。小磊不能有自己的想法，父母往往说："我都是为你好！""我是你妈，能害你吗？""小孩懂什么？听我的！"小磊只能听从父母的安排，基本没有自主权。他上小学后到学校住宿，因没有生活常识，不会洗衣服，不知道什么天气穿什么衣服，经常冻感冒。父母以"为你好"的爱的名义，控制小磊，其潜台词是"你不行，你需要我，你什么都干不好"。

有一次，我在超市偶遇小磊母子，他们正在挑水果。

妈妈问小磊："你想吃什么水果？"

小磊回答："香蕉。"

"苹果看起来比较好吃。"妈妈说。

"不，香蕉软一点。"

"你要多吃一些苹果，锻炼你的咀嚼肌。身边的同学都换牙了，你还没换！"

"我喜欢吃香蕉。"

"你应该吃苹果，苹果有很多营养和维生素。"妈妈坚持。

"不，我现在就想吃香蕉。"

"你这孩子，怎么这么倔？怎么都说不通呢？"妈妈抱怨。

妈妈看似让孩子选择，实际一直在否认孩子的选择，不断告诉他"你的选择和判断全是错的，只能听我的"。妈妈将自己的判断强加给孩子，使孩子与自己的真实感受逐渐失联。

当小磊反抗时，父母会以批评指责、恐吓威胁的方式压制他。小磊不断失去成长的快乐——克服困难、独立自主、选择和承担的快乐。他开始变得消极、被动、退缩，自我放弃。

当小磊表现出抑郁症状时，妈妈在离学校一墙之隔的家里，手举望远镜监视孩子的举动，并要求老师随时报告小磊的行踪和行为。妈妈对孩子在学校的一切了如指掌，继续指点和干涉孩子。

如果不是亲眼所见，我很难想象生活中真有这样的事情。如此极端的案例，可能带来的后果难以想象。

控制欲强的父母往往是因为小时候的成长经历、生活环境、教育背景等多种因素导致的。被父母控制的孩子要么愤怒地反击，要么逃避，觉得自己无能。这些都是孩子不成熟的状态，会让父母更担心，加大力度操控孩子。

孩子遇到这种情况，对抗和争执都是不成熟的表现。父母感受到不被尊重的挑战，你在父母眼里更加是不让人放心的孩子。在父母控制的背后是不放心，是深深的爱，是保护，怕孩子走弯路。

孩子只有把自己成熟、负责任的一面表现出来，证明自己可以为自己做主，才能真正从父母的操控中挣脱出来。

同时，孩子应该训练自己独立思考和决策的能力。跟父母有分歧时，理性判断和客观分析，拿出实力，证明自己的方法比他们的好。孩子通过努力去争取父母支持，可以直接向父母表达："我不喜欢这种方式，我希望你们尊重我的选择和决定。"当父母发现孩子确实有能力说到做到时，他们就不会再用控制的方式照顾孩子。当孩子真正成为有能力有担当的人时，父母会被迫后退，对孩子刮目相看，支持孩子自己做决定。

【给父母的话】

很多时候，在父母超强的控制欲背后是深深的恐惧和害怕失控的不安。父母之所以需要牢牢掌控局面，通常跟自己小时候在严格控制的环境中长大，习得这种模式有关。父母应该疗愈这方面的创伤，否则它会以代际遗传的方式传给孩子，孩子又会在潜意识里复制父母的创伤。

有的父母则是为了满足自己的权力欲，他们的口头禅是"必须听我的""我说了算"。这种至高无上的权威会极大地满足一个人的自恋心理。他们控制孩子，实际上是以爱的名义、关心的名义，剥夺了孩子独立自主的能力。他们剪掉孩子的翅膀，还责怪他不会飞翔。

父母一定要先疗愈自己，再学会放手，给孩子足够的空间和自由，鼓励孩子自己探索和尝试。

放手不是放任。例如，孩子刚学走路时，平衡感和力量还未发展好，孩子会主动牵你的手走路。这时候，你给予孩子的扶持就不是"放任"。待孩子平衡能力越来越好时，他想甩开你的手。这时你松手，允许孩子向前走，就是最合适的"放手"。独自前行的孩子也许会遇到不平坦的路途，心中有畏惧，还希望随时握住你的手。你只要守护在孩子身边，跟在他的身后，及时施以援手，就是"不放任的放手"。

父母要接受孩子的不完美，看到每个孩子都是独一无二的。父母只有放下对完美孩子的期待，放下焦虑和恐惧，才能真正相信孩子，给孩子足够的成长空间，让孩子自己做决定，才能帮助孩子轻松、快乐、健康地成长。

父母偏心怎么办

彬彬被认为是一个爱调皮捣蛋的孩子，在学校被老师和同学投诉，在家也不让父母省心。我和他细聊才发现，原来是妹妹的出生让彬彬内心失衡。他怨恨妹妹，感觉是她让自己被父母忽略了，父母对妹妹偏心，自己不受待见。他做出各种叛逆行为，欺负妹妹，在课堂里发出怪声，父母总是被叫到学校谈话。他并不了解，自己的潜意识是希望通过捣乱博取父母的关注。

这样的案例很常见，尤其是生育政策逐渐放开后，许多家庭增加了家庭成员，原有的家庭秩序被打破。父母要花更多时间照顾小宝，自然减少了陪伴大宝的时间。在大宝成长过程中，父母有很多不满意的地方，因此会把希望寄托在小宝身上。小宝既可爱又听话，父母对小宝和颜悦色、宽容疼爱，转身又对大宝诸多要求，各种批评和指责，自然会让大宝感觉不公平。大宝已经长大，他小时父母忙，或年轻没有经验，对大宝缺乏精心呵护。大宝在见证小宝被父母充分疼爱的情景时，会引发嫉妒心，潜意识里甚至会出现"退行"现象。例如，有些大宝上初中了，却突然开始吮手指。有一个 14 岁的男孩在有了妹妹之后开始尿床、赖床、发嗲等，出现不符合其生理年龄的怪异行为。其深层原因，往往是孩子在潜意识里渴望获得父母未曾满足过的陪伴的需要。"父母偏心"往往是孩子未曾满足的需要被唤醒之后产生的被不公平对待的感觉。父母也许完全没有意识到孩子的需要，甚至觉得孩子越大越没出息，简单对孩子进行训斥，以为孩子不懂事、不听话。

发生在兄弟姐妹之间的对比，也会引发父母偏心的感觉。例如，表现优秀的孩子经常得到奖励，得不到奖励的孩子就会觉得父母偏心；达到父母期望的孩子得到父母更多关心和肯定，未达到父母期望的孩子往往被父母冷落，甚至歧视。大宝干的家务多，还被要求照看小宝。父母认为大宝应该让着小宝，忽略了孩子都需要父母肯定和爱的需要，把大宝"升级"到替父母担负责任，这对孩子并不公平。以上种种现象，都需要父母听到、看到。父母需要设身处地地共情孩子的感受，帮助孩子释放这些感受，改善与孩子的关系。

父母并不是真的偏心，他们往往毫无觉察，甚至感觉自己无辜。他们受各种原因限制，如家庭环境、经济状况、个人精力、个人喜好、疏于表达等，甚至自己小时候也可能被这样不公平对待过。他们只是在潜意识里复制当年的经历和模式。孩子只有与父母深入地交流，才能挖掘深层原因，理解相应的行为，减少内心的不满和对抗。

你可以选择一个合适的时间和环境，向父母真诚地表达自己的感受和想法。例如："我觉得你们对我和弟弟/妹妹不一样，这让我觉得非常伤心！我想知道是我的哪些言行不妥？我渴望得到跟弟弟/妹妹一样的爱。"这种真诚、开放而非指责的方式，可能让父母更愿意倾听，更有效地回应。

你应该通过扩展兴趣爱好、学习新技能等方式，不断提升自己的自信，满足自己在生活中寻找平衡的需求，哪怕父母真的偏心，也不影响自己过幸福的人生。你应该确信自己是有价值、有能力、有自尊、有选择权的人，是一个值得爱的人，值得公平对待。这种自信建立起来，你就不会再依赖父母的言行，不再怀疑自己的价值了。

【给父母的话】

小时候感觉父母偏心的孩子，长大后也会觉得老师偏心、领导偏心，会在潜意识里通过各种方式寻求关注和公平。关注点在外在关系的抓取上，能量消耗在无谓的人、事、物上，而远离自身的学习和成长，这样的人容易成为受害者，将丧失生命主动权，活在痛苦里。

无论父母偏心是否真的存在，既然是孩子的主观感受，那就是一个敏感而复杂的问题，需要重视。父母要觉察自己对不同的孩子的深层情绪，是否有歉疚、自责，或讨厌、蔑视等，这些情绪基本都是父母在自己成长过程中面对的创伤，在不同的孩子身上的投射，需要去处理，直到面对每个孩子都能感受到爱。这时，父母给予每个孩子百分之百的爱才会成为可能。"一碗水端平"对父母的挑战并不是具体的行为，而是内心的感受和状态。父母只有在真正的爱和平静的状态下对待孩子，才能给每个孩子百分之百的爱和公平。

兄弟姐妹不和怎么办

姗姗是家里的老大，上至爷爷奶奶、外公外婆，下至爸爸妈妈、姑姑舅舅，对家里的第一个孩子都非常重视和疼爱。

两年后，姗姗的弟弟出生，全家人的目光都转移到了弟弟身上，少了陪伴姗姗的时间。当姗姗和弟弟争抢玩具、食物时，父母总是要她让着弟弟；两人打闹，只要弟弟哭了，父母就会指责她欺负弟弟。姗姗对弟弟恨之入骨，觉得是他抢走了父母对她的爱。

弟弟也想得到更多关爱，就用讨好、打岔吸引大家，对所有人都笑，卖萌耍乖。但是，弟弟慢慢发现姐姐的霸道蛮横也会吸引父母和家人的疼爱，也开始用调皮捣蛋的破坏行为吸引父母的关注。在"夺爱"的空间里，姐弟俩可谓各显神通。

兄弟姐妹间的摩擦是常见的家庭矛盾，年龄、性格、喜好、习惯、需求不同的手足之间为了吸引父母的爱和关注，好像具有天生的竞争关系，各种冲突和分歧不断。

出生顺序不同，孩子得到的爱与关注也不同。老大刚出生，拥有父母全部的爱与关注。老二出生后，老大曾经得到的关注就会被分走，老大就会觉得父母的爱被老二抢夺。尤其是年龄差距在三岁内的孩子，正处于安全感建立的关键期，这种影响更甚。老二的环境实际比老大恶劣，因为有一个天生强大的竞争对手挡在前面，要想得到爱，必须去争取。所以，老二会想方设法，用比老大更乖巧、更优秀，或更讨人喜欢的方式锁定父母的关爱。依此类推，在一个家庭里，每个孩子寻求关爱的模式各不相同，目的只有一个——获得关注和爱。

弟弟讨厌姐姐，又崇拜姐姐。他喜欢跟在姐姐后面，做她的小跟班、跟屁虫，模仿姐姐的言行。姐姐则既嫉妒弟弟，又喜欢这个玩伴，前提是弟弟没有抢走自己的风头。

兄弟姐妹是最亲的手足，是世界上与自己有相同血脉的亲人。因为血脉相连，所以兄弟姐妹之间有天然的亲近感，同时包含嫉妒、争斗的情绪，可谓爱恨交加。父母总会年老离去，兄弟姐妹长相陪伴，手足之情弥足珍贵。父母给孩子留下的最好的礼物，就是有与自己同源的生命相伴。

姗姗站在父母的角度看待这些事情，对父母多了理解。更重要的是，她从自己身上找原因，认识到自己的言行和态度激惹了弟弟。当她主动修正和调整自己的行为时，与弟弟的关系自然亲密了。

姗姗与父母连接之后，内心被爱与感恩溢满，改变即刻开始。爱满自溢，她转身对弟弟说："我比你大，你比我小，父母已经给了我们各自百分之百的爱，我也把自己的爱给你。"她对弟弟的态度和方式马上变得温柔，主动帮助弟弟解决问题。

姗姗父母在向我咨询后，调整了教养方式，与两个孩子的关系也发生了质的变化。

兄弟姐妹关系不和时，通常把对方当作竞争者，一心想打败对方，抗拒对方独占父母的爱。这种出于恐惧的竞争，往往把注意力放在别人身上，忽视了一个重要的现实：父母对待每个孩子的方式虽不相同，但相同的是把生命给了每个人。所以，每个人活好自己独特的生命，是唯一的最大的责任。

每个人只要把注意力放在跟自己和解上，接纳自己的独特性，同时跟父母和解，就会获得源源不断的爱，拥有充足的安全感，就没有竞争对手，手足之情的温暖感受自然会流动出来。

【给父母的话】

父母都希望孩子和睦相处，互相帮助，相亲相爱相伴一生。

导致兄弟姐妹不和的原因很大一部分来自父母，是父母有意无意地对孩子的不同关注，使孩子心理受伤，互相对立。

父母怎么处理这个问题更好呢？

（1）调整关注序位。

有两个以上孩子时，请把注意力放在老大身上。当老大被尊重，有充分的安全感时，就会自然而然地把爱留给小的。父母要明确告诉所有人：哥哥/姐姐是先来的，他是大的，爸爸/妈妈分别给了你们不同的生命，也分别给了你们各自不同的百分之百的爱。你们是弟弟/妹妹，你们是小的，要尊重和接受哥哥/姐姐。我们一同爱你们。

这是家庭序位的简单运用。只要让大的成为大的，让小的成为小的，序位对了，一切就好了。例如，家里吃饭，可以按序位坐：老大挨着父母，其他孩子按顺序依次坐。序位对了，每人各归其位、各自承担责任时，家庭关系自然和谐了。

（2）给每个孩子单独的陪伴时间。

在单位时间里，一次只用心陪伴一个孩子。根据不同孩子的年龄、喜好，确定专属于他的亲子黄金时光。例如，陪老大看电影、陪老二打球、陪老三画画等，单独陪伴孩子做他想做的事，让孩子感受到父母给自己的百分之百纯然的爱与陪伴。当孩子的安全感充足时，就不会彼此争夺了，因为爱一直都在。记住，是全然专注的高质量的爱与陪伴，而不是心不在焉的应付！

父母离婚怎么办

依依小时候，父母经常吵架。小学三年级时，她有一次听到父母吵架后说要离婚，害怕得躲进房间里哭。她哭完后，想挽救父母的婚姻，从杂志上摘抄了一些文章，写了一封信给爸爸，没想到爸爸当面把信扔了，一脸嫌弃地说："是不是你妈教你这么写的？"依依心里满是委屈，不知道如何解释。

依依上初中后，父母吵得更凶了。一次，他们又在闹离婚时，躲在房间里哭的依依忍不住冲出来，跑到客厅里大喊："你们谁都不准离婚！"

依依的心都要碎了。她做了无数的努力，做父母的传话筒、调解员，做妈妈的垃圾桶，安抚妈妈的情绪，还给爸爸写了三封信，试图让爸爸回心转意。她拼尽全力，也没能挽救父母的婚姻。父母在依依高考结束时，办理了离婚手续。依依进大学后，并没有开始新的生活，因抑郁而休学在家。

很多感情破裂的父母，为了孩子，刻意维持婚姻和谐的假象，一旦孩子高考结束，收到录取通知书，就是双方办理离婚手续的日子。他们以为这样不会影响孩子的学习，对孩子也没有伤害。他们忽略的是，每个孩子都希望父母相亲相爱，渴望有一个和谐幸福的家。所以，离婚或维持无爱的婚姻、争吵或冷漠的氛围对孩子的打击都非常大。

在咨询室里，我带领依依做了情绪的释放，帮助她释放掉从小到大的恐惧、伤心、自责……她变得平静下来，尊重父母的选择和决定，希望他们各自照顾好自己，不必维持无爱的婚姻。她轻松地接受了父母的人生选择。

我引导她在内心对父母说："你们是大人，我是孩子。不管你们关系如何，即使你们离婚，也永远是我唯一的、最好的父母。我不能，也不需要打扰你们。你们把生命给了我，也把活下去的所有能力和资源给了我。我可以照顾好自己，我可以创造幸福、快乐的人生。"

孩子应该尊重父母的决定，相信父母的选择是经过深思熟虑，对双方都好的。父母有权利选择自己的生活，孩子也有自己的人生之路要走。孩子应该早点开始学习关于婚姻和爱的课程，做自己感兴趣的事情，做有价值和意义的事情，让自己活得充实、快乐，请求父母祝福自己，过与他们不同的生活。孩子无法掌控父母的人生，可以做的是，面向未来，书写自己的人生。

【给父母的话】

在一个家庭中，夫妻关系优于亲子关系。和睦的夫妻关系会给孩子充足的安全感，温暖的家是孩子心灵的港湾。对孩子最好的爱，是好好地爱自己的伴侣。

夫妻离婚要慎重，走到这一步，一定要做过专业的婚姻咨询。只有确定彼此不再带着恨和纠缠的情感，以爱和祝福放下对方，才算真正有效的离婚。彼此用恨和受害者心态继续勾住对方，是离而不分，无法真正面对未来的生活。

如果夫妻感情破裂，无法挽回，确实走到分手这一步，就要让孩子明白这是父母的选择，跟孩子无关，不是因为孩子的原因离婚，不要让孩子陷入自责或内疚中。

父母是孩子生命的源头，要让孩子得到生命源头的力量，千万不要在孩子面前说伴侣的坏话，不要让孩子恨对方。离婚只是夫妻关系结束，亲子血缘关系还在，每个人依然是孩子的好爸爸或好妈妈。父母应该允许另一方跟孩子接触，让孩子得到源头之爱的滋养和力量。

想到曾经的另一半，你的感觉如何？如果你心中充满怨恨、委屈、悔恨、漠然，说明你们的关系很压抑，无论是否真的"离"婚，这些能量都会影响孩子和你的未来。你要有勇气面对自己人生的卡点，将其疗愈之后，带着爱与祝福离开。我用"幸福婚姻导师班"课程带领将进入婚姻、正感受婚姻之痛的人，学会经营与爱有关的人生。

父母生病怎么办

焦虑的妈妈反复强调女儿小芸个性太敏感，太在意别人的看法，导致抑郁和心理问题。小芸一直低头不语。

小芸在跟我一对一相处时，向我倾诉了她在学校里的烦恼。高一入校时，因表现优异，她负责学校团委的一些工作，得到极大的满足感和成就感。进入高二后，随着学业压力的增加，团委工作成了不小的负担，她开始封闭自己，不愿意跟他人交流。

"为什么不把你的压力直接跟老师说呢？"我好奇地问。

"我不敢，我怕老师难过，担心这样会让老师为难。"小芸低着头回应。

爱学习、上进的孩子承担了学习之外的工作职责，超出了自己的承受范围，也不愿放下，这样的模式和习惯是否与她的原生家庭有关？

我继续问："这段时间，家里有没有发生什么事情呢？"

小芸的眼眶开始红了："妈妈刚刚生病做完手术，我觉得我应该照顾妈妈，多为家里做一些事情。"

小芸开始哭诉内心的恐惧和担忧。她 3 岁时，妈妈就生病住院做手术。那时，她非常害怕，担心失去妈妈，而且在潜意识里种下一个信念："妈妈需要我照顾，我要为家里多做一些事情！"

我提醒道："看得出来，你是一个非常善良懂事的好孩子，很想为家里多做一些事情。但是，你得承认，自己只是一个孩子，能力有限，能做的也有限。妈妈的疾病和手术不是你能控制的，是吗？"

小芸含泪点点头："是的。"

小芸升入高二，妈妈旧病复发，再次住院。小芸的创伤再次暴发，整个人陷入无力和恐惧中，呈现出抑郁和自闭的症状。她难以拒绝老师要求的根源，是难以拒绝体弱多病的妈妈，难以放下家里的压力和负担。

我带着小芸做了第三章讲过的"学习接受与臣服"的练习。小芸向妈妈的命运说是，向命运臣服，接受生命的自然规律。小芸认识到每个生命都要经历生老病死和各种无常，自己的身份只是孩子，无法背负妈妈的人生。

在小芸担心失去妈妈的恐惧里，还深藏着对未来生活的恐惧——最爱自己的人如果走了，以后就没有人爱自己了。她在可怜妈妈同时，也在可怜自己，不知道没有妈妈，自己怎么活下去。

我引导她看到这些，确定在有妈妈陪伴的当下，只要主动培养自己的生存能力，学会照顾自己，无论妈妈的疾病结果如何，她都会照顾好自己的生活和学习，这是对妈妈最好的感恩。此时，她的状态明显乐观放松了。

【给父母的话】

曾经有一个学员，因无法处理爸爸离世的悲痛，来到我的课堂学习。我引导她接受爸爸离开的命运，一次次与爸爸分离。然后，她终于放下悲痛，创造属于自己的轻松人生。

很多时候，我们无法控制疾病或意外的发生，只能决定以什么样的状态面对。这种状态决定父母与孩子产生怎样的纠缠，会影响孩子的能量状态。孩子是父母能量的接收器和放大器。你有一分焦虑，孩子就会十分紧张；你有一分平静，孩子就会感到十分安定。所以，父母要把关注点放在保持情绪的稳定上，给孩子最好的带领和影响。

父母不要在孩子面前暴露自己的无力和脆弱，假如无法调整，就告诉孩子那只是暂时的、阶段性的状态，作为父母，你依然有能力照顾好自己，不需要孩子担心和焦虑。如果你给孩子可怜弱小的感觉，那说明你与孩子站错位置了。你放弃了自己"大"的力量，让孩子站在比你高的位置照顾你，这不符合家庭秩序。父母没有必要让孩子做无谓的牺牲，需要拿回自己的力量，再引导孩子做"接受父母"的练习。

如何跟父母有效沟通

我曾经受邀到一所学校，为在校高中生做名为"如何跟父母有效沟通"的专题分享。很多孩子反馈，跟父母关系很差，不知道怎么跟父母沟通。我感慨颇深，很多家庭中的亲子关系之痛不仅让父母头疼，还困扰着孩子们。

天下没有不爱孩子的父母，也没有不爱父母的孩子。如此深爱的双方，为何关系越来越差，为何有话不能好好说呢？很多时候，父母忘了沟通的目的，用命令、通知、要求、劝说、威胁甚至责怪的方式，企图压制、说服孩子，而非真正了解对方所思所想。远离心灵，缺乏感情传递的沟通，不会真正有效。

当孩子对父母有不满、埋怨、失望、委屈、愤怒等情绪时，实际上是因为内心有不同层面的父母形象，影响着他们与父母的关系。

（1）现实层面的父母形象。现实层面的父母形象即生育自己的父母在现实生活中给孩子的感觉和印象。孩子从出生到成长，时刻与现实中的父母互动。现实中的父母有这样那样的缺点和不足。大部分父母在养育孩子前，没有学习过怎样做父母，没有经验，不知道如何更好地爱孩子，他们当年也没有得到父母更好的爱与滋养。当他们本能地承担起做父母的责任时，就用他们所知且能够提供的最好的方式陪伴孩子长大。

（2）理想层面的父母形象。理想层面的父母形象即孩子内心想象和期待的完美父母的形象。每个孩子都期待父母如自己所愿，对自己有不言自明的理解和关爱，是温柔善良的、潇洒有型的、博学多才的，等等。每个孩子内心对完美父母的标准可能是书本或电影里的某个理想人物，或现实生活中的某个偶像，集天下"好父母"于一体，以此衡量现实中的父母，其差距不言而喻。

这个标准是孩子自己创造出来的，只存在孩子的想象中，与现实中的父母无关。孩子一味强化内心期待的理想父母形象，就会感受到想象落空的痛苦。

（3）本质父母的形象。本质父母的形象即父母作为管道，孕育和允许生命通过他们来到世界。所以，父母的唯一本质就是把生命带到世界来的人。

每个生命都如一颗独一无二的钻石，呈现出独一无二的光芒。父母就是钻石外面的包装，无论是光滑的丝绒，还是粗糙的牛皮纸，或普通的白纸，都不会掩饰钻石的精美。跟包装纸相比，钻石是最珍贵的、不可替代的。因此，本质父母无论在现实中的表现如何，都值得被尊重、感恩和接受。

父母的三种形象对每个人的影响非常大。在现实生活中，有的孩子因被自己幻想的理想父母遮蔽了心，不肯接受现实中的父母及其带给自己的外包装——不理想的养育环境、教养方式等，活在对父母的抗拒和否定里，充满抱怨、纠结、愤怒、委屈、对抗。有的孩子忽略给予自己生命的本质父母，对理想父母产生期待，更不能接受现实中的父母，进而不接受自己、怀疑自己、否定自己，与自己、父母、世界对抗，活在否定和对抗的痛苦里。孩子带着对抗和否定的能量，是不可能与现实中的父母有效沟通的。

那么，孩子应该怎么做呢？

（1）要尊重和接受自己现实中的父母。父母都是现实生活中的普通人，是不完美的。他们作为孕育生命的管道，值得被尊重、被接受，这是每个子女必须做的。

（2）主动放下对理想父母的期待，不再幻想。自己想象出来的理想父母与现实中的父母毫无关系。只有接受父母本人及其所有不完美的行为，才能真正接受自己。

（3）活在感恩里。感谢父母赋予自己生命，使自己拥有活下来的机会和资格。这种感恩不是停留在头脑和概念中，而是要通过具体行为表达出来。

你可以参考第三章的内容，与父母有效沟通，"有话好好说"，把"别管我"改为"我长大了，请多给我一点空间和自由"；把"我不是小孩"改为"请多给我一点平等和尊重"；把"不公平"改为"我也渴望被你关注"。当你具有爱与尊重的心态、语气、态度、语言、行为时，相信你和父母的沟通一定会不一样了！

【给父母的话】

如果你不接受现实中的父母，当你成为父母时，就希望超越现实中的父母，成为自己心中理想的父母。例如，你小时候讨厌脾气暴躁的妈妈，发誓自己长大后一定要比妈妈强，做一个温柔的妈妈。但是，你会发现自己越来越活成妈妈曾经的样子，活成自己不想要的样子。这是因为，你越对抗什么，越会成为什么。

你无力成为心中的理想父母，也不接受现实中的自己，于是活在内疚、遗憾、后悔、自责里，否定自己做父母的资格。你在内心感觉亏欠了孩子，站在比孩子低的位置，没办法给予孩子自信和有力量的爱。这会对孩子产生严重的心理伤害——孩子在心理上缺少归属感和认同感，如无根之树、无源之水，会活在无力和迷茫里，会陷入新一轮对父母和自己的否定中。

所以，你要成为最有资格做父母的人，就要做以上的练习，必须实现自己心理上的成长，必须面对生命课题。

另外，每个人内心也有对孩子的三层理解，即"现实中的孩子""理想中的孩子""本质孩子"。你曾经以此要求自己，然后又以此评判自己的孩子，这也会影响自我认同，以及对孩子的引领。你需要重新梳理自己与内在小孩的关系，尊重和接受现实的孩子，放下对理想孩子的期待，感谢本质孩子给自己的礼物，让自己的生命更完整；在此基础上重新面对和接受自己的孩子。

只有在此基础之上的尊重、聆听、信任、理解、接纳、包容，才是有效的亲子沟通和建立和谐关系的关键。

被老师忽视怎么办

每个青少年都期待自己是一个好学生、好孩子，渴望得到老师的关注。但是，老师的精力有限，无法兼顾一个班甚至几个班所有同学的心理需求。我经常听到这样的倾诉：

"我每次举手回答问题，老师都不看我。"

"老师总是点名成绩好的、瞧不起差的，为什么不能一碗水端平呢？"

"老师太不公平了，总关心××，没有我的份！"

……

很多青少年都有这样的困扰，你是否也有类似的疑惑呢？

你发现没有，这些被忽视的感觉其实来自你和他人比较的经历？老师经常看到你，点你的名，你很开心；如果某位同学比你得到老师更多的关注，你就难过，感觉自己被忽视而嫉妒他人。

往更深处探索，你可能把对父母的渴望投射在了老师身上。童年时期，父母的某些言行给你留下了被抛弃或被忽略的创伤，这种感觉储存在你的潜意识里。长大后遇到类似情况，你感受到被老师忽视时，潜意识里被父母忽视的感觉就跳了出来。从表面看起来，你渴望老师关注，实际上是渴望父母的关注和爱。

既然如此，与其在外面追逐老师的关注，不如回到自己的内在，跟父母好好连接，接受现实中的父母。你可以每天或每周抽时间做"接受父母"的练习。当你发自内心认为自己的父母是最好的父母，爱本来就在时，就不会再向外面抓取，渴望更多人的关注和爱了。这是解决问题的根本之道。

你放下父母的投射，回到单纯的师生关系，放下内心对"完美老师"的期待，就会发现老师也不是神，不可能关心照顾到每个人。你应该接纳老师在现实生活里做不到的地方。

同时，你可以做些积极的改变，例如，你先关心老师，有礼貌地向老师问好，多找老师交流，上课认真听讲，积极举手回答问题。你还可以主动向老师表达，请求关注。例如："我这次复习很认真，考试得到第×名的好成绩，我请求老师给予肯定和鼓励。"即使老师没有给你期待的回应，也不会影响你的幸福和快乐，因为这件事与你本身好坏无关。你可以随时肯定自己，呵护自己，不用向外寻求。

【给父母的话】

当孩子向你倾诉被老师忽视时，你要肯定他渴望老师给予理解和接纳的态度。同时，你可以陪伴孩子，把关注点放在提升自身的能力上，多做接受现实中的父母的练习。

你要检视自己，是否对孩子有忽视的地方，因自己的忽略或偏心，导致孩子内心受到伤害，进而将需要投射在老师身上。

重要的是，你要检视自己的童年是否有被父母忽视的经历。如果你有过往的创伤，请将其及时处理。只有得到自己生命源头的力量，你才能给孩子有效的支持和引导。

被老师误解怎么办

被人误解是很难过的，特别是被老师误解，因为学生很在乎老师。很多同学被老师误解，陷入各种复杂情绪里，如伤心、难过、愤怒、委屈，甚至还有愤愤不平和报复心理，严重破坏师生关系。

怎么办？

你可以先处理情绪，再解决事情。深呼吸，或从 1 数到 10，让自己先平复下来；再找一个不被打扰的空间，搬一把椅子放在对面，想象老师坐在这把椅子上（不需要真的邀请老师过来）。你想象自己面对老师，把内心所有想说的话、压抑的情绪都倾诉出来；再尝试坐在老师的椅子上，体会老师的想法和感受。

我曾经用这种方法帮助了很多青少年。当他们坐在代表老师的椅子上时，惊讶地发现"原来老师不是故意针对我！""原来老师不是不喜欢我！""我感受到老师对我在乎和关注的感觉。"用这样的方法，即使对方不在场，你也可以轻松消除彼此之间存在的矛盾或障碍。这个神奇的方法，就是前面讲过的"空椅子技术"。

你做完这个练习，就会发现自己变得轻松很多，可以放下对老师的偏见，发现老师也是普通人，也会有判断失误或有情绪的时候。当你带着这种"懂得"的轻松感觉，再去找老师沟通时，就轻松而有效了。

处理完情绪，你可以详细了解真实情况，通过与老师或同学沟通，了解自己被老师误解的原因，再选择一个合适的时间和场合，私下向老师解释情况，做一个声明。

即使老师不给你解释的机会，或反而增加误解，你也要对自己负起责任。只要自己不误会自己就可以，不跟老师作对，更不要自暴自弃或破罐子破摔。"你觉得我不好，我就不好给你看"，这样的报复是对自己的伤害。

在与老师沟通中，不管老师什么态度，你都带着尊重和耐心，保持冷静和理智，避免说出情绪化或攻击性的语言。如果情况复杂或自己难以解决，你可以寻求父母、学校辅导员或自己信任的其他成年人的帮助。

【给父母的话】

我有一个朋友，接到老师投诉，说他儿子在学校打架。他赶到学校时，发现儿子躲在书桌下面哭，委屈地告诉爸爸自己没有打架。爸爸没有批评和指责，也没有质问孩子，只是紧紧拥抱儿子，安慰他不要害怕，说爸爸相信他。

然后，爸爸通过与老师有效沟通和协调，圆满处理了纠纷，孩子依然开开心心地去学校上课。

所以，当孩子遭遇老师误解时，不管孩子的反应是什么，父母都要接纳孩子，给孩子宣泄情绪的机会，及时给予孩子温暖的拥抱，让孩子感受到父母对他的信任、无条件的支持和陪伴。这种温暖将成为支持孩子成长的心灵力量，成为孩子跨越当下及未来所有困难的勇气和底气。

孩子情绪平稳后，父母再陪孩子梳理和处理事情。重要的是让孩子学会体谅和理解，体谅老师每天面对众多学生和繁复的教学工作，难以全方位考虑所有问题。孩子应该理解，老师不是完人，也有出差错的时候。

孩子及时消除误解，不留心结，学会与老师相处，未来能与权威和谐相处，需要父母陪伴与引领。

跟老师关系不好怎么办

自从离开家，进入学校，你就开始接触其他人，会遇到各种各样的老师，你会发现没有哪位老师完全符合自己内心完美老师的标准，因为人无完人，总有这样那样的缺点或特点，不符合自己的期待。老师不够温柔、不够耐心、不够公平、不够漂亮，等等，这些都会影响你对老师的好感。

学生跟老师关系不好，第一个误区是把老师当成完美的、理想的人去要求。你希望老师既有学识又形象佳，假如老师不符合你的期待，就会失望，觉得老师有问题，生出指责、对抗等情绪。

事实是，除你之外，老师在学校需要面对一个班甚至几个班的学生，还有繁复的教学工作。他们有自己的家庭、自己的孩子，绝不是神，只是一个普通人，也有情绪失控、认知受限的时候，没办法在每个学生眼里都是一百分。

老师用真实的状态示范给学生——接受不完美，放下对老师完美的期待。老师做不到的，自己去探索、去创造。承担压力、舒缓情绪，这些都是学生要在不完美的老师身上学到的、要自我实现的部分。学生要区分自己不喜欢的老师与所教学科两者的关系，在理解和接纳老师的基础上，尽自己的力量学好老师所教的科目。

学生跟老师关系不好，第二个误区是把老师投射成父母，渴望老师像父母一样符合自己的期待。假如老师满足不了你，你就会感觉到委屈，影响跟老师的关系。委屈是孩子对父母的情绪，后面我会详细讲解对委屈情绪的处理，教你通过练习，收回放在老师身上的投射，重建与老师的关系。

当你因各种原因不喜欢某位老师时，你会发现老师所教的学科，你也学不好，考试发挥不出应有的水平；当你喜欢某位老师时，对老师所教的学科很有学习动力，考试容易得高分。所以，你和老师的关系会直接影响你与学习的关系，以及考试成绩。

学生跟老师关系不好，第三个误区是因为对抗老师，进而影响学习成绩。

可以说，修复跟老师的关系，你就会打通自己的生命管道、成功管道。

我在线下课程教过大家一个超级学习法，就是在课本封二贴上相应学科老师的照片。每天把课本放在头顶，表示尊敬，以此调整与老师的关系。如果你找不到老师的照片，就在心里想着老师的模样，好像在心里看着他的照片，带着感恩和爱，把老师与这门课程都放在值得尊敬的高度，尤其是内心对老师有看法时，更要这样做。对知识与真理的追求，需要对知识的管道老师给予足够的尊敬，如此源头的知识才会成为活水，滋润心田。

有很多同学用这个方法改善了与老师的关系，很快取得理想成绩。这个方法背后蕴藏的含义是：天天带着感恩和爱看老师的照片，越看越顺眼，越看越喜欢，由喜欢老师到喜欢这门学科，产生正相关，因此就有动力好好学习这门课程；把照片和书本放在头顶，是尊重和臣服于老师，臣服于比自己大的老师，感谢老师授业解惑。当你把头低下来时，老师的智慧和祝福就会流向你。

学生跟老师关系不好，第四个误区是把人格平等与师生位置、大小的概念混淆了。很多同学进入青春期后，追求人格平等。这种对人格平等的要求，是建立在生命平等的基础上的。在师生关系中，老师就是高的，学生就是低的，老师是在上的，学生是在下的，这与人格平等并不冲突，也不矛盾。

不同的人处于不同的位置，在人格上是平等的。学生尊重老师，服从老师管理，双方的人格仍然是平等的。很多青春期的学生对老师不敬，甚至挑战老师，作为自己有力量的证明。敢跟老师过不去的同学，暗地里被其他同学竖大拇指，因为有替众人解恨的快感。一方面，这是由老师个人特点决定的；另一方面，由此可以看出青少年渴望突破和超越的动力所在。但是，这是非常无效的挑战，因为挑战老师，不会动摇老师的地位，只会影响自己跟老师的关系，进而影响自己的学习状态和学习成绩。

所以，学生真正需要做的，是想象自己在老师面前低头，带着尊敬和恭敬的心说："老师，你比我大，我比你小。"你心甘情愿、身心合一地在老师面前低头和臣服，老师祝福的能量就会进入你的身体。当然，你也可以主动向老师表达自己内心的渴望与期待。

你跟老师的关系好了，与课程的关系也会变顺，能量管道也会打通，转变为主动求学状态。

亲爱的青少年伙伴，去做相应的练习吧，让老师成为你人生路上的助力和外援。每位老师都渴望支持你，这是老师们的共同心愿。

【给父母的话】

学生和老师的关系非常重要，会影响孩子的心理和学习状态。当孩子抵触某位老师时，父母可以引导孩子做和解、接受和臣服练习。如果孩子很抵触的话，就可以退而求其次，将这件事分为两个部分。一方面，引导孩子接受学习的部分，接受老师传授的知识，感谢老师授业解惑。另一方面，对老师的为人或其他方面，不勉强孩子喜欢，但要对老师保持尊重和理解。

这样可以保护孩子，使其不会进入非黑即白的极端状态，从学会接受不喜欢的老师，到学会接受社会上的其他人，与不喜欢的同学或朋友、不喜欢的同事或领导相处。在工作中，有轻松愉快的关系，是高效完成工作必需的能力。当然，在工作之外，每个人可以有自己的界限，不必跟所有人做朋友，可以有弹性的人际关系。这是智慧的、从容的为人处世的方式，是高情商的表现，非常重要。

老师让你感到委屈怎么办

当你被老师忽视、误解时，当你觉得老师偏心，内心愤愤不平时，你会产生什么样的情绪？愤怒？失望？委屈？只要你有委屈情绪，就说明你把老师投射成父母了。委屈情绪说明：你把自己在父母那里没有得到满足的需要投射到外界人、事、物之上，觉得他们应该像父母一样满足自己。假如对方没有满足自己，就会产生委屈情绪，自己理所当然地成为受害者。

在孩子 18 岁前，父母有责任陪伴孩子，满足孩子成长的需要。但是，父母之外的其他人，没有权利和义务满足这个需要，即使父母也不能百分之百地满足孩子所有的需要。所以，每当委屈情绪来了，就是一次觉察的开始：自己成为小孩，把对方当成了自己的父母，但对方并不是自己的父母，需要自己主动把角色投射收回来。

这个收回委屈的练习非常必要。无论在任何情况下，当出现委屈的情绪时，你都可以坐下来，找一个没有人的地方完成。

接下来，让我们一起做这个练习。

做两次深呼吸，让身体放松下来。想一下谁让你感到委屈，想象那个让你感到委屈的对象站在你的对面。我们就以某位老师为例，无论能否看清楚，你都想象他站在你的对面。

你看到他时心里的感觉怎样？委屈的情绪在身体哪个部位？你在心里看着对方的眼睛，对他说："你是我的老师，我是你的学生，你不是我的父母，我的父母在我身后。"你想象父母在你身后站着。每个生命都经由父母而来，每个人都有自己的父母。

然后，你面对老师的眼睛，继续说："我的父母在我身后，他们给了所有能给我的，他们没有给予我的，我会自己去创造。所以，现在我把放在你身上的，属于我对父母的那些期待全部收回到我身后的父母身上。"说完之后，你在心里想象，在对方身上，你过去曾经期待、现在可能有的，未来可能还会有的所有期待，就像一些金属线一样，从对方头顶飞出来，越过你的头顶，落到你身后的父母身上。让这个过程在心里慢慢完成，直到你觉得把放在对方身上的那些投射全部收回来为止。让自己深呼吸，感受自己内心有怎样的变化，再感受一下对面的老师现在看起来有怎样的不同。

接下来，你试着想象对方也看着你的眼睛。对你说："你是我的学生，我是你的老师，我不是你的父亲，也不是你的母亲。你的父母在你身后，他们给了你所有的力量和爱，他们没给你的你会自己去创造，现在我把你放在我身上的，你对父母的那些期待全部交还给你身后的父母。同时，我也把我主动背负的，本来属于你父母的那些责任主动交还给你的父母，把你还给你的父母。"当他说完这些时，你想象有一些金属线越过他的头顶，慢慢落到你身后的父母身上。老师将过去有的，现在有的，未来可能有的所有期待全部交还给你的父母，直到你觉得足够为止。

这时，你会发现对面的老师已经给你完全不同的感觉，你的内心已经发生了非常大的变化，又一次跟自己的父母做了深入的连接。通过练习，你非常明确地知道自己在这个关系中的位置。对方只是你的老师，不是你的父母，所以他不需要像照顾小孩一样照顾你，而你已经有能力照顾自己了。这种各自独立的师生关系会让你更加自信，充满力量。

你也可以找现实中的某个真人，面对面做这个练习。例如，你有一个好朋友，你希望他帮你做某人的代表，你不需要告诉他代表的是谁。他只需放松下来站在对面就可以，不需要做或说什么。你只需把话说出来，或在心里说出来，在将投射交还之后，你会看到他身上发生了非常多的变化，你看待他的感觉也完全不同了。

假如其他人，无论是长辈还是同学让你感到委屈，你都可以做这个练习。每次完成练习，你的收获就是越来越有力量，越来越真实地进入成熟状态，在每个当下找到自己真正的身份和位置，采取最适当的言行，完成角色允许的表达。你会发现自己变得越来越受欢迎，甚至成为很多人崇拜的对象，整个人有一种说不出来的光彩，更多的人被你吸引，渴望靠近你。

那时，你真的明白所有生命都有趋光性，所有生命都渴望靠近温暖。多做这样的练习，你就会成为光明的、温暖的生命，身边会聚集越来越多的同样有高能量的人。这样的相聚会带动彼此频率上的共振，你的生命会不知不觉地改变，这是一件多么美妙的事啊！

记住，一定要重复这个练习，让自己获取成长的力量。

【给父母的话】

在陪伴孩子的过程中，父母发现孩子对某人有委屈情绪时，要先检视自己跟孩子的相处模式，要搞清楚是什么让孩子到外面寻找理想的父母、自己有哪些可以调整的地方、怎么做才能重塑与孩子的关系。

父母只有回到父母的位置，孩子才会回到他的位置，才能得到生命源头的爱和力量，过不纠结、不内耗的人生。

收回委屈投射的练习，父母要自己练熟，在必要时指导孩子完成。

对考试感到焦虑怎么办

在每年的各种大型考试前，都有大量学生因考试焦虑而来向我求助。除考试焦虑外，生活发生变化，因转学、升学、搬家等，出现心慌、紧张、无所适从等感觉，就说明焦虑产生了。

考试焦虑的意义和价值是什么？

(1) 说明自己是重视学习的好孩子，因为考试重要，你很在乎它，所以才会产生焦虑。你不在乎的事情是不会引发焦虑的。

(2) 说明现有能力不能做好这件事。你认为自己经验不足，能力不够，感到有压力。

(3) 借此评估自己到底哪方面能力不够，有针对性地提升能力。当你意识到自己能力够了时，自然就会缓解或消除焦虑。

通过研究焦虑程度和成绩（作业水平）之间的关系，可以发现，不是所有的焦虑都会妨碍生活。下面这幅图展示了耶克斯-多德森定律，图中的倒 U 形曲线表示的是不同程度的刺激与表现的关系。

耶克斯-多德森定律

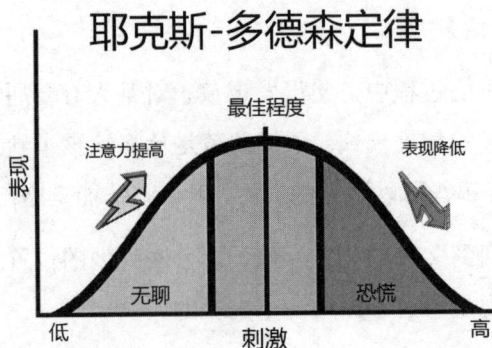

在低刺激和高刺激两个区间，表现是相对较低的；在倒 U 形曲线上半部"最佳程度"，即适度刺激的区间，表现是相对较好的。这条曲线揭示的规律是：无论面对升学、考试或其他事情，中等程度的焦虑（刺激）可以更好地提高注意力，激发潜能，会产生最好的成绩；低焦虑和高焦虑状态都会影响成绩和潜能的发挥。

这给我们的提醒是：如果完全不在乎某事，完全不焦虑的话，就难以集中精力做准备，成绩会差。如果特别想成功、特别想赢，焦虑指数特别高时，可能出现大脑一片空白、全身紧张、发抖、出冷汗、慌乱等所谓"死机状态"，往往要等到考试结束才可以放松，但已经错失机会。考试如此，生活中遇到其他重大的挑战也是如此。

如何处理和应对考试与生活中的焦虑呢？

1. 评估焦虑等级

当下你的焦虑指数是几分？在 1～10 分中，10 分是满分，确认自己是几分。如果内心紧张、慌乱，你就要问自己这种状态有几分。如果超过 7 分，就要小心，仓促上场的效果不会好，要先处理情绪，再面对事情。只有把焦虑调到 4～7 分，既专注又有弹性，能持续高效完成任务，效果才会好。

2. 肯定自己的动机

焦虑是在提醒自己，自己很在乎，希望通过做好某件事，取得好成绩。如果你想考上好学校、想让自己的能力得以施展，就要在动机上充分肯定自己，肯定焦虑背后的正面动机。

3. 觉察自己欠缺的具体能力

通过深呼吸进行放松，舒缓情绪，用各种技巧把自己的焦虑分数降下来。同时，觉察自己之所以这么焦虑，是什么能力不够导致的，要明确自己需要提升的能力。

4. 提升自己对应的能力

你可以向心理老师咨询，或做第五章提到的"面对考试"的冥想，使自己在考试中放松下来；还可以做第五章提到的"学习考试策划书"，规划目标实现的路径。你还可以根据需要，提升自己的专项能力。

一般在 7 分以上的过高的焦虑，可以通过上面四个步骤慢慢调整到适中水平。

如果焦虑程度低于 4 分，会对事情完全不在乎，这种态度也会影响成绩。你需要给自己重新确定目标：虽然不在乎考试的结果，但在乎应对考试的状态。你给自己定一个新目标，把这次考试当成提高自己的机会，全力以赴，看看今天比昨天进步多少。你把分数要求降低，对自我提升的要求提高，愿意全力以赴，焦虑程度从过低提升到中等，产生内在推动力，内在潜能被激发出来，自然会产生良好的效果。

通过练习，你可以让自己在考场中发挥应有水平，未来可以通过"考试"登上更大的人生舞台。

【给父母的话】

很多孩子产生考试焦虑是因为父母焦虑在先，父母的焦虑程度高，引发孩子的考试焦虑。父母按上面的四个步骤练习，降低自己的焦虑程度，可以帮助孩子降低考试焦虑程度，有效减压。

另外，有些孩子表面不在乎考试和学习，实际上是变相考试焦虑。他们觉得自己不行，准备放弃，带有很强的挫败感。假如通过有效沟通，让其发现在考试过程中可以挑战自己，利用这个机会看到自己的改变，就可以建立能力提升的自信。

不想去学校怎么办

孩子不想去学校的原因很多，基本原因是某种关系出了问题。例如，跟同学有矛盾，不想见同学、怕同学嘲笑、避免在同宿舍或同班级尴尬等；有的跟老师关系紧张，被老师误解、害怕见到老师等；有的跟学习的关系出了问题，有畏难情绪、考试创伤、焦虑等；有的跟父母的关系出了问题，情绪低落，或家庭发生重大事件，无心学习。

关系像一根根管道连接孩子与学校，管道如果是畅通的，跟父母、老师、同学、学习、考试等关系好，学习就容易多了。当关系管道能量畅通时，知识源头的能量就会源源不断地流入心田。

前面的内容都在讲跟父母、老师和同伴的关系，如何跟父母、老师、同伴和解，以及进行纾解情绪练习，帮助有困惑的同学做相关练习。现在重点讲跟学习的关系，处理在学习中遇到的障碍或创伤，通过两个冥想来完成。这两个冥想非常有效，我曾经用它们帮助无数孩子得到疗愈，所以你一定要跟随我体验一下。如果这两个冥想能帮你清理学习障碍，我相信你一定会爱上它们的。那些感觉学习像老虎一样恐怖，或像厕所里的蛆一样恶心的同学，在冥想之后，学习就可以秒变为可爱的猫咪和蚕宝宝，学习自然就变得轻松可爱了。

1. 让学习成为你的伙伴

先让自己放松下来，做几次深呼吸。每次向外呼气时，让肩膀下垂，感受从肩膀开始的放松慢慢地落到你的双脚，到达你的全身。然后，问自己的潜意识：什么形象可以代表学习？自然界中的某种景物、动物或植物？或某个人，他长得怎么样？

当问出这个问题时，你会发现内心有某个形象出现。无论是怎样的形象，你都看着它。当它出现时，你跟它的关系是怎样的？你跟它的距离是怎样的？是近还是远？你们并排拉着手，还是相隔远远的，看不见对方？它在前后左右哪个方向？在自己的内心呈现这个画面，看看到目前为止，你跟学习是怎样的关系。假如你跟它是面对面、手拉手的关系，那么恭喜你！假如你跟它是背对背的，或很远的关系，那么，这也是一个看见的过程。不管你们是怎样的关系，我们都可以继续探索下去。

你可以旋转身体，或换一下位置，跟学习的代表面对面。假如它有两只眼睛，你可以试着看着它。有的人可以看得到它，有的人却发现很难，都很好。接下来，你可以跟学习的代表说几句话："我看到你了！在我心里，你代表学习，我今天终于看到我们的关系是怎样的了。我知道，我看到的状态就是我内心一直以来对你的态度。我害怕你，我讨厌你，我在你面前很紧张，我觉得是你拿走了我的自由和快乐。我觉得是因为你的存在，才让我这么不开心！所以，我想把你推得远远的，再也看不到你！现在，我终于说出了内心的话，我觉得内心有愤怒的力量出来。当我理直气壮地说出这些藏在心里很久的话时，我的肩膀开始变得挺拔，我好像变得更有力量了。"

你可以感受一下，当你说出这些话时，你的身体好像开始不由自主地挺直了一些，你好像变得比原来更有力量了。然后，你可以再感受一下，当你说完这些话时，对面学习的代表，它的颜色、形状、大小，以及跟你的距离，发生了怎样的变化。很多同学感觉学习的代表颜色变得鲜艳、明亮了，跟自己的距离越来越近了，看起来越来越可爱了。假如是这样，你就继续对学习的代表说："当我说出内心的感觉时，我发现自己变得更有力量了，你也发生了很大的变化。我发现我说的每句话都会使你产生变化。原来你并不是来打压我、控制我的，原来你跟我的关系可以这样亲密。原来你是我的伙伴，谢谢你，谢谢你这么多年陪伴我！通过你，我学到了很多知识，获得很多能力。谢谢你一直陪伴在我身边，不离不弃，让我慢慢长大，越来越有力量。"

说完这些话，你是不是变得更轻松自在了？对面学习的代表好像又发生了很大的变化，变得越来越可爱、可亲了，你越来越渴望靠近它。接下来，你面对它，再次发出邀请："谢谢你，我今天终于发现你就是我最亲密的伙伴。过去你陪着我，现在你陪着我，未来你还将陪着我。我对这个世界还有很多的好奇，我还有很多想了解的东西，我需要你继续陪着我，去解开谜底，找到更多的答案。所以，我想请你跟我一起去探索，陪我去更宽广的世界看一下，好不好？"

当你发出这个邀请时，你愿意跟他手牵手、肩并肩，一起走向未来吗？当你真的愿意接受学习是你生命中重要的伙伴，你愿意跟他手牵手走向未来时，你会发现你眼前属于未来的那条路非常美妙，那是一条撒满了金属粉末的宽广的大路，路两边也许有你喜欢的景物，而你就在这条你喜欢的路上，跟学习手牵手，快乐地走向远方。让自己感受一下你们牵手互助走向远方那种轻松愉快的喜悦吧。

在这个感受中停留 10 秒，然后深深地呼吸，把自己慢慢带回房间。你身上也许还有跟学习手牵手的愉快体验，带着这种愉快的体验，开始今天的学习之旅吧。祝你好运！

2. 消除学习的创伤

做几次深呼吸，放松下来，回顾自己从小到大，有关学习的重要事件，带着足够的勇气和力量，重新回顾当年学习中的那些创伤事件。

当它们浮现出来，被你看到时，就已经开始消融，也开始了一个流动的过程。回顾当年的学习，看看内在的画面，也许是视觉画面，也许是声音，也许是身体感觉，把自己勾回到某个时间段。那时你几岁？哪些画面出现了，是视频还是照片？哪一门功课、哪一位老师浮现出来？老师是男的还是女的？他穿什么颜色的衣服？他脸上的表情怎样？那是什么季节？那是上午、下午，还是晚上？

画面开始清晰起来，那是上课的过程，还是你自己做作业的过程，或一次考试的前后？也许有很多画面闪现出来，请潜意识先让一个对你来说最重要的画面出来，让你可以把这件事看得清楚、看得完整。现在浮现出来的画面中还有谁？有父母吗？有同学吗？或其他人？你看着画面中出现的那些人，他们都有怎样的表情？是的，让这些画面被你清晰地看到，同时体会和感受一下自己想起这些画面和景象时，身体是什么感觉、内心有什么样的感受。你看着身体的感觉，体会内心的感受，假如用一种形象的方式来形容内心的感受或身体的感觉，它们大小如何，是什么颜色、什么材质呢？

感受那些记忆带给你的内心的感受和身体的感觉，把它形象化，看着这个代表感觉的形象，只是看着它，在自己心里看到它。你一边看着它们，一边允许身体的感觉、内心的感受以任何方式流动。你也许可以感觉到这其中包含着委屈、自责、悔恨，还可能有愤怒、无奈、无助。不管有什么，你都让自己看着，让自己陪伴这种感觉，感受它的流动，感受它的变化。你甚至可以对这些感觉的形象说："我看到你了，我内心的感觉是……"你就这样看着它说出来，再看它的变化。它的颜色也许发生了变化，形象发生了变化，大小也发生了变化。无论它发生怎样的变化，你都要及时表述出来，说当我看到你时，当我说出来时，当我开始流泪时，当我开始跺脚时，甚至当我想喊时，我发现你变了，你变得……无论它变得怎样，你都要把它表达出来，客观地描述出来，不要去评判它，也不要去分析它，只是客观地像一台录像机去描述它，一边描述一边告诉自己的感觉，现在变得……那些感觉的分数更多还是更少了呢？它们越来越轻，还是越来越重了？不管怎样，你都继续看着它，就好像看着河水从眼前流过，无论河水卷动着怎样的树叶，卷动着怎样的浮木。你只是看着河水，一边看着它，一边让它带着漂流物慢慢地流经你，向下游流去。

所以，你不要评判，不要介入，不要分析，只要看到，只要客观描述，只要流动。这个过程也许需要多一点时间，每个人会有不同的感受，有不同的流动速度。在流动的过程中，允许自己开放，让卡在自己体内的那些感觉，那些堵住的能量，借今天的机会流走。是的，你已经长大了，不再需要它们继续卡住你了，你已经有足够的力量让它们流出去了。当你完成这个过程时，你会不知不觉地深呼吸，深呼吸之后，你会感受到由上而下的轻松，甚至有一点疲惫的感觉。在这个过程中，你也许哭了，叫了，跺脚了，骂了，摔枕头了。可是，当它们真的被允许自然流动之后，你平静了，感受到了暴风骤雨之后迷人的安宁、清新、自然。

你有了一些新的领悟，你的头脑好像不知不觉回到了工作状态，回到了自己身上，有了新的念头，好像对过去的事情有了新的评价，找到了正面的意义和价值。是的，对储存在体内的经历和体验，你带着勇气放下它们，证明你已经有了很大的成长。做几次深呼吸，然后把自己慢慢带回房间，带着新的成长体验，开始今天的学习之旅吧。

【给父母的话】

心理学家研究人的成长创伤，发现学习的创伤有两个来源，一是学校，二是父母。孩子从学校受到的压力，如老师、同学及考试带给孩子的伤痛记忆，叫师源性创伤。来自父母源头的创伤体验叫亲源性创伤。父母每天都陪伴孩子学习，非常关注孩子的学习。父母对学习的态度和情绪，是否会成为孩子亲源性创伤的来源？这需要父母自我觉察，并且主动消除和释放自己制造创伤的能力。

打开这本书的父母，请你想一想：关于学习，你是怎样看待的？从小到大，学习在你的意识里是怎样的感觉？在成年人的生活中，学习对你是否有控制和影响？说起学习，你会不会觉得无力、烦躁、焦虑？你也许会有意无意地跟别人讲，当年读书有怎样的压力和不开心，或跟孩子讲："爸爸妈妈学不好了，现在就看你的了！"不要小看这样一句简单的话，里面藏着很多故事和信息。

所以，你愿意静下来梳理在无意识中投射在孩子学习中的那些影响自己学习的信念和情绪吗？这需要勇气。我知道，你为了孩子什么都愿意做。

你需要静下心来，了解一下自己有哪些局限性的关于学习的信念。准备好笔记本，开始今天的探索，从以下十个方面激发自己思考。

（1）人为什么要学习？纵有千言万语，只挑关键的字句写下来。

（2）学习对你意味着什么？

（3）你和学习的关系是怎样的？

（4）你觉得在学习中最可怕的、最有挑战的是什么？

（5）考试对你意味着什么？

（6）老师的形象在你心里代表什么？

（7）做作业的作用是什么？

（8）你记得最清楚的失败的学习经验是什么？

（9）假如可以重新来过，你希望自己的学习是怎样的？

（10）假如可能出现奇迹，你最想洗白的是自己的哪段学习经历？

这十个问题对你来说，也许不是十分钟之内就可以快速回答的，可能需要半小时左右。对每个问题，跟随自己的感觉回答。这些问题没有标准答案，你只需带领自己，重新回顾当年学习给你的记忆。在这个记忆里，有很多是你在无意识中形成的关于学习的信念。这些信念过去也许被你忽略和潜藏，现在通过这样的方式重现出来。这些看似理所当然的想法将你触动，使你发现学习对你来说有着怎样不同的影响。

在做了简单的梳理和概括后，按以下建议去做。

（1）拿着自己写的内容，重新读一下，一边读一边细心体会在这个过程中的感受。假如用一些表示情绪的词描述那些感受，是怎样的词？把它们写下来。

（2）像旁观者一样看这份问卷，在这十个问题里，哪些关键字词触动了你？或者，你以一个学习者的心态，重新看这份问卷，哪些关键字词触动了你？把它们勾画出来。

（3）完成以上两步之后，让自己做一个抽离者，好像不是你本人在看这份答案，是吴老师在看。吴老师看这份问卷，会发现什么？她被什么触动？吴老师内在有怎样的情绪流动？

（4）以上三步完成后，我建议你找人聊聊，跟你的爱人或朋友，聊聊你看到这份问卷时有什么新发现，有哪些跟学习有关的情绪和感受，有哪些信念在限制你。在表达的过程中，你内在被压抑的跟学习有关的记忆和经验开始流动和宣泄。

以上四步非常重要，是创伤消除的开始。

（5）做上面讲过的冥想，消除学习创伤。

当你做完冥想，有勇气穿越和放下心中的创伤时，重新面对自己的孩子，看着孩子同样在学习中挣扎时，你会突然发现自己多了平和，对孩子多了了解。是的，这了解不是别人告诉你的，是你发自内心的释然和轻松，对孩子充满温柔和爱的了解，这是一份非常美的礼物。

这就是放下当年学习留给你的创伤的重要意义和价值。今天，你懂得了当年的自己，放下了当年的自己。你突然了解自己的孩子，知道如何用心陪伴孩子，这是很美妙的感觉。这种感觉让你有太多的体验，让你发现自己不只有这些记忆，还有好多好多记忆。那么，就给自己更多的时间冥想，让不断浮现出来的当年的学习事件一次次被你看到，主动流动，让你放下曾经将你卡住的能量，更加温柔地了解孩子、陪伴孩子。

让孩子爱上学习，真的很容易，就从你放下学习创伤开始吧。

学习偏科怎么办

偏科是很多孩子非常痛苦的学习体验和经历：下了许多功夫，没办法让某些科目达到理想成绩，分数上不去，严重拖后腿，总是跟三好学生、优秀干部失之交臂。因为偏科，害怕学某门课程；因为怕学，又不得不学；内心极度纠结和痛苦，噩梦一样的挫败感跟随着自己。

偏科受很多因素影响。

第一个原因是先天因素所致。从先天因素来看，有些人左脑和右脑发展不平衡，可能出现偏科现象。左脑优势的人，擅长逻辑、推理，对局部信息把握的能力非常强；右脑优势的人，思维方式是非逻辑的，是创造性的、跳跃的，把握整体信息能力强，更重空间感。

擅长左脑学习的人，对学校的主要科目，语文、数学、物理、化学等是非常有优势的。擅长右脑学习的人，音乐、美术、体育成绩会很好，但这些学科不是学校主要科目，不计入考试成绩排名。传统的背诵、做题、思考，是右脑学习优势的人不具备的。

如果成年人没注意到孩子脑结构的特点，用传统的方式，如训斥、说教、反复练习，来训练孩子，可能对右脑优势的孩子造成学习创伤。例如，某科考试失败，老师嘲笑或歧视，孩子可能对老师产生报复心理。或者，孩子留在创伤体验里，不想学、害怕学这门课程。情绪上的创伤和影响是造成孩子偏科的第二个原因。

第三个原因可能是学习方法不当，没有掌握有效的学习某门课程的方法。例如，学英语，最有效的方法是大胆说，多听多说。但是，很多人沿用学语文的方法，死记硬背，这样就学不好英语。学物理，需要有较好的数学基础，数学基础不好，物理就会学得比较困难。用文科的学习方式死记硬背学习理科知识，一定非常困难；用理科的学习方式学习文科知识，不看书，不主动记忆，也学不好。

第四个原因是自己信念的局限。例如，"我不会学某门课程""我没有能力学某门课程""我是女生，不适合学理科""我是男生，不适合学文科"等。由于信念的局限，主动放弃某些学科，就变成了偏理科、轻文科，或偏文科，轻理科，使学习出现偏科现象。

综上所述，无论任何因素导致学习偏科，都要对自己有充分的了解，从以下六个方面进行调整。

（1）做相关脑测试，了解自己的大脑，了解自己的优势脑，采取干预方案，让非优势脑得到强化训练。

（2）释放创伤。将考试失败的经验、跟某位老师不好的关系、学习不好的记忆等，通过释放创伤的方式，完成情绪疏导。前面讲的释放学习创伤的冥想可以帮助你。

（3）调整学习方法。检视自己的学习方法是否恰当，有效调整学习方法，提升自己的学习能力。

（4）改变跟老师的关系。心理学研究发现，学生因为讨厌某位老师而讨厌其所教的课，比例高达85%；因为喜欢某位老师而喜欢其所教的课，比例高达75%。所以，要想改变对某门课程的感觉，改变跟老师的关系非常必要。前面的章节里有相关的指导，可以针对性地运用。

（5）释放局限性信念，种入新信念。例如："我喜欢学某门课程，我爱学某门课程。"把喜欢和热爱的情绪种子种入新信念中，是非常简单有效的改善学习状况的方法。

（6）跟不喜欢学、怕学的某门课程进行对话，释放自己内在的焦虑和紧张，改善对这门课程的感觉。这是一种形象、生动、有效的情绪释放方法。

通过在以上六个方面有针对性地采取相应的调整方案，一定会让你对某门课程，从害怕到接受，从被动到主动，获得超越和突破的快乐。

【给父母的话】

所有的孩子都有好奇心，所有的孩子天生都爱学习，所有的孩子都是学习的天才！

孩子没取得自己想要的成绩，可能是因为不会、不知道、不懂怎么学习，没有找到适合自己的学习方法，不懂得怎样运用自己的大脑。

六个方面的梳理和练习会有效指导你，在陪伴孩子学习时做出相应的调整和改变，对孩子进行针对性的指导，孩子的学习一定会出现奇迹。

不想做作业怎么办

作业是学生学习重要的组成部分，学生做作业的目的是什么？学生通过上课记笔记、做作业等强化记忆，通过考试检验学习成果，以高效地完成知识从输入到输出的转换。做作业是学生巩固和复习所学内容，获取好成绩的方式。了解到做作业的意义和价值，你就不会觉得作业讨厌和可怕了，你会把作业当成好伙伴，可以主动爱上作业。

在心理学概念里，三和三的倍数是重复效果最佳的数字。一个知识点只学一两次，重复的量不够，强化不够，不足以在头脑中形成新的网络，三次以上的重复就容易形成新的网络。从这个角度看，一个题目类型做三次以上的训练，从中总结规律，就基本能记得住了。

很多孩子不想做作业，不是不想做所有作业，只是不想做过多重复的作业，不想做惩罚性的作业，不想做提升不了能力的作业。适量的作业就是既有新鲜感又有重复性的，是孩子能够接受并喜欢的。一个生字写一页或几页，这样的作业就失去了本来的意义，有惩罚的味道，任何人都会抗拒。学生做大量的重复性作业只是为了应付老师，不可能有愉快的感觉体验。

不同学生需要不同的作业：学习困难的学生只需做基础作业，逐渐增加自信就可以，不能让作业占满全部课余时间。能力较强的，学有余力的学生，重复做简单的题目，达不到真正的学习效果。此类学生可以减少或不做重复性的基础作业，多做强化能力提升的综合作业。让每个孩子都能跳一跳摘到果子，这种作业才是最有效的作业。

既不想做作业，又觉得这样不好，觉得自己不是好学生、不是好孩子，这样的内在纠结会消耗能量。如果你有这方面的困扰，可以跟老师沟通，讨论怎样的作业是科学的，适合帮助你提升的，而不是用所有课余时间做消耗精力的无益的作业。

除此之外，还可以做些什么呢？你可以从以下几个方面得到提高。

（1）想办法提升作业的质量，在高效状态下快速完成作业。例如，保持心情愉快；在做作业之前喝水，给大脑补充水分；做身体运动或健脑操，让自己的专注以 40 分钟为一个单元，40 分钟后就休息一下……这些都是高效提升学习质量的基本技巧。

（2）感受自己想到作业时的内心感受。假如有对抗情绪，就引导自己跟作业对话，说出来，或在内心对作业说："我需要你的帮助，请你帮助我完成作业，让我的学习更有效，让我的成绩更好。"说完后，你感受一下对方和自己的内心有怎样的变化。如果你还有其他情绪的话，那么参照前面章节的内容，继续进行情绪的宣泄和流动。

（3）跟自己竞赛，看看如何做作业更快、更好、更有效。例如，今天比昨天快五分钟，明天比今天快三分钟，让又快又好地完成作业成为自己的目标，并且确定达标后的奖励措施。奖励会让自己有愉快的体验，如买一本书或玩游戏等。

以上方法可以让你找到做作业的喜悦，取得成效。你跃跃欲试了吗？希望你轻松前行，享受做作业的乐趣，让作业成为你通向美好未来的有力伙伴。

【给父母的话】

每次开学，都有很多父母诉说天天陪孩子做作业的痛苦，他们情绪消沉，经常发飙，连自己都讨厌。作为父母，你无力改变学校，也无力改变老师，你真的需要陪伴孩子经历做作业的过程，所处的困境是需要重视的，然后用智慧慢慢解决问题。

我有一个朋友，是有 20 多年教龄的小学语文老师，陪伴孩子学习，经历了一段难熬的日子。孩子刚上小学时，他发现孩子的拼音和数学都不及其他学生。自己是学校老师，他不能容忍把所有耐心都放在陪孩子高效做作业这件事上。孩子上初中后，情况变得更糟糕。孩子参加各种各样的课外补习班，学校老师、补课老师留的作业铺天盖地，孩子每天 12 点前睡不了觉。孩子很绝望，家长也很心疼。

孩子产生大量的低频情绪——讨厌、烦躁、恐惧、无奈、委屈、愤怒，甚至对抗老师和父母，拖延做作业。孩子的情绪又会激发父母的情绪，变成了负向循环。孩子跟父母吵闹，父母被孩子气得心脏病发作。后来发展到极端，甚至发生孩子自残的悲剧。

在困境中，父母需要能抽离，对自己的情绪状态充分觉察：愤怒起来了，呼吸变得急促，手快要打出去了……当你觉察到自己要发火时，怎么办？

你要即刻采取各种方法，让自己抽离出来。你可以深呼吸，喝点水，做点轻松的事，转移注意力。你可以对自己进行有效的暗示："我看到我的愤怒就要爆发了。"

同时，你要审视自己情绪背后的信念和想法。父母会心疼孩子，孩子天天这么晚睡觉，睡眠不够，影响第二天学习；生孩子的气，嫌他做作业的速度太慢，不专心，搞各种小动作，如喝水、打岔、上厕所。当你把注意力只放在孩子的这些行为上，只是催促他赶紧做作业时，就会忽略孩子的大脑运转状态和生理机能。孩子的大脑有天然的保护能力，超过限度就会自动转移注意力。这种本能反应，在学校里通过 40 分钟一节课和休息 10 分钟，进行调节。在家里，如果你让孩子做作业超过 40 分钟，希望孩子一口气把作业做完，连 10 分钟休息时间都不给，孩子的大脑就会自动屏蔽你的要求，拖拉或不专注。如果你强迫孩子，孩子就会对抗，使学习处在无效、低效的状态。

与其这样，不如给孩子 10 分钟的时间，让他停下来运动、做游戏，让压力得到缓解，再进入下一个单元，这样更有效。你不要按成年人的逻辑要求孩子，要尊重孩子的生理特点和大脑运行规律。

你还要检视自己内心是否有对老师的否定，觉得老师这样不对、那样不对，作业留得太多。当你内心对老师抗拒时，你的抗拒会投射到与孩子的沟通上，也会在表达过程中让孩子感受到父母对老师的抗拒。父母内心不接受作业，孩子就不接受作业，用各种行为表现出与作业对抗。虽然他并没有明确意识到这一点，但父母发出的频率和能量，孩子可以感应到并共振，用自己的行为跟父母配合。

假如你觉察到了自己对老师的抗拒，怎么办？

（1）主动跟老师沟通，也许可以减轻或调整孩子的作业量和作业形式，多给孩子一些自主活动的时间，保证学习效果，这是最好的结果。假如做不到，你必须跟孩子一样臣服于老师，把做作业当成进行人生磨炼。你应该相信，别人能做到的，自己的孩子也能做到，给予孩子充分的信任。放下对抗，把注意力放在怎样解决问题上，这是非常重要的心态转变。

（2）父母心疼孩子，其中是否有对当年的自己的心疼？当年，你也这样被逼做作业吗？你还有很多没有处理的学习伤痛吗？在觉察到之后，请及时清理。这是你个人的事，跟孩子无关，不要将其掺杂在对孩子的陪伴中，这样你才有力量陪伴孩子。

当孩子完成现有作业时，千万不要额外给他强加作业，否则孩子知道永远做不完作业，干脆就慢慢做，出现磨洋工的情况。你要真正帮助孩子高效完成作业，而不是通过增加孩子的作业量来消除自己的焦虑和恐惧。假如你能做这样的调整和改变，相信孩子面临的作业困境一定可以消除，孩子可以轻松享受做作业的乐趣。

没有学习动力怎么办

我曾经在一所中学做过调查，问孩子们"为什么要学习"，孩子们的答案是：不好好学习，将来不会有好工作，就不能赚钱，就不能有好生活……

作家龙应台在给她的儿子安德烈的信中表达过这样的想法，她说："我真的希望你在学校里能勤奋努力，在你生命最重要的学习阶段能非常投入努力，因为我希望你在这个过程中接受的所有训练和帮助，能让你在未来的人生中拥有更多选择的权利。这样做会让你在未来的生活中有更大的自主性，你不需要被迫谋生，不需要身不由己地去做某些事情，不得不为了活着而去干自己不喜欢的事情。"

有些同学是为了创造未来更美好的生活而学习。

有些同学的答案是：可以和好朋友在一起，学校里有好玩的东西、好玩的角落、物质刺激、精神奖励，等等。

很多低龄孩子被现实中的学校的某些条件吸引上学，如好玩、变化多、刺激大，以及有比赛、有挑战、有肯定。孩子每时每刻都被吸引，就会喜欢在学校学习这件事。如果刺激强度不够，他们就会觉得索然无味，失去学习动力。

进入小学高年级后，孩子的内心开始生发动力需求，不再只是追求某个玩具的新鲜刺激，开始在乎自己与同学的互动，在乎自己在同学中的位置，在乎自己跟其他同学一样的兴趣话题，在乎自己在班级中的归属感。如果这些需求能得到满足，孩子就愿意待在学校学习。如果这些需求没有得到满足，甚至被排斥，孩子就会失去学习动力。

精神奖励，包括老师夸奖、父母认可、同学喜爱等，与物质奖励同属于外在刺激，两者的共同特点就是不稳定、不可控。今天考得好，老师表扬了你，明天又考好了，老师却忽略了你，没给你表扬。有时候，你考得好，父母心情也好，奖励了一辆平衡车或一顿大餐，下一次父母心情不好，可能就没有任何奖励了。

以上都属于外在学习动力。学生学习，从小学到大学长达 16 年，如果把学习动力寄托于外在不稳定的刺激上，就不可能具有长久稳定的学习动力。

所以，真正爱上学习，取决于内在动力，即学习不是为老师学，不是为同学和父母学，而是为自己学。学习本身就是有兴趣的，可以满足自己的好奇心和求知心理的需要，学习是发自内心、无法控制的渴望和需求，这才是学习内驱力的所在。

我在书店里经常看到捧着书读的孩子，他们席地而坐，或蹲在角落里，看不到任何人，听不到任何声音，完全融入书中。那一刻，我会觉得，孩子扑在书里，就像饥饿的人扑在面包上一样，全神贯注。

有些孩子在观察动物时，也会忘了饥饿，忘了外界的存在，有些孩子为了学画画，把所有零花钱都用来买喜欢的材料。这些都是被内在动力推动学习，充分体验到学习本身的快乐，是发自内心的无法抑制的状态。

内在动力对学习有更持久的推动性，可以让孩子爱上学习并坚持下去。为什么有的同学缺乏学习的内在动力呢？有以下几个原因。

（1）辛苦一个学期，付出很大努力，考试遇到不熟悉的内容，分数很低，感觉付出没有得到相应回报，最初的动力被磨灭。这就是常见的"分数定地位"。

（2）不知道看书和学习的好处，心中想：我学了这个有什么用？元素周期表太枯燥乏味，不能当饭吃，学了干吗？难搞的物理，为什么一定要搞明白，跟我有什么关系？

（3）对学校的学习形式和过程没有足够的兴趣，在学习中得不到乐趣。

（4）没有梦想，生活没有动力。

有人曾经测算，学生离开校门后，在大学里学的知识能用上的不到 20%，因此质疑："为什么上大学？知识积累只是学校教育的唯一目标吗？"

学校的学习内容共分为以下三个部分。

（1）学习基本知识和技能，从物理、化学、生物、历史等具体的学科角度认识世界。

（2）建立思维模型和把具体知识串联起来的思路。

（3）在现实生活中运用以上两类知识的技能，通过实践积累经验。

为什么要读书学习呢？因为每个人都要了解自己和外在的世界，还要解决问题，处理与世界纷繁复杂的关系，这种能力必须在学校学习和训练。学习最大的意义是在获得知识的同时进行思维和能力训练。

怎么激发自己的学习动力呢？

（1）感受内心的渴望，知道自己爱什么。有些男孩喜欢模型、编程，进行这方面的探索就会激发出快乐的感觉；有些女孩对文字表达感兴趣，就能感受到创作故事过程中的乐趣。无论男孩还是女孩，都可以寻找到学习的乐趣，从中感受到快乐。在探索过程中，他们会发现很多的挑战，激发内在的成就感和价值感，感受到自我实现和自我发现的乐趣。

（2）学习的内在动力是找到学习本身的乐趣。鸡蛋从外边打破是食物，从里面打破则是生命。内在动力被激发，就是从里往外突破的乐趣，可以产生无数难以想象的奇迹，让学习者体会到生命无限的可能性和创造性。如何让学习变得好玩，充满乐趣呢？答案就是不断寻找学习本身的乐趣。

（3）寻找梦想，为梦想学习。学校对孩子真正有推动力的，是每个人与生俱来的梦想。梦想是一个人内心的强烈意愿，是关于自己想成为什么样的人的意愿。例如，喜欢动手的人渴望做建筑工程师，进行发明创造，让世界因此不同。这就是关于"我是谁"的身份定位，是个体不断成长的源源不断的动力。

梦想对成长来说，是目标，是方向，是动力，是前进的航标。一个人未来的命运如何，取决于其内心的精神力量。有梦想的人永远有力量，有活力，主动积极，对生活充满希望。

梦想有不同的层次和等级：逃避生存恐惧、满足自己的物质需求，只是个人目标层次的梦想；为更多人的利益，与国家、社会、地球等更大系统相关的梦想，则符合更高梦想的三个条件——伟大、美好、无私。不同层次的梦想能量不一样，对人生的影响不一样。找到梦想，用梦想推动学习、管理人生，是一个人寻找内在动力最大的力量。

在梳理学习动力的重要性，以及具体的做法后，你可以跟父母或老师一起规划行之有效的方案，只要行动，就可以点燃内在的发动机，创造生命无限的可能性。

【给父母的话】

有些父母理所当然地说："小孩就应该去上学，其他人都在上学，你也应该上学！"这不会成为孩子上学的动力，也不会是他们为了将来获得好生活，愿意学习的动力。对刚入学的小孩来说，他们更加没有动力，只在乎当下的感觉，在乎学校是否有吸引力。他们能拿着新玩具跟同学一起玩，比你讲"好好学习，将来有出息，有好生活"更有吸引力，

父母了解到孩子的这些特点，可以用孩子期盼的刺激物，即外在动力，作为推动孩子留在学校持续学习的动力。小学高年级后，孩子开始在乎跟同学的互动，在乎自己在同学中的位置，在乎自己跟同学是否有相同的话题，在乎自己在班级中的归属感。

作为父母，你可以回想自己当初上学时，是什么吸引你待在学校，那时你对学习是怎样的感觉。请换位思考一下：你的孩子现在处于哪个年龄段？他具有适合他的年龄阶段需要的学习动力吗？孩子的学习是被内在动力驱动，还是被外在动力推动呢？

父母应该为孩子寻找梦想，让孩子为梦想而学习，具有发自内心

的学习动力。孩子有梦想吗？你支持孩子的梦想吗？你跟他谈过梦想吗？

霍金说，人若没有梦想，不如死去。他强调，梦想是精神世界的信仰。伟大的梦想是有力量的，有梦想的人与众不同，一个人有充实的精神世界就会自动生发出很多的动力和希望。

但是，80%以上的人没有梦想，95%的人尽管有梦想，却没有真正去实现梦想。没有梦想的人往往很被动，工作没干劲、没动力，被迫、无奈，甚至迷茫地活着。同样，在教室里，有梦想的孩子充满力量和希望地学习，没梦想的孩子被迫痛苦地学习。

怎样推动孩子建立梦想呢？父母应该注意以下五个方面。

（1）敢想。很多孩子一开始会说很多不着边际的话，家长觉得是做梦，会讽刺挖苦，孩子梦想的火苗就此被掐灭了。父母要鼓励孩子敢想，敢于做各种各样看似不靠谱的梦，并引领孩子将梦想一点点地完善，在成长过程中不断修正，让梦想指引人生。

（2）让孩子把内心真正的渴望说出来，并有效引导。孩子说想成为辩护律师，父母不要立刻打击，说辩护律师不安全、难考，等等。父母应该带着好奇问孩子："为什么要做辩护律师？"孩子回答："因为可以维护社会公正、保护弱者。"这句话非常有力量，你要马上肯定孩子："你是一个愿意保护弱者的人，你是愿意维护公正的人，你是一个正义的战士。"孩子内在的渴望能被看到，得到肯定，这对他们太重要了。

（3）只有梦想的火花是不够的，要让孩子坚持梦想。父母应该让孩子把梦想反复多次说出来，在不同的场合表达，把梦想告诉整个世界，就像向世界下订单一样。当梦想一次次从孩子口中重复说出来时，孩子就开始相信自己的梦想,并开始吸引更大的能量,保护他实现梦想。

（4）孩子一旦有了梦想,就要推动他们用梦想管理人生。梦想像孩子生命中的一粒种子,需要父母浇水、施肥、呵护,甚至是考验和打击。我的女儿小时的梦想是做农场主,我跟她一起做梦,让她把梦想画出来挂在家里。我反复跟来家的老师、同学和朋友讲她的梦想,这个梦想推动她出国留学,走上了艺术之路,并且继续支持她的人生。

（5）你有梦想吗? 你的内在生命动力被点燃了吗? 父母点燃自己的梦想,以身作则地为孩子示范,才能跟孩子同频共振,有效推动孩子实现梦想。

这一部分的篇幅较长,因为越来越多的父母和老师反馈孩子缺乏内在的学习动力。没有学习动力的孩子,犹如没有发动机的汽车。无论汽车多么高级,即使是性能良好的跑车,也只能待在停车场,哪里都去不了,更发挥不了它的作用,这是太大的浪费。我期待父母们通过学习、调整和改变,帮助孩子启动学习的内驱力,创造生命奇迹!

抑郁了怎么办

很多青少年说:

"我对什么都不感兴趣。"

"我觉得人生没有意义、不知道为什么活着。"

"我不想跟任何人说话,也不想跟别人交往。"

"我在人群里不自在,不希望别人看到我。"

"我不喜欢自己,觉得自己没有任何优点。"

"我觉得自己太失败，太没用了！"

……

你也有过这样的想法吗？你经历过沮丧、情绪低落、心灰意冷的状态，只想待在家里，头脑里充斥各种消极想法，挥之不去吗？

没关系，这些情绪都是正常的。月有阴晴圆缺，情绪有高低起伏，每个人都会有心情不好的时候，不要随意给自己贴"抑郁症"标签，同时一定要了解抑郁症的状态。

什么是抑郁症？抑郁症与普通的情绪低落不一样。一段时间的情绪低落，像风一样，吹一阵子就过去了。抑郁症则是持久的、不能自动消除的低落情绪，有被抛弃感，觉得自己没价值、没意义，对所有事情失去兴趣，吃什么食物都是一个味道，甚至不能吃、不想吃。

有人患抑郁症后，怕被父母责骂，以及同学、老师指责和嘲笑，假装成阳光快乐。

如果你怀疑自己抑郁，就要去医院进行专业医学评估和鉴定，及时接受药物和心理治疗，通过运动、投入自己感兴趣的事，进行辅助治疗。

针对日常的情绪低落，可以做什么？我推荐用"六字真言"，即"看见、是的、流动"来舒缓情绪。

1. 看见

你要看见自己的情绪，不抗拒任何情绪表现，愤怒也好，悲伤也好，都是流经身体的能量，都值得被看见。你要让自己像旁观者一样，看见体内各种感受和变化、内心各种情绪起伏。你只是看见，不做任何评判和否定，带着开放的心态。

2．是的

你要允许和接纳所有流经体内的情绪，对它们说"是的"，没有评价，不以任何理由和借口打断或控制情绪的流动，开放空间和时间，静静地陪伴情绪的变化。抑郁状态就是应该表达的情绪没有表达出来，如愤怒、痛苦等情绪"压"在身体里，没有适当出口，时间久了通道堵塞，淤积在身体里。你要主动疏通淤积的情绪，对所有情绪说："是的，我看见你的存在。"你要用嘴说，或把呼吸送到相应的部位，给情绪一个存在的空间。

3．流动

你应该主动做些什么，把堵塞在通道里的情绪释放出来。你应该给自己设置一个安全、独立、不被打扰的空间，用适合的方式，如大喊、摔枕头、撕纸、打拳、做家务等方式尽情地宣泄情绪，把淤积在身体里的情绪释放出来。

有位学员曾经抑郁过一段时间。有一次，他开车外出办事，将车停在路上。在回来的路上，他看到警察拍照准备开罚单，便百米冲刺跑过去阻止。当把车开走，松口气时，他突然发现自己的抑郁消失了。原来，摆脱自己情绪低迷的状态，只要运动起来就可以。运动可以产生多巴胺，让心情愉悦，可以快速释放体内淤积的能量。

情绪如同太极图里面的黑白两色，可以慢慢撬动，让太极图转起来。太极图最暗时，通常是力量最大的。这就像萧索的冬天积蓄着春天的力量。一个人的迷茫期也是重生力量的积蓄期，不要怕情绪低迷和抑郁，也不要沉浸其中，只要愿意面对，你的太极图总会转动起来。

【给父母的话】

请留心观察你的孩子，如果孩子持续无精打采、情绪低落，有自闭、哭泣的情况，请及时了解，进行相应的专业治疗。

抑郁症的发病机制，涉及生物化学、内分泌、神经免疫学、睡眠与脑电生理异常，以及遗传学和社会心理等因素。简单讲，抑郁症就是大脑与心理生病了。

科学家通过对小白鼠进行实验，证明能治疗抑郁症的，不是当下的感官愉悦，而是曾经拥有的美好时光，是被唤起的美好回忆。

在孩子成长的岁月中，父母要尽可能为孩子重复播下幸福的种子，给孩子留下美好的幸福时光，这些将成为照亮孩子前行道路的光，温暖和滋养孩子的心灵。

如果你有抑郁的症状，请积极治疗。你的情绪不仅影响自己，还会影响孩子和家庭。孩子看到父母情绪低沉，就会自然习得这种状态。照顾好自己的情绪，就是对家人尽责。

总做噩梦怎么办

不知道正在看书的你，是否曾经被噩梦困扰？很多青少年和成年人，在某段时间反复被噩梦纠缠，虽然没带来身体上的实质疾病，但受到精神压力或难以入睡，严重影响了生活质量和幸福指数。

有人每晚进入梦境，就会被各种怪物追赶，拼命逃避和躲藏。虽然他们知道梦境是假的，但情绪和感受还是真实地受到影响，很长时间不敢入睡，巨大的精神压力将他们折磨得精疲力尽。有人在梦境里被攻击或威胁，相同的梦境反复出现，相同的情绪，如恐惧、愤怒、紧张、焦虑等也反复出现。

梦到底是什么？反复出现的梦境代表什么？

梦实际上是潜意识的一种反映。当人睡着时，意识卫兵休息了，冰山下的潜意识能量浮出水面，通过梦境呈现出来。反复出现的梦境就是潜意识深层想传达给意识的东西，如果你没有接收到，就会不停掉入相同的梦境，梦境为你输送相同的信息，直到你接收到并释放为止。

如果你想接收潜意识传达的信息，建议你从现在开始，培养记录梦境的习惯。你可以在枕边放上纸笔，在醒来的瞬间快速记录梦境，因为起床后可能不记得了。人每天晚上做很多梦，但能记住的只有少数，在刚醒来迷迷糊糊的时候还记得，完全清醒就忘了，很多人有这样的体验。

记录梦境是第一步，接下来在记录梦境的文字下面加上你的分析。例如，这个梦境带给你怎样的情绪、梦境告诉你什么、你收获了什么。当你这样做时，就是在跟潜意识主动建立连接。你也许一边写一边就明白了，也许当下不明白，没关系，一旦你建立了这样的连接，潜意识会在适当的时候将信号传达给你，你会在某刻灵光一现，突然领悟。

心理学家荣格曾经说，梦里面出现的怪物或你觉得讨厌的人往往是对你内心不接受的自己阴暗面的投射，即梦里的所有怪物或人其实都是你自己。人最难的就是了解和看清自己，你可以通过解读自己的梦境，认识自己、治愈自己。

所以，解析梦境，探索自己内在隐藏的部分，是很好的成长方式。当你的内在发生改变时，梦境也会随之发生变化。

有很多人说："在梦里，我明明知道自己在做梦，拼命地逃，可怎么都醒不过来！"

很多人都经历过这样的过程。你还有一种方法可以尝试，就是在梦境里直接解析，不用等到睡醒，即当你在梦里突然意识到自己在做梦时，不要急着从梦里醒来，可以利用这个时机与你的潜意识对话。

既然你知道这是一个梦境，并没有真正实质的危险，为何急着醒来呢？你不妨将其视为一个探索的机会，与怪物或阴影人物对话，尝试与对方和解。你甚至可以有意识地寻找自己最恐惧的地方，如阴暗的地下室、黑暗的森林、幽闭的房间等，看看自己潜意识里最恐惧的到底是什么，然后面对它，看看会发生什么。

我的某位学员曾经在我的陪伴和指引下，经历了转变。在征得她的同意后，我将她的原文分享如下：

前段时间，晚上我做了一个噩梦，梦见在黑暗阴森的长长的走廊里，我本能地想选择另一条更光明的路。突然，我意识到我在做梦，于是想借此机会探索一下内心最怕的是什么。于是，我沿着这条黑黑的走廊往前走，走着走着，眼前突然蹦出来一个小怪兽。如果是以往，我肯定会掉头狂奔，想甩掉它。但是，老师曾经说过的话突然闪现出来，我决定鼓足勇气面对它。我尝试跟它对话，问它："你是谁？你为什么会在这里？你想告诉我什么？我可以怎样帮助你？"慢慢地，它开始融化消失，然后我就醒了。

这是我第一次在梦里采取直面的方式，没有逃跑，发现经常被追逐的噩梦消失了，再也没有出现。而且，在梦里直面恐惧的方式给我的内心注入了无穷的勇气和信心，我在生活里发现自己变得更勇敢、更自信了。

她的经历有没有给你一些触动或收获呢？一个人如何面对梦境，影响生活，两者是相互关联的。生活里发生的一切，都会映射在梦境里，梦境里的变化也会反映在生活里，两者相辅相成。遇到噩梦，从以上两方面入手，可以终结噩梦，提升人生幸福感，获得内在成长。

【给父母的话】

如果孩子告诉你他经常做噩梦，不要掉以轻心，认为梦境都是假的，没有意义。梦境可能是假的，但孩子内在的心理压力和焦虑是真的，它们通过梦境显现出来，需要重视。你需要陪孩子检视在家庭、学校或生活中让他紧张和焦虑的人、事、物，在必要时联系专业心理咨询师，帮孩子释放心理压力，只有这样才能让孩子摆脱噩梦。

怕鬼怎么办

刚出生的婴儿不怕鬼，因为他们不知道鬼为何物。你第一次听到"鬼"是什么时候？是谁告诉你的？某位长辈告诉你世上有一个可怕的东西，就是鬼，让你对鬼有了初步的可怕印象，还是听同学和同伴说的？书籍、视频里的各种恐怖情节加深了"鬼"在你内心的印象？我女儿在幼儿园大班时，有同学告诉她，人死后会变成鬼，她开始害怕鬼。

没有人天生怕鬼，怕鬼都是后天习得的。人们对鬼的认识都来自别人的描述，以及自己的各种想象。所有人的认知和思维都有自身的局限性，只有主动思辨才能找到答案。

在很多人的观念里，人死后会变成鬼。鬼是已经死了的人，每个人迟早都会变成鬼。很多家庭会供奉祖先牌位，一家老小祭拜祖先时会说"祭祖"或"拜神"，没有人说"拜鬼"。

传说中的很多神都是由人转成的，许多人生前做出卓越贡献，或道德高尚，死后成为万人供奉的神。例如，孔子、岳飞、关公等人，他们的学识和高尚品德获得后人敬仰，也是提醒活着的人，好好修养品德。这是以人为本，不是封建迷信。在西方国家，一方面强调科学论证，另一方面很多人信教，许多科学家晚年皈依了宗教。

鬼神到底从何而来？上古时期，人们对很多自然现象不了解，赋予其"鬼神"标签，人们敬神远鬼，鬼神实际只在每个人的内心，凭良心做善事时就靠近神，打鬼主意时就靠近鬼，善恶就在一念之间。

鬼神存在吗？难以判断，无法论证。每个人感知的世界是不一样的，有人声称看到鬼或神，但无法证明。别人看不见，就认为其有装神弄鬼之嫌。判断一个东西是否为"真"，要有相对的"假"来证伪，否则"真"很难成立。

既然无法证明"假"，也无法证明"真"，唯一能把控的是内心的感受，以及面对未知的各种情绪。只有情绪和感受是可以改变，而且是真实存在的。

我儿子上小学时，经常半夜被吓得大喊大叫，他爸爸很生气，说男孩不应该这么胆小。我在学习心理学后，每次不管半夜几点，听到儿子喊叫，都本能地冲到儿子房间抱着他。

我：怎么了？遇到什么了？

儿子：妈妈，刚才天花板上有白裙子飘来飘去/洗手间里有一个毛茸茸的怪物/房间里……

我：那你现在是什么感觉？是不是很害怕？

儿子：是的。

我：妈妈在你身边陪你，带着你一起跟他对话，你跟着妈妈一起念，好不好？

儿子：嗯。

我：我不知道你是谁，也不知道你是什么，但我想告诉你，我很害怕，我怕你。

儿子：我很害怕，我怕你。（重复几次）

我：现在内心有什么感觉？对方有变化吗？

儿子：他不见了。

恐惧是一种很奇怪的情绪，当我们面对它，将它说出来时，它就流动了。当你肯定它的存在，不评判、不对抗时，你的内心就可以获得安定了。

遇到"鬼"或什么令你害怕的未知事物，都可以这样。不逃避、不评判、不否定，接纳和允许对方存在，真实表达内心的恐惧，让害怕从体内流动出来。同时，感谢对方的陪伴，不论你是否愿意，他都曾在你身边待过，真心实意地表达感谢，能量平衡了，结果就会不一样。现在，你明白了鬼神就在每个人心里，心里有鬼就能看到鬼，心里有神就能看到神。

【给父母的话】

几乎所有孩子都有小时候怕黑、怕鬼的经历。"怕"的概念，是大人教给他们的。父母是孩子的第一任老师，向孩子灌输什么，孩子就得到什么。父母把自己的各种"怕"潜移默化地给了孩子，孩子没有判断力，就会全然接受。

2000年以后出生的孩子属于未来世界，他们带着许多特质来到这个世界。有一种说法，认为大批来自星星的孩子降临地球，异常灵敏，能看到、听到或感觉到精微的能量，看到超出普通人理解的世界，与绝大部分人对世界的感知是不同的。如果没有人正确引导他们，他们就会活在不被理解的恐惧里，在对抗中苦苦挣扎。

如果你的孩子跟你说，房间里有鬼、怪物、神、外星人的话，不要批评和指责孩子，不要简单地否定孩子，说房间里什么都没有。你不是孩子，你不知道他正在经历什么。有一个女生，小时候被各种"鬼"骚扰，她鼓足勇气告诉父母家里有鬼，父母斥责她瞎说。本来已有创伤的她，无人理解，无比孤独，终日活在恐惧里，以泪洗面。她不敢再告诉任何人自己的遭遇，在潜意识里又想抓住各种"鬼"，以证明自己是对的，证明自己没有瞎说，但又不知如何证明。这种挣扎一度使她濒临崩溃的边缘。

如果孩子向你倾诉，那么恭喜你，孩子对你无比信任，不要辜负孩子对你宝贵的信任，先处理自己对鬼神的恐惧，然后与孩子分享自己的体会和感受，这对他是非常重要的支持。如果你不能给予孩子有效的支持，孩子的内心支离破碎，将消耗他的生命能量，而重建亲子信任和安全的工作，将无比艰辛。

当孩子向你求助时，请及时给予支持。帮助孩子面对恐惧，帮助孩子真实地表达自己，帮助孩子安定情绪。如果你什么都说不出来，那就给他一个稳稳的、安全的拥抱。如果自己内心的恐惧放不下，你就带动不了孩子，请寻求专业人士帮助。你要为孩子的成长保驾护航，要给孩子把关，指导他们看什么书、交什么朋友、看什么电影。让孩子探索世界的愿望得到满足，同时让他们感觉到安全，这是为人父母最重要的责任。

👥 "社恐"怎么办

所谓"社恐"，即社交恐惧。很多年轻人说自己"社恐"，不愿出门，不愿见陌生人，不愿去人多的社交场合。"社恐"的人最不能允许自己看到自己也有"社牛"的特点，因为他一直在用"社恐"暗示自己，因为他把自己停留在"社恐"带给自己的好处中了——躲避抛头露面的风险，让自己待在不被关注的安全区和舒适区里，不用承担必须面对的责任。

"社恐"者恐惧的往往不是社交活动，而是社交活动时自己的手足无措和不自在，怕自己有不恰当的表现，怕被别人否定，怕别人不喜欢自己。

你可以感受一下自己在与人交往时的内在情绪，害羞、尴尬、不好意思……尴尬背后还有潜台词："别人怎么看我？""别人发现我脸上的青春痘了。""人家认为我的口才差。""如果大家都关注我，那怎么办？"

这些内在对话形成的压力和焦虑让你无所适从。你选择逃避最容易，把自己藏起来，隐在人群里，不被发现，免得尴尬，感觉更好。但是，当你坐在角落里，垂下眼睛时，心里的对话并不会自然消失，反而会愈加激烈："你看，我就说自己不行，不适合当众表达，别人都比我好，我就是不行……"

所有的烦恼都源自头脑中的"我以为"，自己以为会发生什么，但在实际生活中并不一定存在。你过度强化了自我暗示，造成期待的状况发生，并且因为内在对话而消耗能量，影响自己的生命状态，让自己不自信，过于关注他人、揣测他人的想法，失去自己的力量。

不愿面对他人的根源，实际上是不愿面对自己；不愿面对他人的批评、指责，实际上是不愿面对感觉糟糕的、连自己都不喜欢的自己。

一个人如果真正自信的话，不论别人怎么说，都不会影响到自己。例如，你承认自己个子很高，当别人说你是矮子时，你不会有自卑情绪，因为你知道对方说的不是真的。当你对自己的身高不满意，别人说你是矮子时，你就会被刺激，觉得对方伤害了你。换句话说，别人能伤害你，是因为你允许别人伤害你，因为你也不喜欢这样的自己，不接纳现实中的自己。

所以，"社恐"的根源是不自信，是不接受自己。

要改变"社恐"，如何做呢？

（1）找几个朋友或同学，请他们帮忙找自己身上的优点，看到自己没看到的特点。

（2）自我肯定，看到自己做得好的地方，及时肯定自己，每天每时都肯定自己。

（3）处理自己内心的恐惧，如害怕失败、害怕被否定等，接纳所有的恐惧，与恐惧对话，将内心的恐惧转化为支持自己的力量。

当你无处可逃，不得不出门时，你用"豁出去了，拼一次"的勇气，让自己试一次，主动与他人交流，主动与他人连接，你可能会发现事情并没有那么糟糕，好像并没有很多人真正挑剔你，好像没有人看到你脸上或身上的毛病。哈哈，这时，你会发现自己过去太自以为是了。

最后，我想说，有的人并不是真的"社恐"，只是需要一个独处的时间和空间。在这样的时空里，他们能更好地补充能量，达到身心平衡。如果你只是觉得累，不想社交的话，那是可以理解的，因为有的人会从有益的社交中汲取能量，有的人会在无益的社交中消耗能量，每个人是不一样的。

必要的社交是重要的，如何在与他人的社交和自己的独处中保持平衡，是需要学习和训练的。

【给父母的话】

当发现孩子"社恐"时，请不要逼迫孩子变成"社牛"。你可以营造一些环境，使孩子在安全的环境中自动发生转变，不要强硬推动，以免孩子产生逆反心理，造成自己更不愿意看到的结果。不要给孩子贴"社恐"的标签，孩子有时只是在陌生环境时感觉不自在而已，要让孩子感觉到被理解和支持。父母无须太担心孩子当下的状态，很多时候只是阶段性的表现。

只有放松下来，你才能看到更多的可能性，你的能量状态才能带动和影响孩子。

自卑怎么办

当你陷入自卑情绪时，感觉一定不好受，不管遇到什么人、事、物，内心经常浮现出来的是对自己的怀疑："我可以吗？""我行吗？""我就知道自己不行。"

当你遇到自己想要的事物时，即使想要拥有，内在可能还会有一个声音冒出来："我这么差，值得拥有它吗？"

自卑情绪伴随的信念，是强烈的无资格感和不配得感，给人生造成很多无形的障碍。想拥有某个事物，但潜意识会放弃，这样的人没办法过上自己真正想要的人生。

你也不喜欢自卑、怯懦的自己，内在也渴望改变和突破，所以才会在这里和我相遇。

人为什么会自卑呢？

一个人自卑通常是因为过往有过受挫或被他人否定的经历，如小时候没有得到父母及时肯定和鼓励。"肯定"可以来自父母、老师、同学、朋友，也可以来自自己。肯定，无时无刻不在肯定自己，是被允许、被看到、被认可，对自己的动机、心态、情绪、行为等进行肯定，肯定所有可以被肯定的地方。肯定就是对生命存在的允许，就是真正自信的来源。

解决自卑，迈向自信的唯一途径是：做、多做、多做到、多因做到而得到肯定。肯定包括他人的肯定和自我的肯定。这种行动就是改变的第一步，去做自己最害怕的事，直至获得成功的经验。

不断地去做自己想做的事、热爱的事、感兴趣的事，不断地做到，达到希望的目标，在不断尝试中去不断肯定自己，养成这样的习惯，自卑就会逐渐消失，你就会开始相信自己、爱自己。当拥有了相信自己的底气和力量时，你将所向披靡！

正视自卑的真正意义，寻求超越之路，不断地自我挑战。人正是因为对自己有不满意的地方，才会不断自我超越。换句话说，正是因为有自卑的存在，一个人才会拥有超越自己的力量与勇气。

【给父母的话】

解决自卑不是仅靠读几本书就可以做到的，需要去经历和体验，寻找到一条超越自卑的路。当发现孩子自卑时，父母应该带领他多去体验。例如，让他策划自己的生日会、准备全家的旅游攻略、做一顿晚餐等。生活中的一切都是机会，一切都可以利用，一切都有新的可能，关键在于及时运用和发挥作用。

第一章提到的自信形成的公式提醒我们，自信来自至少 5000 次以上的肯定。在陪伴孩子的过程中，在孩子 0～6 岁的生命里，你是否给了孩子充分的肯定？你的肯定是孩子力量与自信的来源。假如你错过了孩子的前六年，如何从当下开始，把肯定给孩子补上呢？对孩子的肯定多多益善，久而久之，孩子就可以超越自卑。

想自杀怎么办

青少年的忧郁似乎有传染性。很多青少年进入青春期，变得敏感多疑，看到凋零的花、流动的水都可能触动内心的悲伤，甚至自暴自弃，理由各种各样。例如，好朋友不理我了、老师偏心、父母总是说我不好、同学说我的坏话……有自杀动机和自杀倾向的人数呈上升趋势。

每个人都可能有过自杀的想法，其中百分之二十的人会认真考虑和计划自杀（"考虑"指的是有计划），其中百分之一的人有自杀行为，最后真正自杀致死的人数为万分之一。

一个人从有自杀想法到真正实施自杀，要经历一个过程，会有很多异常信号，也会给身边人很多干预和介入的机会。

一个人自杀的动机有哪些呢？

（1）觉得困境难以改变，以为自杀是逃避和从困境中解脱的方法。

（2）觉得父母或同学对自己不好，或被别人欺负，产生报复心理：
"你不在乎我？我就死给你看，让你后悔！"

（3）对自己否定，觉得自己没价值，进入自我否定的低频负面能
量循环。

这些动机完全经不住与理性对质，一攻就破。例如，想从困境中
得到解脱，不妨问自己："凡事都有至少三种以上的解决方法，除了
自杀，还有哪两种方法呢？"

针对报复心理，在觉察到内心的愤怒和怨恨情绪后，问自己："以
无意义的自我牺牲报复他人，真的是自己希望的吗？在这种情绪背后
有哪些信念？这些信念站得住脚吗？如何改变自己的信念，让情绪自
然转化呢？什么行为更符合自己的渴望？"

针对自我否定，明确自己渴望拥有自信，为自己种入新的信念，
如"我有能力照顾自己""我有资格照顾自己""我有可能照顾好自己"，
把注意力放在自己擅长的事上，就可以建立自信，通过做更有意义的
事，如听课、看书，把自己从低沉的情绪中带出来。

除针对自杀动机进行反思之外，你还可以做下面这些事。

（1）找人诉说，看看身边有哪些人可以求助、有哪些热线电话可
以打，马上寻求公益组织或专业人士帮助。

（2）做不同的运动，让身体变化带动心理解困。把坐在角落、低
头收缩的状态改为昂首挺胸站起来的状态，抬眼睛向上看，带着新的
感觉四处走动，感受完全不同的状态。

（3）把自己的遗愿写下来，列个清单：自己还有哪些留恋的人、
事、物？假如马上离开，还有什么遗憾，还有什么事放不下？人生一
世不容易，如何实现自己最后的遗愿？美国电影《遗愿清单》讲述两

个因患病失去活力的老人，在离开世界之前列好了自己的遗愿清单。然后，他们将遗愿清单付诸实现，在真正投入生活的过程中，恢复了生命的活力。

（4）离开现在的环境，去大自然走走。大自然里有树木花草，有人喜欢，有人不喜欢。不管别人喜不喜欢，它们都活着，老天允许它们活着，它们都有资格活着，活得独特而自然。生而为人，怎样能活得如一棵草，有尊严、有活力呢？自己有哪些用处、价值、优点，把这些梳理出来，去找一个机会表达出来，把自己的价值活出来。

每个人的生命只有一次，一定要珍惜。每个人都是自己人生这场戏的导演，好好想一下，自己为何而来，如何定义自己的人生。请记住，选择权就在你自己手中。

【给父母的话】

父母应该从小观察和培养孩子的兴趣爱好，对孩子及时给予肯定，培养孩子健康的自信；陪孩子养成做家务、爱运动的习惯，增加与人和社会的交往。当孩子动起来，做自己喜欢的、擅长的和有价值的事，拥有价值感、责任感和自信心时，就会拥有积极的精神状态。

父母要细心关注孩子的饮食、生活状态和情绪，对孩子给予及时的陪伴和倾听。你要让孩子信任你，在他遇到难题时，能让你知道。如果发现任何异常，就要第一时间陪伴孩子，给孩子帮助，在必要时向专业人士求助。

自杀事件往往有外界的诱因，外界的诱因像压死骆驼的最后一根稻草。这根稻草的分量对当事人，可能是大到无法处理的压力，只有随时了解孩子，才能跟他一起面对压力，寻找资源帮他应对。父母应该让孩子感受到他牵挂的人、未完成的事都舍不下，让孩子清楚自己并不是活在孤立无援的孤岛中，父母的爱可以给他百分之百的包容，无论遇到什么，父母都会陪他渡过难关，纵使整个世界都让他绝望，父母也会给他百分之百的希望。父母对孩子如此看护，就可以让孩子放下轻生的念头。

守护孩子，生命是最重要的财富。

控制不住情绪怎么办

你发现没有，你越想控制一个事物，越会感受到对方的反作用力？换句话说，控制的力量越大，反抗的力量越大。例如，听指令，不要想象房间里有头粉色大象。结果，你头脑里粉色大象的图像非常清晰。这就是心理学中的"不"现象——越不要什么，越会被不要的对象控制。

所以，放下控制之心，把"如何控制情绪"改为"如何管理情绪"。如何有效管理情绪呢？

首先，提高对情绪的觉察力和识别力。清晰体会情绪在自己身体哪个部位，以及身体的各种反应。当眼睛瞪大、鼻孔张开、呼吸急促时，你是否觉察到自己正在生气？当这股愤怒的能量升起，从 1 分慢慢升到 10 分时，你是否觉察到了它？觉察就像刹车，让负面情绪不再继续升级，让情绪容易调控，避免造成更大的伤害。

其次，觉察到自己的情绪后，允许和接纳情绪，和它待在一起，放下"我不应该生气"的念头，放下"我怎么又生气了"的自责，改为"是的，我很生气""是的，我看见自己生气了"。

所有的情绪都是能量，能量能来，也会走。当你不去和情绪纠缠，不去对抗，允许它流动并接纳它时，很快就可以获得平静。愤怒来了，它还会走。当你陷入内疚、自责、怨恨等情绪中时，也是这样。承认自己内疚、自责和怨恨，它们就会自然流动、自然离开。否则，你被裹在各种情绪里，气炸了、气疯了，也解决不了任何问题。

这种处理方式就是贯穿在我的课程里的非常有效的思维模型，"六字真言"——看见、是的、流动。

下面是一位学员分享的真实案例。

在吴老师"证悟的道路"导师高级研修班里，某个晚上，吴老师带领我们做"治疗密码"练习。在这个过程中，我小时候经历的关于恐惧的创伤出来了，那种恐惧实在太大了，我倒在地上，泪流不已。练习结束后，吴老师过来询问我的情况，她抱着我说："在我的怀里，看着它。"

当时，我非常恐惧，吴老师的怀抱给了我很大的力量。我一边瑟瑟发抖，一边面对自己的恐惧，看着恐惧的场景。奇怪的是，我的呼吸渐渐变得平缓，紧张抽搐的躯体开始慢慢放松，整个人慢慢安定下来。

整个过程非常迅速，大概只有几分钟时间，整个人就平息下来了。在这个过程中，我没有用大脑去思考为什么会这样，也没想自己恐惧的东西到底是什么，只是全然跟自己的恐惧在一起，承认恐惧存在。我对它说"是的"，就慢慢地平静下来了。这真是一场神奇的体验！

【给父母的话】

孩子有时候比较容易冲动、情绪失控，其实跟大脑发育有关。大脑里的杏仁核是掌管防御的。当受到刺激或压力时，杏仁核就会开启自我保护机制。人出生后，杏仁核一般就发育成熟了。大脑前额叶是掌管思考和调节情绪的，到 25 岁左右才会发育成熟。

当孩子面临强大压力时，大脑前额叶就会暂停运作。身边人的指责对孩子而言就是威胁，孩子的杏仁核会立即启动，身体做出系列反应，像竖起羽毛的公鸡一样投入战斗，如吐口水、咆哮、打人等，这些是孩子生气时自我保护的自然反应。

有位学员分享她的真实案例。某个周末，她的上初中的女儿在家里大哭大闹，疯狂地撕书本和作业。遇到这种情况，父母一般都会愤怒地制止孩子。那位妈妈学过我的亲子教育课，她静静地守在孩子身旁，没有任何过激言行。等孩子发泄结束后，她轻轻抱住孩子。孩子瘫在妈妈怀里，跟妈妈说出心里话。快高考了，她面临巨大的压力，情绪崩溃了。

那位妈妈，如果一开始制止孩子，结果可想而知。正因为她接纳和包容了孩子的情绪，她才走进孩子的心，在孩子最需要时支持孩子成长，这就是高情商妈妈的力量。

被性侵或猥亵怎么办

亲爱的孩子，当你看到这里时，本书已接近尾声了。我为你的好学和勤奋点赞，你是愿意拿出时间和精力照顾自己的有力量的孩子。

这篇的话题有点沉重，但很重要。因为很多被性侵和猥亵的孩子都在悄悄地隐藏自己的伤痛，怕让别人知道，怕被别人瞧不起。说真的，走出这个阴影，真的不容易。不用担心，所有问题至少有三个以上的解决方法，让我陪着你，慢慢地走出这个阴影。

遭遇此类事件，我知道你内心会有羞愧、耻辱、怨恨、自责、委屈、愤怒、伤心、悲痛等复杂的情绪，甚至埋怨上天不公：为什么我有如此遭遇？为什么是我？凭什么是我？

是的，我理解你的心情，理解你被伤害后的屈辱，没能被父母保护好的委屈，痛恨施暴者，甚至痛恨自己。你曾经在无数个夜晚被悲伤吞噬，被自己的悔恨凌迟。是的，我懂你。

此刻，你问一下自己的内心：这种情况继续下去，这是你想要的吗？如果可以改变，告别过往的伤痛，开启新的轻松的人生，你愿意吗？

《"女童保护"2023 年性侵儿童案例统计分析报告》披露，2023年经媒体公开报道的性侵儿童案例多达 845 件。这意味着，几乎每天都会有儿童性侵案发生，其中超过八成受害者为 7～15 岁的儿童，年龄最小的仅 1 岁。在被曝光的儿童性侵案中，熟人作案的比例高达87%。

看到这里，你内心有什么感觉？"受害的人为何如此之多？原来不只是我一个人这么悲惨？"而且，这只是媒体公开报道的案例，还有更多案例没有曝光，或被孩子或家长隐藏起来。

这样的数据触碰到你内心的伤痛吗？这绝不能成为你自怨自艾的理由。如果你决定改变，决定放下伤痛，过轻松愉快的人生，那就闭上眼睛，将右手放在胸口，告诉自己："我没有做错什么！不管发生什么事，都不是我的错！"

这句话有强大的疗愈力。很多孩子被侵害后，不是埋怨别人，而是痛恨自己，痛恨自己长得太漂亮，痛恨自己穿的裙子太短了，痛恨自己性格软弱，痛恨自己犯错导致受到伤害……总之，一切痛恨自己的理由都让自己无法原谅自己。

你不妨问问自己，如果重来一次，你会如何选择。很多人发现，即使时光倒流，重来一次，自己也只能这样：因为天色已晚，无处可逃；因为周围没有别人，找不到其他人求助；因为我小，力气不够大；因为害怕，不敢反抗……

请你将右手放在胸口，继续告诉自己："我已经在当时做到了最好！我当时只是一个孩子，我已经尽力了！不管发生什么，我都是一个好孩子！我没有错，我值得被爱，值得被保护。"只有把自己从内疚、自责的情绪里释放出来，放过自己，才能放下伤痛，才是真正爱自己，对自己好。

如果有机会，你最好寻求专业心理咨询师帮助，表达和释放对施暴者的愤怒、委屈、恐惧等情绪。如果找不到自己信任的心理工作者，你可以尝试在一个安全的、不被打扰的空间和时间里，关上门自己照顾自己。你可以用某个物品代表施暴者，将其放在自己面前，跟对方表达当年没能表达的所有话语和感受。你可以指责，可以愤怒，可以撕纸，可以打枕头，可以哭，可以喊叫，在不伤害自己和不伤害别人的前提下，做任何你想做的事。一次清理也许不够，在觉得需要时，你可以进行多次清理和疗愈。

经过以上步骤，你可以释放和清理自己压抑的情绪和伤痛，让自我否定的模式或信念松动，如此才能慢慢平静下来。这个过程可能很长，不着急，给自己一点耐心和时间，就好像身体生病需要疗养的时间，内心的伤口痊愈也是如此。

再次回忆这个事情，发现自己可以平静面对时，我们再开始下面的步骤。

（1）回望从性侵发生到现在，性侵给你带来的影响是什么？你有没有对同性或异性感到莫名的恐惧？你有没有对同性或异性表达好感的行为感到恶心？你有没有对肢体接触的抵触？你有没有对恋爱或婚姻的抗拒？

如果有以上任何一项，说明疗愈还未完成，你还要继续进行自我疗愈与清理。孩子天生是纯然开放的状态，带着爱与信任和周围人相处，突然遇到侵害，会遭受始料未及的惊吓，丧失安全感与信任感。如果施暴者是熟人或亲属，丧失安全感与信任感的感觉会更为强烈，孩子会觉得这个世界再也没有任何可以相信的人。身体是灵魂的住所，是我们的界限，如果这层界限被侵犯，孩子会更加自我否定，觉得自己没能力保护好自己。身体是有记忆的，身体的创伤从来不会随着时间的流逝而消失，所有的伤痛都会隐藏在身体深处，在某个间隙隐隐作痛。

所以，如果你意识到还有未完成的功课，就要继续疗愈，清理自己对性的局限性信念、对同性或异性的看法，重建对世界和他人的信任与安全感，否则将会对生活造成巨大的影响和困扰。我曾经遇到过很多案例，当事人感受不到甜蜜和幸福的亲密关系，渴望有温暖的家庭，但害怕与异性相处，还害怕结婚，以及迫于父母压力结婚，但抗拒夫妻生活。

（2）请真实地面对自己，坦诚面对自己身体在当下所有的反应。除恐惧、紧张、愤怒、耻辱之外，你是不是还有一分好奇？身体很多时候是不受大脑意识控制的，如无法抑制大小便，饿了就要吃饭，这都是身体的本能。当身体受到性刺激产生感觉时，这也是身体的本能！很多被害者无法面对这个事实，觉得自己怎么可以对施暴产生感觉呢、自己怎么能配合做这么肮脏的事情。但是，身体的能量非常巨大，与人性的本能抗争，结果就是痛恨自己，不允许自己享受性，不允许自己感受性的美好，用这种方式来惩罚自己，是自我伤害。

性是什么？性的本质其实是一种爱，是深层连接的渴望，也是人与生俱来的生命力和创造力，是生命延续的必然。压抑性就是压抑自己的生命力，就是与自己抗争，这样的人会在极度纠结和痛苦中度过余生。

所以，请坦诚地面对真实的自己，放过自己，给自己松绑，只有这样才有人生幸福的可能。

（3）人生中所有的一切都是自己吸引而来的，都是为了体验和超越体验而来的。听到这里，有同学也许要跳起来："我怎么会愿意被侵害呢？"是的，头脑与潜意识是不一样的，头脑中想逃避，但潜意识里渴望爱，渴望连接。回想被侵害的阶段，你是否渴望成年人的保护或温暖？而性是爱的能量的一种表达。所以，我们虽然痛，但仍然是自己人生的责任人，为自己的人生负百分之百的责任，仍然愿意承认自己渴望爱和被爱。

经历了这么难的关卡，疗愈了这么痛的伤口，你可以问自己："这件事给我的意义或收获是什么？在人生路上，它给我怎样的提醒？我学到了什么？"

你明白，受到伤害之后，你学到了保护自己和家人。你用自己走出伤痛的经历帮助其他人，你的伤痛就变成了助人的资源，成为成就你的力量。这一刻，你可以长出一口气，站在生命的高度，实现与自己的和解。这是非常不容易的疗愈，是了不起的穿越。

我祝福每个受过侵害的孩子，只要你有改变的意愿，就一定能走出来。我张开双臂拥抱你，你是天下最好的孩子，你值得被爱、被呵护，整个世界都爱你。

【给父母的话】

为人父母者，不希望自己的孩子受到伤害，只有了解相关知识，才能更好地预防，给孩子更好的保护。

提到预防，请从小对孩子进行性教育。从幼儿园开始，告诉孩子如何保护自己的身体，让孩子看性教育绘本，强调内衣、内裤覆盖的位置，不可以给妈妈之外的任何人碰。有人认为孩子太小，没有必要。殊不知，你觉得孩子小，坏人却不嫌孩子小。2018 年的一项关于儿童性侵调查的数据显示：7 岁以下被侵害的孩子占比超过 21%。上海公布一起案例，最小的受害者不满两个月。

你要跟孩子强调，不管是陌生人还是认识的人，都不能触碰自己的身体。儿童性侵案超过 87% 以上是熟人作案，那些你看起来最不可能的长辈和亲属往往就是伤害孩子的人。

孩子在 7 岁之前处于全然敞开的状态，是用身体和心灵学习的。一个人 7 岁之前的经历会进入潜意识，好像被锁进阴暗的地下室，创伤难以疗愈，很多人终其一生无法走出伤痛，无法有正常的人生。

另外，很多人一提到性侵，想到的只有女孩。但是，2018 年的研究数据显示，男童被性侵占比达 9.57%。男童被侵害后，身体无明显异常表现，大部分男孩羞于说出口，更难被发现。男孩被性侵造成的心理伤害比女孩更大。

在 2020 年媒体公开曝光的性侵儿童案例中，性侵高发地是学校、培训中心等儿童密集活动的场所，通常是容易得到父母和儿童信任的地方，也是儿童临时监护场所。所以，父母对孩子的性教育和自我保护是非常重要和必需的。父母可以通过角色扮演、媒体热点案例讨论等方式，对孩子及时进行性教育。例如：异性老师触碰你的身体怎么办？家人、邻居等熟人想给你好吃的，让你陪他睡觉怎么办？他们不让你告诉家里人，怎么办？对这些问题，父母都要跟孩子讨论，并进行演练，让孩子学习逃生技能。不管发生任何事情，孩子都要在第一时间如实告诉父母。

如果你做了一切能想到的预防措施，最不想发生的事情还是发生了，怎么办呢？

你可能会心痛、伤心欲绝、懊恼悔恨，甚至责怪孩子，恨不得把孩子打骂一顿。赶紧停止！无论你有怎样的情绪，都要先处理好自己的情绪，再面对孩子。遭遇如此事情，大部分孩子会选择沉默，跟你坦陈自己的秘密，一定是鼓足了勇气！你不要羞辱孩子，不要在孩子的伤口上撒盐，造成孩子的二次创伤，请尽可能关怀孩子，陪孩子度过最艰难、最脆弱的时期。在必要时，你需要帮孩子找合适的心理医生，进行心理干预。

作为父母，你要过的是自己的羞耻关。你觉得自己没面子？孩子被伤害并不羞耻，最大的羞耻是让孩子一生活在被性侵的伤害里，无处可诉。

最后，我想提醒父母：如果你自己曾经历过同样的创伤，请先求助专业人员，疗愈自己。否则，即使你已经结婚生子，伤痛也会时时刻刻地扰乱你，让你无法面对伴侣正常的性需求，无法面对逐渐成长的孩子。你对所有可能触及你伤痛的刺激都会心惊肉跳……所有你担心的、未被疗愈的部分都可能影响你的家庭、孩子和正常的生活。

所以，请帮助自己，释放曾经的性侵伤痛，让自己轻松前行。

老是想玩手机或游戏怎么办

电子科技不断发展，手机更新迭代，导致越来越多的人对手机产生依赖，刷抖音、看小视频、看直播、网购、玩游戏等，拿起手机就放不下。这种现象已经对很多人造成困扰，别说青少年，连成年人也欲罢不能。

这种上瘾行为涉及复杂的心理因素和生理因素。

心理因素与内在价值感有关，当人在现实世界里受挫、感觉自卑时，便容易逃避到网络虚拟世界里，在网络虚拟世界里寻找安慰、满足感和成就感。联机游戏使许多人获得与他人的连接感、团队归属感和安全感，因被团队接纳，和他人在一起，被他人认可而感到满足。人们很容易沉醉在手机或平板电脑里，忘掉时间，忘掉睡觉和吃饭，在非常投入和专注的过程里获得成就感和美好的体验。

但是，放下手机或游戏结束，从里面出来，内心会非常空虚，不由得产生自责、愧疚和强烈的罪恶感，进而形成自卑和自我否定，需要找一种方式消除这种压力，结果又会掉到手机或游戏里。如此这样，变成负面循环，非常消耗能量。

生理因素则跟体内的多巴胺分泌有关。多巴胺是一种神经递质，推动人去实现某个结果或满足某个欲望，驱动人去追求快乐和得到奖励，不断渴望某种刺激。例如，一个人玩手机时，多巴胺会让其体验到极致的快乐和兴奋，一旦这种刺激消失，就会感到空虚和失落。为了再次体验这种快感，就会更频繁地玩手机，进入恶性循环。

看小视频时，你会不断渴望看到更多短而爽的内容，以获取更多的刺激，让大脑分泌更多的多巴胺。游戏的刺激性、挑战性、即时反馈、奖励机制更容易让人上瘾，使你欲罢不能。打开社交媒体，你永远不知道接下来会看到什么样的新鲜内容，很想知道自己的朋友圈或小视频获得多少人点赞及评论。这种强烈的未知感和多巴胺刺激，使手机变得非常吸引人。

一旦大脑习惯了这种即时的快感，就可能失去对现实生活中的真正快乐的感知和追求。例如，无法专心阅读和学习，做看似枯燥但能带来长期收益的事。之前自己认为有趣的事情开始变得枯燥乏味，让自己无法忍受。

但是，人生真正的快乐来自有意义的活动，来自与他人的真实互动，而不是虚拟世界中的短暂快感。虚拟世界的快乐，是很"快"的"乐"，是短暂的快乐，实际上是在侵蚀大脑，让大脑被各种外界信息填满，被动接收各种嘈杂的信息，不去主动筛选自己真正需要的信息，人因此失去创造力，产生上瘾的症状。

如果你不明白其中的大脑运行机制，没有强大的外力支持，很难抵抗多巴胺的影响，无法做对自己长期有益的现实中的事情。

更糟糕的是，频繁的多巴胺刺激可能导致大脑中的多巴胺受体数量减少。科学家曾经做过一个实验，去除老鼠体内的多巴胺受体，发现老鼠开始变得懒惰，对任何事物都失去了动力，甚至食物摆放在面前也不为所动，最后活活饿死。事实上，人类可能面临同样的问题。一个人长时间沉迷手机或游戏，就可能感到疲惫和抑郁，注意力不能集中，甚至害怕与他人交往。

我们应该怎么办呢？

我们需要提升自制力。自制力就是自己有力量，能把握自己的时间，能自主选择，能决定自己做什么或不做什么。

（1）每当你想打开一个视频时，停下来，等一等，不刺激大脑里的多巴胺分泌。你可以站起来拉伸一下身体，起身走动一下。这样活动5～10分钟，你就不会再想看视频了，你已经改变了不自觉刺激多巴胺分泌的模式。

（2）享受无聊。在物质富足的时代，人们无法忍受独处的无聊和寂寞。例如，在排队、散步、吃饭、聊天时，很多人总想看一下手机，打发无聊。此时，我们可以做专注当下的练习：在排队时好好排队，在吃饭时专注每口饭菜的味道，在散步、聊天时让大脑彻底放松……通过这些完全放空的状态，让大脑得到休息，重新激活创造力。

（3）把追求多巴胺转变为追求血清素。血清素是人在经历痛苦后为了平衡痛苦而产生的一种物质，能给人带来持久的喜悦、平静和快乐。与看完视频或玩完游戏后的空虚不同，这种愉悦感能深入到人的内在，持续很长时间，让整个人平静下来。打坐、冥想、写作、阅读、长跑、接触大自然等都会使人获得一种长期的、平和的快乐，让人恢复对生活和身体的控制感。

（4）拟订一个方案，进行自我约束。你可以想象在一把椅子上坐着喜欢玩手机和游戏的自己，在另一把椅子上坐着有自制力的自己。你感受这两个自己，他们都在追求成功和快乐。喜欢玩手机和游戏的自己是追求当下的、暂时的成功和快乐，而有自制力的自己是在追求长久的成功和快乐。既然两者都是在追求成功和快乐，目标是一致的，那么如何把两者变成合作的关系呢？

你可以问玩手机和游戏的自己怎样可以得到长久的快乐，问有自制力的自己怎样可以在每个当下都有喜悦和快乐，然后商量出一个真正行之有效的，让自己感到轻松愉悦的自我管理方案。例如：什么时间玩？时间怎么分配？每天或每周拿出多少时间？怎样在规定的时间内结束？规定的时间到了，自己结束，还是由父母提醒自己结束？如果自己舍不得结束，怎么办？假如自己做不到，管不住自己，求助父母，让父母怎样代为管理？

你可以把这个方案写出来，张贴在墙上，算是在向世界下订单，也是对自己进行契约管理。你邀请父母和家人监督和帮助自己，让自己说到做到，真正有自信。

通过不断学习和练习，你会不断提升自制力，得到生活与人生的掌控权，做自己人生的主人！

【给父母的话】

你带孩子去滑雪场，孩子愿意在真实的雪场里玩，还是喜欢玩手机里的滑雪游戏？答案已经有了：生活中如果有比手机更好玩的事，孩子一定会放下手机。

在日常生活中，父母应该多创造好玩有趣的亲子活动或游戏，满足孩子对刺激、好玩、新鲜、有趣的需求。

父母应该给予孩子充足的情感满足和情绪价值，让孩子在家里感觉到被理解、被爱、被包容。当孩子有价值感和自信时，就不再在游戏或虚拟世界里寻找情感寄托了。

父母要协助孩子进行自我约束。父母不应该控制和否定孩子，应该给孩子时间和空间，允许孩子运用自己的智慧，找到行之有效的自我约束方案。父母对孩子的尊重可以激发孩子的自我管理能力，因自卑、自我否定和罪恶感消耗的能量就可以被收回，转变成孩子的自制力。此时，手机和游戏对孩子来说只是一件玩具而已，像日常吃饭和睡觉一样，失去了巨大的吸引力，上瘾的感觉自然消失。

这是父母用最好的陪伴化解孩子的上瘾动力，提升孩子的自我管理、自我负责能力的过程，也是父母强大力量的体现。父母的爱让孩子回到现实生活中，活出鲜活的生命和创造力。

写给青少年的父母和未来的父母

在这本书的写作过程中，2020 年五四青年节，在 B 站上被刷屏的是艺人何冰的诗朗诵《致青春》。据说这首被中年人自我感动的，写给年轻人的诗，并不被年轻人买账，倒是让中年人自嗨不已。作为中年人的一员，我也被这首诗激动得血脉偾张，即刻转发。后来，我在网络上发现年轻人对它诸多诟病，觉察到内心有些尴尬，是想抒情遇到冷面孔的那种尴尬，而这恰恰成为本书结语的话题。

《致青春》的境遇提醒正在陪伴青少年的父母们要放手，同时提醒青少年——二十年后也要陪伴青少年的未来父母：这是两代人化不开的纠缠，又是两代人必将交锋的战场。无论你怎样渴望靠近、读懂你的孩子，无论你想怎样讨好渐行渐远的孩子，你都会发现自己越来越难懂他们的世界，必须放下权威和优越感，准备跟孩子一起去看世界，而这正是世代交迭、生命传承的意义！

今天，人工智能和数据大模型飞速发展，未来充满不确定性，甚嚣尘上的信息铺天盖地，人们无法再有掌控未来的安全感，父母被迫要完成更难的答卷——传统的教育观念和生活观念必须更换了，曾经熟悉的生活场景要让位给硅基生命了……引领青少年成长，如何既尊重他们的网络时代特质，又有效地指导他们"做人"？两代人如何建立相互独立又相互支持的关系，以创造更有希望和爱的未来？

一个国家最好看的风景
是这个国家的年轻人
因为你们
这世上的小说、电影、音乐中表现的青春
不再是忧伤、迷茫
而是善良、勇敢无私、无所畏惧
是心里有火、眼里有光

不用活成我们想象中的样子
因为我们这一代的想象力
不足以想象你们的未来
如果你们依然需要我们的祝福
那么
奔涌吧，后浪

我们在同一条奔涌的河流
这是成年人第一次向你们表达**敬意**
这是历史第一次放下面子和架子，向你们表达**感激**

是的，了不起的**年轻人**
你们已势不可当地**奔涌而来**
以你们独特的**优势和优越感**

把我们这些日渐**老去**的成年人拍在了已无**唯一**发言权的沙滩上

是的！带着欣赏、祝福、赞叹，还有羡慕

你是我的未来

谢谢你来带领我过更丰富多彩、不一样的生活

放下担心、焦虑、对抗、恐惧……种种的不情愿

从此，把世界**交给**你们

我只**陪同和跟随**

相伴去创造**更美的生活**

我放手了，你呢？

如果为了陪伴孩子，你走得磕磕绊绊，结果并不被接受，那么接受这个现实吧。为人父母，所有能做的，是尽自己的义务。无论是否得到理解，都不重要，重要的是让自己最在乎的孩子能感受到你的心。孩子已经走向他的世界，他的未来需要依靠自己的力量。

为人父母者，只需放手，把孩子的世界交给他们，让他们追风逐浪，让他们展翅飞翔。

读完这本书，你也许发现自己以了解孩子之名，重新看到了当年的自己，让自己的青春变得完整。一转头，你的孩子，他们早已经以更快的速度独占潮头，展现属于自己的青春！

直到有一天，他们也人到中年，有了自己读不明白的青少年，他们才会真正明白今日你的心情的复杂和多变——期盼、骄傲、担心、焦虑，甚至嫉妒等情绪相互掺杂；为孩子的青春送行，看前浪远行，后浪托举，是唯一可以做的事情。

一代一代，都是这样期盼着。

一代一代，都是这样势不可当。

一代一代，都是这样超越。

致敬，所有将要逝去的青春和将要陪伴的青春！

致敬，所有青少年父母的生命传承！

让我们在青春的美好中结伴同行！